Klaus Harpprecht

MEIN FRANKREICH

Eine schwierige Liebe

Rowohlt

1. Auflage März 1999
Copyright © 1999 by Klaus Harpprecht
Alle Rechte vorbehalten
Lektorat Uwe Naumann
Umschlaggestaltung Walter Hellmann
(Fotos: Isolde Ohlbaum)
Satz Aldus, PageOne
Gesamtherstellung Clausen & Bosse, Leck
Printed in Germany
ISBN 3 498 02953 3

Da wo wir lieben, ist Vaterland.
Goethe

Für Renate, die mir den Weg
nach Frankreich gewiesen hat.

INHALT

KAPITEL 1
Nachricht aus dem Paradies
oder: Bin ich ein Fremder?

Für mich ist es nicht schwer, Frankreich zu lieben: Ich lebe nicht in Paris. Ich weiß nicht, ob der Winkel im Midi, in dem ich mir mein kleines Haus gebaut habe, jenem fragwürdigen Idyll zugehört, das die Politiker und Schriftsteller mit einem gewissen Pathos «la France profonde» nennen. Doch soviel ist sicher: die Menschen hier sprechen langsamer und bedächtiger, wenigstens in der Regel, und manchmal frage ich mich, ob sie den atemlosen Reportern des Fernsehens und des Radios zu folgen vermögen. In Wahrheit kümmern sie sich nicht allzuviel um die Nachrichten aus der fernen Hauptstadt, es sei denn, die Neuigkeiten gingen sie unmittelbar an: zum Beispiel wenn die Steuern oder die Benzinpreise erhöht werden oder wenn die Lastwagenfahrer die Autobahnen blockieren.

Paris. Meinen Mitbürgern in diesem freundlichen Nest, das wir Port Madeleine nennen wollen, geht der Name der großen Stadt dort oben im Norden manchmal ein wenig schwer über die Zunge, als stieße er auf einen grantigen Widerstand in ihren Gemütern. Sie ziehen zuerst die Mundwinkel nach unten und dann die Nase nach oben, als wollten sie sagen, daß aus Paris nicht viel Gutes kam. Es ist ja auch wahr: In einer fernen Vergangenheit, an die sich die alte Seele des Landes dennoch erinnert, wurden ihre Vorfahren in blutigen Feldzügen niedergeworfen, zuerst die Katharer, dann einige Jahrhunderte später die Protestanten. Aus Paris kam stets die Meldung, daß Krieg oder Revolution sei.

11

Doch der Ausdruck ihrer Gesichter mag sich von einem Augenblick auf den anderen ändern: Dann steht ein Widerschein der Glorie und der Größe ihrer Hauptstadt auf den Stirnen. Vielleicht mögen sie Paris nicht, doch zugleich erfüllt es sie mit einem Stolz, an den man besser nicht rührt. Und wenn die jungen Frauen von Paris reden, dann verklären sich ihre Mienen wie die Züge der Schauspielerinnen, wenn sie in Tschechows Stück «Die drei Schwestern» ihr «Nach Moskau!» seufzen. Nein, sie verbergen nicht, daß dort unter dem Eiffelturm, in den Gassen des Quartier Latin und vom Montmartre das wahre Leben zu finden sei, aus dem sie verbannt sind – bis sie eines Tages ihren Koffer packen und der Gefangenschaft der Provinz entfliehen. Freilich sind ihre Chancen gering, in einer hübschen Dachstube in Saint-Germain-des-Prés oder in der Rue des Martyres Unterschlupf zu finden. Vermutlich geraten sie eher in die Banlieue, in der Eleganz, Luxus, Romantik und Abenteuer nur selten gedeihen.

Es ist nicht leicht für den Fremden, das komplizierte und sensible Zusammenspiel von Anziehung und Abstoßung, Sehnsucht und Trotz, von Ressentiment und Verlockung zu durchschauen, das die Menschen im Süden mit der Hauptstadt verbindet.

Aber bin ich ein Fremder? Auch darauf gibt es keine eindeutige Antwort. Ich bin es, und ich bin es nicht. Soviel ist gewiß: ich bin es in Port Madeleine weniger, als ich es in Paris wäre, wo ich mich gelegentlich ein paar Tage, ein paar Wochen, dann und wann auch einige Monate aufhalte, um Freunde zu sehen, ins Theater zu gehen oder in der Bibliothèque Nationale und den Archives Nationales Material für meine Bücher zusammenzutragen – in der alten Bibliothèque, sollte ich gleich hinzufügen, nicht in den kalten Türmen gegenüber von Bercy, die Präsident Mitterrand, Frankreichs entschlossenster Bauherr seit dem Sonnenkönig und den beiden Kaisern, als sein Denkmal hinterließ. Meiner Frau sagte ich manchmal, wenn ich plötzlich verschwände und lange Tage nichts

12

von mir hören ließe, dann müßte sie mich im Lesesaal an der Rue
Richelieu suchen, diesem altmodischen Paradies aller Büchernar-
ren, in der die Zeit stillzustehen scheint, wenn am Nachmittag die
späte Sonne auf den Rücken der Folianten, die sich in den Regalen
vier Stockwerke hoch stapeln, in einem weichen goldgelben Glanz
aufleuchtet, im Wald der einzelnen Säulen graziöse Schatten wirft
und sich zuletzt auf den grünen und schwarzen Schirmen der
Leselampen an den Pulten ausruht.

Dies ist das schönste Licht der Welt. Es macht die Gesichter der
jungen Doktorandinnen, die hinter einem Gebirge dicker Bände, in
denen sich alles Wissen der Menschheit versammelt, für eine Minute pflichtvergessen vor sich hin träumen, noch schöner, als sie in
Wirklichkeit sind. Es verleiht den strengen Zügen der Gelehrten,
die mit eiligem Stift ihre Notizen machen, eine gewisse Hoheit.
Selbst die jungen Forscher, die mit einem sieghaften Lächeln ihre
Laptops mit den blauschimmernden Schirmen bedienen, vergessen ihre herrische Sicherheit und schicken ihre Gedanken lieber
auf Reisen, die nichts mit dem Gegenstand ihrer Untersuchungen
zu tun haben, vielleicht nur hinüber zu der kleinen Asiatin schräg
vor ihnen, die sich so gern hinter dem Vorhang ihrer halblangen
sattschwarzen Haare verbirgt. Bis um vier Uhr am Nachmittag der
Zauber gebrochen wird, wenn pünktlich wie der Glockenschlag der
General außer Diensten mit knarrender Beinprothese und dem
toc-toc des Stockes zu seinem Stammplatz vorn in der vierten
Reihe marschiert.

Das Paradies war dem Ansturm der Wissensdurstigen schon
lange nicht mehr gewachsen. Es sieht sich auf die Literatur bis zu
Beginn des ausgehenden Jahrhunderts beschränkt und ist damit
das Museum seiner selbst geworden. Ich sehe ein, daß der Geist der
Jahrhunderte, der die Moderne durch seine übermächtige Gegenwart zum Respekt und zur Bescheidung zwang, den Notwendig-
keiten weichen mußte. Aber ich bin kaum der einzige, der ihm

13

nachtrauert. Vermutlich werden auch die kleinen Epicerien, die Bäckereien und die Bistrots, in denen man mich einst wie einen alten Bekannten begrüßte, vom gefräßigen Fortschritt aus dem Weg geräumt werden: das Paris, in dem sich einer wie ich zu Hause fühlen konnte.

Wenn die Arbeit getan war, stieg ich allemal aufatmend ins Flugzeug oder in den TGV und sagte der Stadt mit einer Spur des Bedauerns und einem erleichterten Lachen adieu. Paris ist eine nervöse gehetzte und oft genug harte Stadt, die es dem Fremden und manchmal auch ihren Bürgern schwerer macht als New York, das nicht immer verbergen kann, daß es auf der Höhe von Neapel liegt, nicht nur in geographischer Hinsicht. Das Babylon am East River hat seine arktischen Möglichkeiten, wenn die Winterstürme aus Kanada herabfegen, aber es ist allem in allem eine südliche Stadt, voller Temperament, aber auch voller Phlegma, langsam, träge, in der Regel gut gelaunt, freundlich – und sei es nur dank einer humanen Resignation. Wir entrüsten uns oft über die «Ellbogengesellschaft» der Vereinigten Staaten, aber von Zeit zu Zeit gewinne ich den Eindruck, daß die Ellbogen in den Zentren des alten Europa etwas spitzer sind, die Egozentrik kaum von jener sozialen Disziplin wattiert, die den Alltag der Angelsachsen so erträglich macht.

Einst war Paris das Tor, das den Zugang zu Frankreich öffnete, zumal für die Gäste, die man der Klasse der Intellektuellen zurechnet, ob Korrespondenten einer Zeitung, des Fernsehens, des Radios, ob Universitätslehrer, ob Künstler oder Kritiker, ob Diplomat oder nur ein bestrebter junger Mensch auf seiner Bildungsreise. So viele kamen, um sich für einige Wochen in der Stadt umzusehen, von der man sagte, daß sie wie keine andere einen unermeßlichen Vorrat an Geschichte und Schönheit berge und dennoch – anders als Rom – niemals in der Erinnerung versunken, sondern stets von einem brandenden Leben erfüllt sei. Sie kamen – aber sie gingen nicht wieder fort. Seit den Tagen der Renaissance demonstrierte Paris mit einer nervösen und herrschsüchtigen Vitalität seine integrierende Kraft an einer Generation nach der anderen: an den italienischen Köchen und Zuckerbäckern der Caterina di Medici, an den elsässischen und deutschen Handwerkern des achtzehnten Jahrhunderts, die in den Vorstädten ganze Kolonien bildeten, den jungen Herren aus den Adelsfamilien des Heiligen Römischen Reiches Deutscher Nation, die in den Armeen des Königs Ruhm, vor allem aber ein Auskommen suchten, an den Prinzessinnen aus allen möglichen Winkeln, die sich in Paris amüsieren und, das noch mehr, eine reiche Partie machen wollten, an den polnischen Gefolgsleuten des Stanislas, den Revolutionsseligen, die aus aller Herren Länder zu den Altären der Vernunft pilgerten, um das Glück der Menschheit im Herzen jenes Frankreich zu suchen, das Thomas Jefferson das «zweite Vaterland» jedes Freiheitsliebenden genannt hat, an den Flüchtlingen aus allen Kontinenten, die Asyl suchten, an den Zuwanderern aus Osteuropa, zuletzt aus Nordafrika: Paris, ein Kosmos in sich selber (wie jede Weltstadt, die den Namen verdient), ein Klein-Europa und dennoch in jeder seiner Poren französisch.

Paris machte es seinen Gästen wohl niemals leicht, auch den glühendsten seiner Liebhaber nicht wie dem deutschen Exilanten Heinrich Heine, den die Literaturkundigen des Landes mit überraschender Vertraulichkeit «Henri» nennen, der die Stadt anbetete und von Zeit zu Zeit mit gleicher Leidenschaft verfluchte: Paris hat sie zuletzt alle zu Franzosen gemacht. In seiner Integrationsfähigkeit bewies es Großmut und Toleranz, doch zugleich auch den hochfahrenden Anspruch, daß die Fremden nicht Fremde bleiben dürften, sondern Franzosen unter Franzosen werden müßten. Zwar fordert keine Schulbehörde mehr, daß die Kinder schwarzafrikanischer oder weißrussischer Immigranten den klassischen Anfang einstiger Geschichtslektionen («unsere Vorväter, die Gallier») mit

15

krähenden Stimmchen als ihr patriotisches Credo aufzusagen lernen, aber noch immer sind sie gut beraten, ihre Akzente abzuschleifen, wenn sie sich in die mittleren oder gar in die vorderen Ränge des Berufslebens oder der Gesellschaft vorarbeiten wollen.

Bei uns in Port Madeleine und anderswo in der Provinz sind die Leute nachsichtiger. Ihre Duldsamkeit ist, kein Zweifel, zum guten Teil ein Produkt des Tourismus, der in den Sommermonaten die Strände und die kleinen Restaurants am Hafen überschwemmt. Die Kellner, die jungen Frauen im Postamt, die Maurer, die ihnen ihre Villen bauen, die Klempner, die den defekten Ausguß in ihren Appartements reparieren, können sich glücklich schätzen, wenn ihre Kunden über zehn oder zwanzig französische Brocken gebieten. Sie sind es mehr als zufrieden, wenn die Fremden bemüht genug sind, sich ein *français approximatif* anzueignen. An Akzente der unterschiedlichsten Prägung sind sie gewöhnt. Für sie selber ist es oft Plage genug, ihren südlichen Dialekt mit dem harten «R» und den nasal gequetschten Endungen der Hochsprache anzunähern. Nicht immer zu Unrecht vermuten sie, daß sie von ihren Landsleuten, die aus dem Norden herabströmten, um ein Plätzchen an der Sonne zu finden, gelegentlich hinter dem Rücken ein bißchen verlacht werden. Es ist wahr, daß die *nordistes* die Nase gern ein wenig höher tragen als die Einheimischen, von denen sie behaupten, daß sie es sich im Leben allzu bequem machten, um wenigstens ein Drittel des Tages auf dem Boule-Platz oder bei der Jagd dahinbringen zu können. Für die Eingesessenen, die unseren Winkel seit Jahrhunderten als ihre Heimat betrachten (sofern ihre Väter nicht aus dem Piemont zugezogen sind), scheint es manchmal fast gleichgültig zu sein, ob einer aus Amiens, aus Brüssel, aus Köln, aus Amsterdam oder Sheffield zugezogen ist: sie sind alle nicht von hier. Vielleicht gehören sie eines Tages dazu, wenn sie lang genug im «Café des Sports» hockten und gelegentlich eine Runde Pastis bezahlten. Vielleicht auch nicht.

16

Bin ich ein Fremder?

Und ich? Betrachten sie mich nach eineinhalb Jahrzehnten noch immer als einen Fremden? Wenn es so ist, dann lassen sie es mich mit freundlicher Nachsicht wenig spüren. Mein Akzent, das ist wahr, gibt mich nach einem Satz als Deutschen zu erkennen. Manchmal korrigieren sie lachend meine drolligsten Fehler, die ihr Sprachgefühl herausfordern – wie Coco, die hübsche Serviererin in der «Auberge du Bourgeois», die sich mir gern entgegenbeugt, um über der Suppenschüssel oder dem Salatteller die korrekte Betonung oder den richtigen Artikel vorzusprechen. Da sie mich dieser kleinen Nachhilfestunden für würdig erachtet, darf ich darin den Beweis erkennen, daß sie mich für keinen ganz verlorenen Fall hält.

Bin ich für sie ein Fremder? Sie beehrt mich, wie die Patronin des «Café des Sports», zu Neujahr mit einem dreifachen Küßchen links und rechts und wieder links auf die Wange, und sie wünschte mir, wie alle Welt, mit erhobenem Zeigefinger «surtout la santé!». Sie umarmt mich auch, zu meinem innigen Vergnügen, wenn ich von einer langen Reise heimgekehrt bin. Aber bedeutet dies, daß ich dazugehöre? Ein deutlicheres Zeichen mag es sein, daß unser Nachbar Jules auf seinem Weg einhält, wenn er mich im Garten mit dem Spaten oder der Schaufel am Werk sieht: «Sieh einer an», sagt er, «heute arbeiten Sie mit dem großen Griffel», mit gutartiger Ironie auf meinen Beruf als Schreiber verweisend. Er liest, dessen bin ich gewiß, kaum je ein Buch; das hindert ihn nicht daran, sich die Literaturprogramme im Fernsehen anzuschauen, am liebsten «Bouillon de Culture» von Bernard Pivot – nein, nicht um mitreden zu können, wir sind nicht in Paris! –, sondern weil ihn manche der Themen am Rande interessieren und weil ihn, das vor allem, die vorgezeigten Typen belustigen. Dennoch, dem Stande der Schriftsteller begegnet er mit traditionellem Respekt. Er betrachtet sie nicht, wie es bei den Bürgern auf der anderen Seite des Rheines einst üblich gewesen sein mag, als nörgelnde Nichtsnutze.

17

Nachricht aus dem Paradies oder: Bin ich ein Fremder?

Die Arbeit im Garten, die Hacke, mit der ich die Erde umgrabe, die Machete, mit der ich den Maquis zu lichten versuche, der Dreck an meinen Händen, die alten Jeans: all das macht mich wohl mehr als die Schreiberei zu einem halbwegs verläßlichen Menschen, den man als Nachbarn akzeptieren kann. Vor der Erfindung des Faxgeräts konnte das Dorf überdies meine Produktivität kontrollieren. Der melancholische Fotograf aus Vietnam kopierte meine Manuskripte, und die geduldigen Damen im Postamt zählten mich zu ihren besten Kunden. «Vous êtes travailleur», bemerkten sie manchmal mit sanftem Spott, wenn ich die dritte oder vierte Sendung in der Woche aufgab, äußerten auch ein nicht allzu ernstes Wort des Bedauerns, daß man meine Geschichten nur in Deutschland lese, und sie fragten wie so viele andere mit heiterer Anteilnahme, ob ich nicht endlich an den Ruhestand dächte. «Alors, la retraite?» ruft auch Monsieur Ventimiglia mahnend, wann immer ich meinen Wagen zu einer Inspektion oder Reparatur bei ihm abliefere, und stets schüttelt er den Kopf, wenn ich ihm versichere, daß ein Schriftsteller die Feder nicht weglege, solange ihn die grauen Zellen nicht im Stich ließen. Er werde keine Motorhaube mehr aufklappen, wenn er die Sechzig erreicht habe, sagt Monsieur Ventimiglia, dessen Großvater aus den piemontesischen Alpen kam, mit einem halb verdrossenen, halb belustigten Blick. Ich glaube ihm kein Wort davon, und er weiß es: ein passionierter Handwerker, pflichtbewußt, exakt, zuverlässig, von immensem Fleiß – kurz, er verfügt über jede der Eigenschaften, die sich die Deutschen so gern selber zuschreiben. Abwehrend hebt er die Arme und kratzt den grauen Schädel, wenn ich ihn mit einem kleinen Lachen wissen lasse, daß er sich ohne seine Arbeit zum Sterben langweilen werde. Er sei, was dies angehe, deutscher, als es die Deutschen jemals waren. Nein, beharrt er, er sei Franzose, ein Mann des Südens und darum verpflichtet, sich nach dem Eintritt in das Pensionsalter nur noch seinem Garten, der Jagd und dem Boule-Spiel zu widmen.

18

Wir lassen es dabei. Über den Austausch gutartiger Scherze hinaus scheint er sich für meine Nationalität kaum zu interessieren. Auch der Bürgermeister grüßt freundlich über die Straße, wenn wir uns begegnen, und er zieht mich gern in ein Gespräch über die Vorzüge des deutschen Systems der Müll-Trennung, das er in Port Madeleine einzuführen gedenkt. Meine Bedenken, daß die Aufsicht über die sorgsame Separation von organischem und nicht-organischem Unrat, von Plastik und Glas (je nach Farbe), von verwertbarem und nicht-verwertbarem Kehricht eine Art Müll-Terror produziert habe, wehrt er fast unwirsch ab. Die nachbarliche und behördliche Kontrolle ersetze die Sittenpolizei längst vergessener Tage, versichere ich ihm. Das, meint er, würde an der Mentalität seiner Landsleute ohnedies scheitern, doch man möge lernen, was man voneinander lernen könne. Dann erkundigt er sich mit wacher Sympathie nach dem Buch, an dem ich schreibe. Er kennt die Mühsal, denn er selber hat eine lesenswerte Heimat-Geschichte verfaßt. Bedeuten die Zeichen seiner freundschaftlichen Aufmerksamkeit, daß ich dazugehöre?

Meine Frau, der Deutschland einst ihr Bürgerrecht aberkannte, ist durch ihr Geschick Französin geworden. Längst verbirgt sich der Akzent ihrer Herkunft hinter der Sprachmelodie des Midi. Sie kandidierte vor Jahr und Tag, von Freunden dazu überredet, auf einer moderat linken Liste für den Gemeinderat, wenngleich ohne Erfolg, denn in Port Madeleine votiert man nicht links, sondern liberal oder gaullistisch (und an die fünfzehn Prozent der Wähler halten, Gott sei es geklagt, Jean-Marie Le Pen für den Erlöser von der Heimsuchung durch die Fremden, wenn nicht für den Retter Frankreichs). Immerhin sammelte sie mehr Stimmen als die meisten ihrer linken Mitstreiter. Als sie durch Akklamation in den Vorstand unserer lokalen Gesellschaft für den Schutz von Landschaft und Natur gewählt wurde, eilte der Präsident strahlend auf mich zu, daß dies eine besondere Geste der Verbundenheit mit «unseren europäischen Mitbürgern und Nachbarn» sei. Ich wußte ihm dafür Dank, doch ich bemerkte, meine Frau sei Französin. «Ah, gewiß doch!» rief er mit allen Zeichen des Entzückens. Gehört sie dazu? Sie ist – einst in deutsche Konzentrationslager deportiert – Mitglied der Anciens Combattants, an deren Versammlungen sie gutwillig und seufzend an jedem ersten Montag des Monats teilnimmt, um mit den betagten Herren die patriotischen Feiern, die Exkursionen zu nahe liegenden Gedenkstätten und vor allem die gemeinsamen Banquette zu debattieren, deren Menüs samt den zu kredenzenden Weinen mit äußerster Gründlichkeit geprüft und beredet werden. Bei den *Apéritifs d'amitié* bin auch ich, der Ehemann willkommen, von Monsieur Guichard, dem Präsidenten, mit untadeliger Höflichkeit begrüßt. Er ist ein strenger Hüter des vaterländischen Erbes, der in einer Schlacht des Jahres 1940 eine Verwundung davontrug, an die ein nervöses Zucken in seinem Gesicht schmerzlich erinnert. Er hat nichts gegen die Deutschen. Aber als einer unserer Landsleute, der hier ein Häuschen besitzt, kraft seiner Eigenschaft als Frontsoldat der einstigen Wehrmacht um die Aufnahme in den Verein der französischen Veteranen bat, meinte Monsieur Guichard, dies ginge denn doch zu weit. Mir verböte der Takt, meine Identität mit der Gesellschaft unseres Nestes auf eine solch harte Probe zu stellen.

Mit meiner Frau verhält es sich anders. Sie besitzt einen französischen Paß, und es wäre vielleicht als ein Zeichen der Undankbarkeit empfunden worden, wenn sie ihren Anspruch auf die Mitgliedschaft im Club der alten Krieger nicht wahrgenommen hätte. Sie genießt, wenn nicht alles täuscht, ein Höchstmaß der Integration. Ich selber werde bei den nächsten Kommunalwahlen kraft europäischen Rechtes meine Stimme in die Waagschale werfen können, ja mir wäre eine Kandidatur für den Gemeinderat erlaubt, was freilich einer Vermessenheit gleichkäme. Ein rosafarbenes Kärtchen, das ich in meinem Schreibtisch aufbewahre, gewährte mir schon bei der letzten Wahl zum Europäischen Parlament das Recht, mein Kreuz für einen der französischen Anwärter auf ein Mandat in Straßburg auf dem vorgedruckten Zettel zu plazieren – ein Privileg, das mich, ich gebe es zu, mit einem Hauch von Genugtuung erfüllte, weil sich damit ein erster Ansatz zu einem europäischen Bürgerrecht zu erkennen gab. Ich bin, dachte ich in der Kabine, nicht nur Gast des Landes, nicht nur der geduldete Fremde oder der willkommene Freund. Mein Leben in Frankreich, dachte ich weiter, gründet sich auf ein Stück Europa, das gottlob Wirklichkeit geworden ist. Würde ich die Backen aufblasen, dann könnte ich mich als einen europäischen Bürger deutscher Nationalität bezeichnen, der in Frankreich seine Heimat gesucht hat.

KAPITEL 2
Ist Gott noch immer
Franzose?

Wenn es denn wahr ist, daß ich – ein Deutscher in Frankreich –
mich (wenigstens mit einem Teil meiner Existenz) als europäischen Bürger betrachten darf: dann entfällt der hohe Ansatz, zu
dem sich einst Friedrich Sieburg bekannte, als er in einem Vorwort
zu seinem großen Essay «Gott in Frankreich?» schrieb, «daß die
Spannung Deutschland – Frankreich mehr» sei «als ein beliebiger
internationaler Gegensatz»; sie sei «vielmehr eine Menschheits-
spannung», ja «eine Spannung, die sich in jeder Menschenbrust
findet». Die beiden Länder, fuhr Sieburg fort, stellten «jedes die
äußerste Möglichkeit der menschlichen Natur dar».

Damit nahm dieser bedeutende Autor, dessen melancholisches
Pathos immer wieder unsere Sympathie und unseren Respekt gewinnt, den Mund vielleicht ein wenig zu voll. Solche Wichtigkeit
messen wir uns, ob Deutsche oder Franzosen, nicht länger zu. Wer
wollte noch die Formel riskieren – der sich François Bondy, der
Schweizer Freund und Kenner Frankreichs, mit dem Blick auf Sieburg bediente –, daß es hier um die Konfrontation «deutscher Dynamik gegen französisches Beharren» gehe? In unseren Tagen
könnte mit gleichem Recht das Umgekehrte behauptet werden.
Bondy nannte Sieburgs Essay das «einflußreichste Buch, das je ein
Ausländer über Frankreich geschrieben hat». Es habe die Franzosen ebenso beeindruckt wie die Deutschen, ja, sogar stärker, da es
den Anlaß «zu Kontroversen und zur Gewissenserforschung» gab.

Indes, als Sieburg das Vorwort zu einer neuen Ausgabe unter

22

radikal veränderten Vorzeichen zu Papier brachte, schrieb man das Jahr 1935. In Berlin regierte der Reichskanzler Adolf Hitler, und Dr. Joseph Goebbels wachte als «Reichsminister für Propaganda und Aufklärung» über die Regime-gehorsame Konformität der Presse und des Verlagswesens. Es ist erstaunlich genug, daß Sieburg seinen Bericht über Frankreich, der längst in alle Sprachen der Welt übersetzt war und auch in Paris hohe Auflagen erreichte, ohne nennenswerte Streichungen zu präsentieren vermochte.

Sein französischer Verleger Bernard Grasset aber hatte in einem Nachwort zur ersten Ausgabe voller Unbehagen bekannt: «Wir zweifeln, nicht, daß ihr» – die Deutschen à la Sieburg – «uns liebt, doch diese Liebe kann uns das Leben kosten». Das wollte der sensible und verletzliche Schreiber, der in seiner Heimat als ein Held der Feder gefeiert wurde, nicht auf sich sitzen lassen, auch nicht aus Gründen der nationalen Reizbarkeit, die in jenem Jahre 1935 virulent war. Haß zwischen beiden Völkern dürfe nicht sein, darauf bestand Sieburg auch jetzt: der sei «wie Mord am eigenen Leibe». Zum anderen erklärte er ein wenig schnarrend, er sei auch jetzt «nicht geneigt, Frankreich eine Liebeserklärung zu machen». Sein Buch sei «weder für noch gegen Frankreich», sondern es sei «ein deutsches Buch, das nicht nur einen Versuch zur Erkenntnis Frankreichs darstellt, sondern auch von dem Bestreben getragen ist, den deutschen Umriß durch Abgrenzung gegen den Nachbarn schärfer zu sehen».

Der Umriß Deutschlands nimmt sich heute, nach den dunklen Jahrzehnten, die uns seitdem heimgesucht haben, bescheidener aus, nicht nur in geographischer Hinsicht. In der Epoche freilich, als Sieburg sein Vorwort schrieb, gewann er eine Schärfe, die unsere Nachbarn die Furcht und das Grauen lehrte. Unterdessen ist er weicher und blasser geworden. Er ist manchmal nur noch mit einiger Mühe zu erkennen. Es hat seine Gründe, daß so viele Deutsche (wie übrigens auch die Franzosen) besorgt danach fragen, wo ihre «Identität» geblieben sei.

Ja, wo? Vielleicht war sie niemals so ausgeprägt, wie uns die Künder und Deuter der National-Charaktere einreden wollten? Vielleicht wucherte sie gerade darum in dem Jahrhundert, das sich nun zum Ende neigt, so oft ins Maßlose und Hypertrophe? Nach dem großen Debakel von 1945, das man in Deutschland noch immer in verlegener Umschreibung den «Zusammenbruch» nennt, wünschten manche Deutsche die sogenannte Identität nur noch zum Teufel. Unter hartgesottenen Nationalisten machte damals der Witz die Runde, Adolf Hitler habe am 8. Mai 1945 (dem Tag der Kapitulation) den Kommandeuren der amerikanischen, britischen, französischen und sowjetischen Armeen mit militärischem Gruß und zusammengerissenen Hacken gemeldet: «Befehl ausgeführt – Deutschland vernichtet».

Es ist wahr, die Mehrzahl der Deutschen wäre am liebsten sofort in Europa auf- und untergegangen. Sie hätten auch nicht dagegen protestiert, ein Protektorat der Vereinigten Staaten zu werden (was de facto geschah). Süddeutschland hätte sich gern der Schweiz, vielleicht auch Frankreich, das hannoversche Niedersachsen dem britischen Königreich angeschlossen. Der Osten stand ohnedies unter der Herrschaft des großrussischen Imperiums, das sich als die Erfüllung der kommunistischen Utopie ausgab. Das Land erwies sich als teilbar. Seine Umrisse waren gesprengt und zerfallen, nicht nur die staatlichen. Doch Deutschland, obwohl zur Hölle gefahren, verschwand nicht. Die Deutschen wurden ihr Deutschsein so rasch nicht los. Vielmehr gewann es langsam und mühselig in den westlichen Zonen, ja auf eine vertrackte Weise selbst unter sowjetischer Aufsicht, neue Konturen. Sie waren, zumindest in der Bundesrepublik, undeutlicher geworden. Sie verloren manche der alten Schärfen und Härten.

Viele Schranken sind seitdem gefallen. Europa rückte näher.

Friedrich Sieburgs Skepsis

Das Abkommen von Schengen hob die Grenzen zwischen den meisten Mitgliedstaaten der Europäischen Union nahezu vollkommen auf. Wir entdeckten, zunächst im stürmischen Aufbruch der europäischen Begeisterung in den ersten Jahren nach dem Krieg, dann behutsamer und immer aufs neue zögernd, daß die Grenzen von gestern in Wirklichkeit Übergänge sind, an denen sich nachbarliche Interessen, uralte Verwandtschaften, die Ströme der Kultur und in wachsendem Maße die tausend Bezüge zwischen den Industrien, den Wirtschaftsorganismen, den Kommunikationsmitteln und Medien treffen, vereinen, voneinander lösen, um sich in veränderten Formen wiederzufinden.

Friedrich Sieburg, der im Jahr 1964 starb, betrachtete die deutsch-französische Annäherung mit einer merkwürdigen Skepsis, obwohl auch er nicht daran zweifelte, daß sie die wichtigste Aufgabe des Prozesses der europäischen Vereinigung sei. Doch er bestand darauf, daß die Versöhnung zwischen Deutschen und Franzosen nur die Folge und niemals der Anfang europäischer Einheit sein könne: zu tief sei der Graben, der die Völker trenne.

Darin täuschte er sich. Ihm geschieht kaum ein Unrecht, wenn wir vermuten, daß sein Mißtrauen gegen die Kooperation der beiden Nachbarländer auch aus der schmerzlichen Einsicht rühren mochte, daß er an ihr nicht teilhaben konnte, weil mancher seiner Auftritte in Paris als Repräsentant der deutschen Okkupationsmacht in den Gemütern bittere Spuren hinterlassen hatte. Im Unglücksjahr 1941 hatte er sich in einem Vortrag in der Tat als einen «gestählten Nationalsozialisten» bezeichnet, was ihm laut François Bondy niemand glaubte. Indessen kann nicht geleugnet werden, daß sich Sieburg den Machtverhältnissen für eine Weile bis zur Unkenntlichkeit angepaßt hatte: dieser liberale Geist wollte nicht darauf verzichten, eine öffentliche Rolle zu spielen. Von einem seltsamen Ehrgeiz (und stets von der Sucht nach Wirkung) getrieben, hatte er den Beruf des Journalisten an den Nagel gehängt und war in die bombastische Uniform der Diplomaten des Dritten Reiches geschlüpft, die ihm übrigens schlecht zu Gesicht stand. Nach dem Krieg wurde ihm darum für einige Jahre von der französischen Besatzungsmacht ein Schreibverbot auferlegt, von dem er nur mit Bitterkeit sprach. So wollte und konnte er, ein Opfer seiner verletzten Eitelkeit, nicht wahrhaben, daß zwischen Frankreich und Deutschland eine Annäherung möglich war, für die er selber nichts mehr auszurichten vermochte, ja von der er ausgeschlossen war.

Sein Ressentiment wurzelte nicht nur in der Erfahrung des Jahres 1945. Es mag sein, daß der Schmerz über die Zurückweisung, die er in der distanzierten Äußerung seines Verlegers Bernard Grasset wahrnahm, sehr viel länger und tiefer in seiner Seele nagte, als er es selber wahrnahm. Auch ihm war die Enttäuschung nicht erspart geblieben, die das Leben so vieler Intellektueller beschwerte, die sich in Paris heimisch fühlen wollten – auch mancher der Emigranten, die vor Hitlers Schergen nach Frankreich geflohen waren, ob Joseph Roth oder Lion Feuchtwanger, ob Kurt Tucholsky oder Walter Benjamin, selbst der weltläufig-frankophile Klaus Mann, dieser sensible Sohn des großen Vaters: sie gewannen kaum je das Gefühl, sie «gehörten dazu». In den inneren Zirkeln, die den Ton in der Hauptstadt bestimmten, wurden sie als Zaungäste freundlich begrüßt – und rasch wieder vergessen. Das galt übrigens beinahe genauso für die amerikanischen *expatriates*, die Paris mit ihrer lautstark-fröhlichen Lebens- und Trinklust erfüllten, ohne dabei allzu vielen Franzosen zu begegnen.

Draußen in der Provinz ist es leichter, sich in die französischen Alltäglichkeiten einzufügen. Freilich wäre es ein Irrtum, würden die Freundlichkeiten unserer Existenz in Port Madeleine die Vermutung nähren, wir genössen ein Idyll, das die liebenswürdige Schlafmützigkeit der «guten alten Zeit», die in Wahrheit so gut nicht war, auf heitere Weise konservierte – als hätten wir mit dem modernen Frankreich der Jahrtausendwende nichts zu schaffen. Der Wandel der Zeiten machte vor den Toren unseres Dorfes nicht halt. Den Tourismus-Managern wurde es gottlob nicht erlaubt, unseren Horizont mit grauen Hoteltürmen zu verstellen, aber schon der Nachbarort ist mit Apartment-Blocks übersät, deren Architektur nur mit eiliger Mühe dem traditionellen Gepräge des Südens von ferne angeglichen wurde. Es fällt schwer genug, die Baulöwen, die Land-Spekulanten und großen Entwicklungsunternehmen von ihren gigantischen Projekten abzuhalten, mit denen sie unsere Bürgermeister und Gemeinderäte in Versuchung führen. Die Camping-Plätze im Umkreis bieten für mehr als zehntausend sonnenhungrige Nordmenschen Platz. Den großen Umsatz machen nicht die Epicerien, die es gottlob noch gibt, sondern die riesigen Supermärkte und Einkaufszentren, die in den letzten Jahrzehnten aus dem Boden gestampft wurden.

Das einundzwanzigste Jahrhundert klopft auch bei uns an die Tür. Tüchtige junge Leute gründen ein Informatik-Zentrum um das andere. Eine Vermittlungsfirma, die den Zugang zum Internet öffnet, hat sich in einem Dorf der Nachbarschaft niedergelassen, das wir bisher nicht als ein Tor zur Welt, eher als eine Endstation für wohlhabende Pensionäre betrachteten. Eine private Radiostation schickt donnernden *hard rock* und plärrende Werbesendungen in die Landschaft, die man nicht länger unschuldig nennen mag (wenn sie es jemals war).

Zur nächsten Station des TGV sind es – außerhalb der Saison – vierzig Minuten (im Juli und August, wenn sich auf den Küstenstraßen der Verkehr in deprimierenden Schlangen staut, an die zwei Stunden). Vierzig Minuten sind es zum Anschluß an die Autobahn, und nur eine gute Stunde ist es bis zu einer funkelnagelneuen Stadt, die mit ihren Betonburgen ein französisches Silicon Valley zu werden verspricht. Eineinhalb Stunden sind es nach

Nice, das zwei Schritt von seinem modernen (und dennoch beinahe gemütlichen) Flughafen entfernt ein Geschäfts- und Büro-
zentrum baute, das man als eine bescheidene Entsprechung zu La
Défense, dem Pariser Manhattan, beschreiben könnte.

Nein, mein Frankreich hat mit dem Friedrich Sieburgs nicht allzuviel mehr gemein, auch wenn es sich in manchen Grundzügen
treu geblieben sein mag. Es setzt dem Fortgang der Welt und seinen Nachbarn nicht mehr den bäuerlich-konservativen Widerstand entgegen, den sein deutscher Betrachter, der selber vom romantischen Nationalismus des neunzehnten Jahrhunderts geprägt
war, in den zwanziger und dreißiger Jahren als den Grundausweis
seines Charakters erkannte. Die Landwirtschaft ist immer noch ein
wichtiges Element der Gesamtökonomie, ja in mancher Hinsicht
ihr stärkster Faktor, doch sie hat sich industrialisiert, und viele der
kleinen Bauern und der Weingärtner, die dem Boden nur ein kärg-
liches Auskommen entrangen, blieben auf der Strecke. Der sogenannte Agrarsektor beschäftigt, trotz einer imposanten und zugleich so problematischen Steigerung der Produktion, nur noch
vier Prozent der Bevölkerung (gegenüber dreizehn Prozent im
Jahre 1970) – eine kleine Minderheit wie drüben in Deutschland
oder in den Vereinigten Staaten. Vielleicht ließe sich dennoch sagen, daß auch die Bürger und Arbeiter in den Städten noch immer
auf vielfältige Weise von der Erinnerung an die bäuerliche Existenz ihrer Vorfahren geprägt sind, daß sie durch ihre Gärten und
das Häuschen auf dem Lande der Erde intensiver verhaftet blieben
als dies bei den Deutschen, den Italienern, den Holländern, den
Amerikanern der Fall sein mag.

Frankreich, das ist die Wahrheit, ist eine moderne Industrienation geworden, und seine Dienstleistungen nähern sich – trotz allen Widerstandes – nach und nach der (amerikanischen) Höhe der
Zeit. Es ist der drittgrößte Exporteur und Importeur von Kapital,
und nach dem Urteil eines New Yorker Fachmanns sind seine

28

«High-Tech-Zentren» jeder internationalen Konkurrenz gewachsen. Aber fast ist es, als wolle sich dieses moderne Frankreich schamhaft vor den Augen der Welt verbergen. Seine Progressivität wird mit einem Gran Ironie als das bestgehütete Geheimnis Europas bezeichnet.

Natürlich gibt es noch immer das Frankreich eines behäbigen und gebildeten Bürgertums, das dem Wandel mit trotzig-resignierter Resistenz begegnet. Deutsche Dichterseelen und sensible junge Damen, die in Duisburg, in Nürtingen am Neckar, in Liverpool oder Boston ihrem Fernweh nachhängen, brauchen auf ihre Träume von *la douce France* nicht zu verzichten: es lebt, und es wird auch künftig die romantischen Geister einladen, sich in seiner Existenz wiederzuerkennen. Frankreich kann nach wie vor die Antwort auf eine Sehnsucht sein, die wir das Heimweh der Menschen nennen dürfen. Aber in den engen Gassen der Städte hallen nur noch zwischen zwei und vier Uhr in der Frühe die Schritte wider, denn bis zur Mitternacht dringt aus den Fenstern der Lärm des Fernsehens, und die erhoffte Stille wird nur allzu oft von den heulenden Motoren der kleinen Peugeots und der Motorräder zerfetzt.

Die Zahl der Cafés, in denen Männer mit dem stereotypen *béret basque* und keß geschminkte Mädchen hitzköpfig und zugleich voller Lachen das Pferderennen vom Sonntag, den letzten Film von Chabrol, die korrupte Verlogenheit der Politiker oder die blutigen Tumulte in Schwarz-Afrika diskutieren, wird von Jahr zu Jahr geringer: mehr als dreißigtausend haben in den vergangenen Jahren ihre Tore geschlossen (doch noch immer finden sich Tag um Tag einige 15 Millionen Gäste ein).

Die altmodischen Bistrots, in denen auch bürgerliche Gerichte der einfachsten Art zum kulinarischen Wunder werden können, sind von der rücksichtslosen Konkurrenz der *fast food*-Ketten gefährdet. Keine Sorge, diese Ur-Institutionen des französischen Lebens sterben so rasch nicht aus. Eine freundliche Gegenbewegung

junger Leute versucht sie mit dem gleichen Enthusiasmus wieder-
zubeleben, mit dem die Amerikaner dieser Generation den gestern
noch verödeten Innenstädten von Baltimore oder Cincinnati eine
bewundernswerte Renaissance bescherten. Doch das kleine Restaurant an der Ecke und die Bar mit dem blank geputzten Tresen
sehen sich, daran läßt sich leider nicht zweifeln, an die Ränder der
Alltags gedrängt. Manche scheinen nur noch als Attrappen für den
Tourismus zu dienen.

Nein, um es so deutlich wie möglich zu sagen: Frankreich hat
seine Seele nicht verloren – nicht an das übermächtige Amerika,
auch nicht an eine sozialistische Utopie, deren überredende Kraft
längst zerfallen ist, nicht an Europa, erst recht nicht an die Union
der Technokraten von Brüssel, nicht an die Allianz mit den Deutschen, nicht einmal an die Nachgiebigkeit gegenüber den eigenen
Barbareien, von denen mancher ängstliche Bürger und mancher
bekümmerte Gast fürchten mochte, daß sie auch die französische
Zivilisation schließlich überwuchern könnten. Das Land und seine
Menschen spielen, das ist wahr, mit allen Absurditäten der Moderne, und sie spielen zugleich mit ihren Nostalgien, die sie im
Glanz von *son et lumière* in den Sommernächten kultur- und
kommerzbewußt aufblühen lassen.

Die Franzosen sind, wie wir alle, Geschöpfe ihrer Vergangenheit, und sie versuchen, wie wir alle, der schwierigen Gegenwart
eine bessere und friedliche Zukunft abzutrotzen. Sie sind Geschöpfe des Gestern und des Heute, und vielleicht sind sie es ent-
schiedener als die anderen Europäer. In beidem sind sie ihren deutschen Nachbarn verwandt. Es darf behauptet werden, daß wir uns
im wachsenden Maße aneinander erkennen.

Frankreich war für die Deutschen, wohl seit den Tagen der Aufklärung und der Revolution, vielleicht auch früher, stets ein Spiegel, in dem sie sich selber wahrnahmen. Oft sahen sie nur – in der
Anziehung und in der Abstoßung – das Fremde und Ferne, den

Widerspruch zu ihrem eigenen Wesen oder auch seine Ergänzung. Doch immer war ihr Bild von Frankreich und den Franzosen eine Projektion der Wünsche, wie sie selber gerne wären: das Licht- und Schattenspiel eines besseren, eines glücklicheren, einst auch eines mächtigeren, eines selbstbewußten Deutschlands – ein Reflex ihrer Sehnsüchte, ihrer Liebe, ihres Neides und darum manchmal des Hasses, in dem sich immer auch die Erregung des Selbsthasses verbarg.

Umgekehrt, wenn die Franzosen auf die Deutschen schauten, mochte es ähnlich sein: sie glaubten, fürchten und bewundern zu müssen, was sie selber entbehrten. So wurden sie nicht müde, die sogenannte deutsche Tüchtigkeit zu preisen, vor der sie sich ängstigten, da sie niemals sicher waren, wann die Nachbarn jenseits des Rheins in die Stiefel fahren, sich aufs Pferd oder auf ihre schnellen Panzerwagen schwingen würden, um mit brachialer Effektivität das träumende Frankreich über den Haufen zu rennen. Sie neigten dazu, in jedem blitzblauäugigen jungen Deutschen das faustische Verlangen nach dem Gewaltigen, dem Gigantischen, dem Ewigen, dem Unvergänglichen (und Unmöglichen) zu sehen. Sie starrten offenen Mundes auf die Brandung von «Sturm und Drang», die über die Nachbarn in zyklischer Regelmäßigkeit hereinzubrechen schien, und sie gaben sich hypnotisiert dem Klangzauber Richard Wagners hin, ja, die verwegensten ihrer Geister sahen in den deutsch-französischen Dramen die tragisch-orgiastischen Schatten von Tristan und Isolde.

Die Deutschen wurden einst nicht müde, den Leichtsinn der Franzosen, ihren Mangel an Zuverlässigkeit und Seriosität zu verhöhnen. Die Franzosen belächelten die Schwere der Deutschen, ihren Mangel an Flexibilität, an Welthaftigkeit, am *savoir-vivre*. Doch nun scheinen beide Völker der Klischees, wenn nicht vieles trügt, überdrüssig zu werden. Sie beginnen, den generalisierenden Stereotypen zu mißtrauen, und die Intellektuellen fangen an, der

Pseudowissenschaft von den national-kollektiven Psychologien den Rücken zu kehren.

Oft stellen nun Deutsche und Franzosen gleichermaßen mit Erstaunen fest, daß die «typischen» Merkwürdigkeiten, die sie am anderen verspotten oder bewundern, in ihnen selber zu Hause sind. Wer hätte jemals gedacht, daß die sozialen Verhältnisse zwischen Rhein und Oder Anlaß für den Verdacht geben könnten, die Deutschen seien tagträumerisch, bequem, ja ein wenig faul geworden – kurz, sie dächten nicht mehr daran, der Arbeit zu leben –, statt für das Leben zu arbeiten wie die entspannteren Nachbarn (vorausgesetzt, daß sich eine Arbeit fände)?

Wer hätte sich träumen lassen, daß die Soldaten der deutschen Bundeswehr bei ihren französischen Kameraden im Euro-Corps eine fast übertriebene Disziplin beobachten würden, die in Deutschland – und selbst in deutschen Kasernen – nahezu verpönt ist? Wer hätte es für möglich gehalten, daß die Franzosen ihre Streitkräfte in eine straffe Berufsarmee verwandeln würden, dem revolutionär-demokratischen Ideal der Volksbewaffnung untreu? Wer hätte zum anderen vor einem halben Jahrhundert geglaubt, daß die jungen Deutschen nur mit dem höchsten Widerwillen eine Uniform anlegen würden und beinahe zur Hälfte den entsagungsvollen Zivildienst an Kranken, Behinderten und Alten dem Kasernenhof vorzögen?

Mit der ironischen Dialektik der Vorurteile und Stereotype hat es so rasch kein Ende, wenn wir uns auf sie einlassen wollen. Aber sind sie notwendig? Wäre dies fruchtbar? Könnten wir daraus lernen? Wozu wäre der Austausch von Urteilen und Vorurteilen nützlich?

Der sorgsame Arzt, der die getrübte Retina meines linken Auges mit einem Bombardement von Laser-Strahlen korrigierte, erkundigte sich nebenbei, welcher Herkunft ich sei – dies freilich nur, um darauf hinzuweisen, daß die Präzisionsmaschine, deren er sich bediente, natürlich aus Deutschland stamme. Jules, mein Nachbar, fährt voller Stolz ein schnelles und ein wenig zu jugendliches Auto deutscher Herkunft, das er wie alle Welt «une Be-em» (einen BMW) nennt. Ich wiederum rühme vor ihm und anderen lauthals meinen französischen Wagen, der bequem und grundsolide ist. Ich erwähne dies, weil mir in den eineinhalb Jahrzehnten meines Lebens mit Frankreich so oft ein schallendes Lob für die Leistungen meiner Landsleute dargeboten wurde: einer Äußerung der Abneigung, der Feindseligkeit oder gar des Hasses bin ich nie begegnet. Nur in Paris widerfuhr es mir zweimal, daß man sich über meinen dicken deutschen Akzent lustig machte, das eine Mal bei einem Traiteur, bei dem ich für ein Gastmahl nicht gerade knauserig eingekauft hatte. Ich hatte freilich meine Rechnung noch nicht beglichen – so ließ ich ihn auf seinen teuren Köstlichkeiten sitzen. Das zweite Mal verfuhr ich mit dem Angestellten einer Apotheke nicht anders.

Schlimmeres Unbill ist mir, zur eigenen Verwunderung, niemals zugefügt worden. Vielleicht hatte ich Glück. Aber dann und wann erwog ich im Gespräch mit mir selber, ob man das Glück nicht wollen müsse. Man kann es einladen. Man kann es beschwören. Man kann es freilich auch meiden. Man kann es verscheuchen.

Glück. Die Mehrzahl der Deutschen hat diesem Wort und seiner Schönheit lange mißtraut. Meine Landsleute glaubten die Völker und vor allem sich selber zu einem tragischen Schicksal berufen. Wir kennen die Folgen. Das Glück aber betrachteten sie als eine fragwürdige Erfindung der Franzosen oder der Amerikaner, die den Begriff durch Thomas Jeffersons Hand sogar in das Ur-Dokument ihrer nationalen Existenz – die Erklärung ihrer Unabhängigkeit – schrieben. Und die Franzosen waren in ihren Augen eher für das gemütvolle und sorglos-beschränkte Behagen zuständig, das deutsche Schriftsteller gern das «kleine Glück» nannten. Sie selber schienen jenes Glück des Alltags erst zu entdecken, als die düsteren

Jahre der Diktatur, des Krieges und die schweren Tage des Aufbaus ihrer zertrümmerten Städte hinter ihnen lagen.

Nein, sie arbeiten nicht länger, um zu leben – sondern um zu reisen, ihre Bäuche und Brüste an fernen Stränden der Sonne darzubieten und den lieben Gott einen guten Mann sein zu lassen. Sie bestehen nicht mehr darauf, daß Gott ein Deutscher sein müsse. Auf den Koppelschlössern ihrer Soldaten steht nicht mehr geschrieben, daß Gott mit ihnen sei.

Aber ist Gott Franzose, wie Sieburg fragte: Dieu est-il français? Wenn er es jemals war – ist er es noch immer?

KAPITEL 3
Revolution in der Zeitlupe – die Zeit der Hymnen ist vorüber

Von Jules Michelet, dem großen Geschichtserzähler, stammt das Wort, Frankreich sei eine Person. Deutschland verstand er als ein Volk und England als ein Reich.

Vom britischen Imperium blieben einige pompöse Monumente und die Erinnerung an eine ebenso ruhmreiche wie finster-beschwerte Epoche, an deren prangendem Wohlstand nur die kleine Schicht der Privilegierten teilhatte. Die einfachen Leute, die zu jenen Zeiten der britischen Weltherrschaft darbten und oft genug im Elend versanken, leben seit dem Niedergang des Empire sehr viel besser und vergnügter.

Und die Deutschen? Sie verstehen sich wohl als ein Volk, doch sie bedienen sich des Begriffs nur noch mit einer gewissen Vorsicht, da die Nationalisten des neunzehnten Jahrhunderts, die Alldeutschen in den Jahrzehnten des Wilhelminismus und die nazistische Diktatur die Vergötzung des «Völkischen» bis zum schieren Irrsinn gesteigert hatten. Die Abgrenzung zum Wahn der Rasse blieb unscharf.

Dennoch halten die konservativen Parteien im deutschen Bundestag an einer Bindung der Staatsbürgerschaft an die «Volkszugehörigkeit» fest. Ein Kasache deutscher Abstammung hat jederzeit Anspruch auf einen deutschen Paß, auch wenn er sich in der Sprache seiner Vorfahren nur noch fragmentarisch auszudrücken vermag. Aber der Sohn türkischer Zuwanderer, in Deutschland geboren und zur Schule gegangen, in deutschen Werkstätten ausgebildet, in deutschen Fabriken arbeitend, zur Heirat mit einem deutschen Mädchen entschlossen, von der deutschen Sprache und der deutschen Alltagskultur geprägt wie jedes der blonden Gören im Nachbarhaus: ihm wird das Privileg der Einbürgerung nur nach strengster Prüfung durch oft so hartsinnige Bürokraten zuteil – oder verweigert. Das *jus sanguinis*, auf dem die Behörden der Bundesrepublik beharren, kann in Wahrheit seine Herkunft aus dem Rassismus der Wilhelminischen Epoche nicht verleugnen. Und in der Tat: es war einst geschaffen worden, um den Erwerb deutscher Bürgerrechte durch die Mischlingskinder in den Kolonien zu verhindern. Trotzdem werden zum Volk der Deutschen künftig einige Millionen Menschen türkischer, osteuropäischer, iberischer und italienischer Herkunft zählen. Mit anderen Worten: sie werden ein Volk sein, mit dem die fatale Idee des «Volkstums» nichts mehr zu schaffen hat.

Aber Frankreich (das – dank des *jus soli* – so viele Kinder so vieler Kulturen und Rassen an seinen Busen drückt)? Läßt es sich noch immer als eine «Person» verstehen? War es das, was Charles de Gaulle mit seiner «gewissen Idee» von Frankreich meinte? Herbert Lüthy, der große Schweizer Historiker, gelangte Anfang der fünfziger Jahre in seinem Buch «Frankreichs Uhren gehen anders» zu der Einsicht, Frankreich glaube zwar nicht an die «kollektive Seele», auch nicht an die «Rasse», aber an eine «gemeinsame Zivilisation» als die Summe einer «sinnvollen und klaren Geschichte seiner Selbstverwirklichung». Frankreich lebe «in seinem eigenen Mythos».

Das mag in mancher Hinsicht noch immer so sein. Die kollektive Seligkeit nach dem Gewinn der Fußball-Weltmeisterschaft im Sommer 1998 zeigte an, daß die Idee einer «Person Frankreich» unversehens wiederauferstehen kann – in einem Bereich des Daseins, in dem man sie kaum vermutet hätte, verkörpert von einem maghrebinischen Spielmacher, einem kanakischen Ballvirtuosen

36

(aus Neukaledonien) und einem schwarzafrikanischen Torjäger, die sich allesamt als hochtalentierte Kinder der französischen Gesellschaft erwiesen. «Frankreich erkennt sich in einer multiethnischen Mannschaft», jubelte der überglückliche Trainer, und die Politiker aller Couleur, von den Gaullisten bis zu den Links-Sozialisten, stimmten ihm enthusiastisch zu: ob «weiß, schwarz oder beur» (wie die Nordafrikaner genannt werden) – die Fußball-Helden wurden als die Söhne der einen Nation gefeiert, ja, der einstige Innenminister Charles Pasqua, der die unbarmherzigsten Gesetze zur Kontrolle der Einwanderung durchgepeitscht hatte, ließ sich von der multikulturellen Hochstimmung dazu hinreißen, eine Art Amnestie für alle illegalen Immigranten zu fordern. Noch einmal schien die «eine und unteilbare Nation» ihre gloriose Existenz im Sieg ihrer vielrassigen Kinder zu demonstrieren.

Jürg Altwegg ging in einer geistreichen Betrachtung so weit, die Weltmeisterschaft als ein «Endspiel für Vichy», als «End- und Wiederholungsspiel der traumatischen Vergangenheit» zu bezeichnen. Voller Ironie wies er darauf hin, daß «eine Anwendung der von Le Pen propagierten ‹nationalen Präferenz› ... den Titelgewinn unmöglich gemacht» hätte. Ein Höhenrausch dieser Art scheint dazu verurteilt zu sein, über kurz oder lang zu verfliegen. Doch es ist tröstlich, daß sich auch die Nachbarn Frankreichs an ihm freuten, selbst die Deutschen, deren Mannschaft sich samt dem Trainer als solch miserabler Verlierer erwiesen hatte. In Stuttgart, so wird berichtet, wehte von manchen Gebäuden in den Tagen nach dem Endspiel die französische Flagge.

Wir indes trauen den Typisierungen der sogenannten Völkerpsychologie nicht länger über den Weg. Selbst die Karikaturisten, die oft mit beschwingter Feder solch simpel-bornierte Personifizierungen präsentieren, haben in der Regel darauf verzichtet, Deutschland als den gutmütig-dummen oder grobschlächtig-gewalttätigen Michel, Großbritannien als zähnefletschenden John Bull, Rußland

37

als den übermächtigen Bären mit drohenden Pranken vorzuführen. Von der «Marianne» indes fällt ihnen der Abschied schwer. Sie erscheint noch immer Tag für Tag als ein bläßlich-unschuldiges, nahezu geschlechtsloses Wesen auf der Titelseite des «Figaro», nur durch die phrygische Mütze als Französin (oder gar als Pariserin) erkennbar. Ohne das jakobinische Hütchen würde niemand den Verdacht hegen, daß es sich bei diesem konventionellen, durch und durch bourgeoisen Geschöpf um eine Tochter der Revolution handeln könnte.

Freilich ist noch immer jede Bürgermeisterei Frankreichs mit einer Büste der Marianne geschmückt, die im Fortgang der Zeit den Zügen der populärsten Schauspielerin des Landes angeglichen wird. Einst war es Brigitte Bardot mit gezähmtem Schmollmund und nach ihr die damenhafte Catherine Deneuve, die in einigen zehntausend Exemplaren in Gips gegossen und bis ins hinterste Dorf des Ardèche verschickt wurden. Erkennt sich Frankreich noch immer in jenen adretten Damen, denen es aufgetragen war, die Nation zu verkörpern? Überkommt die Seelen der Franzosen nach wie vor eine verzückte Wallung, wenn Werbegraphiker die Freiheits-Göttin von Delacroix mit entblößter Brust und wehender Tricolore die Barrikade stürmen lassen?

Vor siebzig Jahren schrieb Friedrich Sieburg, «das irdische Frankreich, das im Triumph seiner Vernunft nicht müde werden kann, goldene Seile in den Himmel zu werfen», feiere die Jeanne d'Arc «inbrünstiger denn je». Aber wird die kriegerische Jungfrau noch immer als «Staatsheilige» verehrt? Sieburg, dieser kritische Bewunderer des Landes, wagte einst den hochgemuten Ausruf: «Begreifen, daß die Marseillaise die Gebete Johannas fortsetzt, heißt Frankreich begreifen.» Gibt uns das Pathos dieser Behauptung nicht eher Anlaß zu einem Lächeln?

Es ist wohl wahr, daß die passionierten Hüter des Johanna-Kultes auch die Marseillaise mit überschwappender Hingabe singen, ohne darüber nachzudenken, daß es zwischen dem kämpferischen Mädchen, das für Gott, ihren König und Frankreich das Martyrium auf sich nahm, und dem Lied der Revolution eine unmittelbare Verbindungslinie geben könnte. Sie zerbrechen sich vermutlich weder über das eine noch über das andere den Kopf: patriotische Gesänge fördern, wie uns die Erfahrung gezeigt hat, das Denken nur selten.

Die Mythen scheinen, wie zu lang getragene Kleider, ein wenig abgewetzt und schäbig geworden zu sein. Im Jahre 1997 erinnerte sich Frankreich des Frankenkönigs Chlodwig, der als der Gründervater des Landes gilt. Vor tausend Jahren hatte er, wenn die Legende nicht trügt, in Reims die christliche Taufe empfangen und damit das Signal zur Bekehrung seines Stammes gegeben. Indes, die Historiker meldeten zum Jubiläum ihre Zweifel an der Richtigkeit jener Überlieferung an. Dem Präsidenten des laizistischen Staates war es überdies versagt, an den Gedächtnisfeiern der Kirche teilzunehmen, weil er damit ein Grundprinzip der Republik verletzt hätte. So gingen die Festlichkeiten – nein, nicht ohne Sang und Klang, doch ein wenig beiläufig und weit vom Alltag der französischen Bürger entrückt über die erhabene Bühne von Reims.

Es ist vor allem der Anhang Jean-Marie Le Pens, der sich Jahr um Jahr im schönen Monat Mai an der zierlichen Reiterstatue der Johanna auf der Place des Pyramides versammelt, um der Heldin die Treue zu schwören, den miserablen Zustand des Landes zu beklagen, die Regierung zu schmähen und die Austreibung der Fremden, besonders aber der Maghrebiner aus Nordafrika, zu verlangen (wobei leider der eine oder andere Ausländer ein Opfer des überbordenden Nationalgefühls wurde).

Die Wählerschaft des bretonischen Volkstribuns, die bis zum Jahre 1997 im Durchschnitt des Landes vierzehn bis fünfzehn Prozent, in manchen südlichen Städten freilich oft weit mehr als zwanzig Prozent betrug, verschwendet an die Beschlagnahmung der lothringischen Heiligen vermutlich nicht zu viele Gefühle oder Gedanken. An der jährlichen Wallfahrt nimmt nur der eingeschworene Kern des Gefolges teil: eine Handvoll eifernder Funktionäre, alte Kämpfer der Kriege in Algerien und Vietnam, aufgeregte Damen in fortgeschrittenen Jahren und die üblichen Kränzchen folkloristisch drapierter Mädchen und uniformierter Knaben, die von fern an die deutschen Pimpfe des Dritten Reiches erinnern.

Le Pen ist nicht Hitler. Mit dieser Feststellung lösen sich nicht alle Sorgen auf, aber die Relativierung zwingt zu einer wohltuenden Nüchternheit bei der Analyse des Phänomens Front National. Auch vor der Spaltung seiner Truppe war die Chance der Partei gering, ins Zentrum der Macht vorzudringen. Nach menschlichem Ermessen ist der Chef dieser Partei der extremen Rechten zu alt, um sich ernsthafte Hoffnungen auf das Amt des Staatspräsidenten oder den Vorsitz der Regierung machen zu können. Überdies gibt es Grund zu der Annahme, daß er die Verantwortung scheut. Allemal schreckte er vor der Kandidatur für ein öffentliches Amt zurück, wenn er witterte, daß er den Wettbewerb verlieren könnte. Lieber sonnt er sich im Ruhm des gewaltigen Rhetors, dem der Beifall entgegenbrandet, und in der Tat versteht er es meisterhaft, die Wut und den Ärger in der Seele seiner Zuhörer bis an die Grenze hysterischer Ausbrüche aufzustacheln. Sein unbestreitbarer Witz appelliert an jenes hämische Gefühl, das die Deutschen mit einem unübersetzbaren Wort «Schadenfreude» nennen. Er spielt virtuos auf allen Registern kleinbürgerlicher Ressentiments, sein Redestil der Technik amerikanischer Massen-Evangelisten angepaßt, die sich mit einem drahtlosen Mikrophon über die Bühne bewegen, um zuletzt beide Arme zur segnenden Geste des Heilsbringers zu erheben, kurz: er ist der talentierteste Demagoge, den Frankreich seit Menschengedenken hervorgebracht hat.

Doch wenn nicht vieles täuscht, fehlt seinem Machtwillen die konsequente Härte. Er scheut keine Niedertracht und keinen verachtungswürdigen Trick, und ihm geschieht kein Unrecht, wenn man fragt, ob nicht alle Gemeinheit, zu der ein geistig entwurzeltes Kleinbürgertum fähig ist, sich im Innern dieses Mannes zusammenbraut. Er ist ein Choleriker, der auch auf die alten Tage nicht zögert, sich mit Menschen, die ihm protestierend entgegentreten, auf offener Straße herumzuprügeln. Zum anderen liebt er eine komfortable Existenz, und dank der Spenden und Honorare, die ihm reichlich zufließen, darf er ein gepolstertes Dasein genießen.

Das Zögern, das er durch Gebrüll und Gezeter tarnt, blieb seinem Gefolge nicht verborgen. Sein einstiger Vertreter, der abtrünnige Bruno Mégret, der nicht nur in seiner Statur und in manchen seiner Züge an den nationalsozialistischen Großpropagandisten Joseph Goebbels erinnert, war vergebens bemüht, die Strategie der Nationalen Front zu verändern. Unter seinem Einfluß sollten die exzessiven Verstiegenheiten der Argumente gedämpft, die Rhetorik gemäßigt, das Verhalten in Fragen der Tagespolitik vernünftig gemildert werden. Er plante, den Front National nach dem Vorbild der italienischen Neofaschisten von radikalem Ballast zu befreien und ihn damit salon- und koalitionsfähig werden zu lassen.

Das macht die rechte Phalanx nicht weniger gefährlich – im Gegenteil. Manch braver Bürger, den die militanten Trommler mit ihrer kaum getarnten SS-Mentalität, die primitiven Schläger und die rabiaten Spießer abgeschreckt hatten, könnte sich dem Irrtum überlassen, Mégrets Anhang sei eine Partei wie jede andere auch, die die Traditionen der Republik auf ihre Weise weitertrage. Sie brauchten sich Jean-Marie Le Pens verachtungswürdige Formel, Auschwitz sei lediglich ein «Detail des Zweiten Weltkrieges», nicht zu eigen zu machen. Doch sie könnten sich der Hoffnung hingeben, daß sich Frankreich der Heimsuchung durch die Gefahr der «Überfremdung», der Europäisierung und der Globalisierung entziehen dürfe. Der Abschied von einer, wie sie sich einreden, stets heroischen und ruhmreichen Geschichte bliebe ihnen erspart.

In Wirklichkeit erlebt Frankreich einen Prozeß der Mythen-
dämmerung, der seine Bürger befreit und zugleich tief beunru-
higt, denn es ist wahr: keine andere Nation – ausgenommen die
Vereinigten Staaten – stand bisher im gleichen Maße unter dem
Bann der Geschichte und ihrer legendären Verklärung. Die Verluste sind schmerzhaft, und sie liefern viele Franzosen, denen die
Geborgenheit in den «unumstößlichen Wahrheiten» der Tradition
selbstverständlich war, dem Schock der Orientierungslosigkeit
aus – zumal der Urgrund ihrer kollektiven Existenz in Frage gestellt ist: die eine und unteilbare Nation, die ihre sakrosankte
Souveränität Stück für Stück an die europäischen Autoritäten ab-
tritt.

Die Europäisierung Frankreichs kommt in der Tat einer Revolution gleich, die womöglich tiefere Veränderungen erzwingt als die
Große Revolution von 1789, mit der einst eine neue Epoche der
Menschheit begann. Der radikale Wandel vollzieht sich ohne dramatische Konvulsionen, ohne Bürgerkrieg und Terror, ohne blutige Opfer, ohne jubelnde oder protestierende Massen, ohne heimliche Verschwörungen und ohne öffentliche Schauspiele, sondern
mit leiser Beharrlichkeit, nur selten von einer Befragung des Volkes oder von gewaltigen Wortgefechten in der Assemblée Nationale oder im Senat unterbrochen.

Es tröstet die trauernden Zeugen der Europäisierung wenig, daß
Frankreich nicht mehr preisgibt als seine Nachbarn und Partner
auch. Die Gegner des Neuen wollen sich dieser Einsicht nicht
beugen. Sie denunzieren die Vereinigung Europas als ein Werk
deutscher Konspiratoren, die keine Uniform tragen und keine be-
waffneten Kolonnen in Marsch setzen, um den Kontinent zu un-
terwerfen: vielmehr agieren sie, so flüstert man, zivil getarnt in
den Büros und Konferenz-Räumen der Bundesbank zu Frankfurt,
der Zentrale des deutschen Machtwillens. Es besänftigt ihren Zorn
und dämpft ihre Ängste nicht, daß auch die vermeintlichen Dikta-

toren der «BuBa» ihre Autorität an die Europäische Zentralbank abzutreten hatten.

Die gefürchtete «BuBa» war ohne Zweifel eine Institution von bedeutendem Einfluß, die Deutschlands Mark und die mit ihr verflochtenen Währungen der Nachbarn einer strengen Aufsicht unterwarf, jede inflationäre Regung im Keime erstickend. Indes, die Bundesbank hat Deutschland nicht regiert, sondern nur seine Währung bewacht. Dennoch wurde sie zu einer Legende emporstilisiert, die der Eitelkeit ihrer Verwalter zu schmeicheln schien, und manche ihrer Dirigenten hätten, man weiß es, das große Experiment des Euro gern *ad calendas graecas* vertagt. Die Überschätzung ihrer Macht deutete darauf hin, daß die Auflösung der alten Mythen, von denen die kollektive Phantasie besetzt war, die Anfälligkeit für alle möglichen Ersatz-Mythen zu steigern droht.

Wer zu Konspirationen neigt, ist immer bereit, konspirierende Gespenster in allen Winkeln des Daseins zu entdecken. Auch wenn sich die europäische Revolution ohne Aufstände und ohne Blutvergießen vollzieht: Krämpfe, Exaltationen und Erschütterungen werden uns nicht erspart bleiben.

Gab es nicht Anlaß, um das Geschick der gemeinsamen Währung und des mit ihr verbundenen Vertrages von Amsterdam bis zuletzt zu bangen, da eine heimliche Koalition der äußersten Linken und der konservativen Alt-Gaullisten das große Projekt gern zu Fall gebracht hätte – wie einst die Europäische Verteidigungsgemeinschaft, die eine Allianz der Kommunisten und Linkssozialisten mit der Gefolgschaft des Generals an einem unseligen Sommertag des Jahres 1954 im Orkus der Nationalversammlung verschwinden ließ?

Die Konsequenzen der Abtreibung des revolutionären Planes – denn darum handelte es sich – hätten den Gegnern Europas die Augen öffnen müssen. Da die Weltpolitik und ihre Machtverhältnisse kein Vakuum dulden, bescherte das Scheitern der Europäischen Verteidigungsgemeinschaft den Feinden des Projektes just das, was sie um jeden Preis verhindern wollten: den Wiederaufbau einer deutschen Nationalarmee, die Mitgliedschaft der Bundesrepublik in der NATO und die unmittelbare Bindung West-Deutschlands an die amerikanische Weltmacht.

Charles de Gaulle, der die Verteidigungsgemeinschaft zusammen mit dem Anhang Moskaus beiseite fegen ließ, erkannte die Gefahr, für die er selbst die Verantwortung trug. Auch wenn er die wirtschaftliche Integration des Kontinents durch seine Taktik des «leeren Stuhles» gelegentlich aufhielt – er hat sie nicht aus den Angeln gehoben, denn er verstand genau genug, daß sie zuletzt dem Vorteil seines Landes diente. Das Konzept der Supra-Nationalität, das er haßte, ersetzte er durch seine Vision vom «Europa der Staaten», das den Fortgang der leisen Entnationalisierung durch die schrittweise Übertragung nationalstaatlicher Autorität an die europäischen Institutionen zwar zu bremsen, aber nicht aus der Welt zu schaffen vermochte.

Der französisch-deutsche Freundschaftsvertrag glich die Dominanz der Vereinigten Staaten im Spiel der Kräfte halbwegs aus, auch wenn nicht alle Blütenträume des Generals von einer völligen Verschmelzung der Interessen der beiden Vaterländer reiften. Die deutschen Regierungen – gleichviel ob sie von Christdemokraten oder Sozialdemokraten geführt wurden – hielten das Bezugssystem zwischen Deutschland, den Vereinigten Staaten und Frankreich fast stets in einer guten Balance, trotz gelegentlicher Ausschläge in die eine oder andere Richtung: eine politische Leistung, die um so bewundernswerter ist, da sie nur durch geduldige Bescheidung und taktvolle Zurückhaltung möglich war. Sie kam zuweilen einer Quadratur des Kreises gleich. Der todkranke Präsident Georges Pompidou, wahrhaftig kein leidenschaftlicher Europäer, fragte bei einer letzten Begegnung den deutschen Kanzler Willy Brandt, ob er, nach ernster Prüfung, vom deutsch-französischen Bündnis sagen könne, daß es von keiner Regierung der Bundesrepublik in Frage gestellt werde: er selber glaube dies für Frankreich versichern zu können. Brandt bejahte die Frage ohne Einschränkung.

Nach Jahrzehnten der französisch-deutschen Kooperation samt ihren Krisen und mühseligen Fortschritten ergab sich schließlich ein neuer, zunächst begrenzter Ansatz zu einer Verteidigungsgemeinschaft: durch das Euro-Corps, dem fürs erste nur deutsche und französische Regimenter unterstellt waren, zu denen sich später belgische, luxemburgische und spanische Truppen gesellten. Vielleicht waren die langen und die mühseligen Umwege notwendig. Vielleicht waren unsere Völker vor einem halben Jahrhundert oder vor vierzig Jahren tatsächlich für jene Gemeinsamkeit noch nicht «reif», obwohl es vermutlich realistischer ist, die Unreife bei den Politikern zu suchen, die sich an das Phantom einer Unabhängigkeit klammerten, die in Wirklichkeit ausgehöhlt war. Die kommunistischen Europa-Gegner tarnten durch das Schild der «Unabhängigkeit und Souveränität der Nation» ohnedies nur ihre sklavische Abhängigkeit von den Weisungen Moskaus und seiner französischen Statthalter.

Der gemeinsame Widerstand der Parteien am rechten und am linken Rande des politischen Spektrums gegen den Aufbau der Europäischen Gemeinschaft und danach gegen den Ausbau der Europäischen Union blieb eine Konstante der französischen Politik. Jene heimliche Allianz trat ein anderes Mal gegen den Euro auf den Plan. Man sah Robert Hue, den neuen Chef der Kommunisten mit seinem gemütlichen Biedermeierbart und den jovialen Gesten, Arm in Arm mit Innenminister Jean-Pierre Chevènement, einem späten Jakobiner, der als Oberhaupt eines linkssozialistischen Konventikels über die Reinheit des nationalen Erbes und über die Treue der Linken zu den Idealen der Revolution wacht; an ihrer Seite der Alt-Gaullist Charles Pasqua, der einstige Polizeiminister, der mit einem bemerkenswerten, sozusagen korsischen Instinkt für die Macht begabt ist (wie sein subtiler Umgang mit manchen Dossiers bewies), neben dem langnasigen Grafen de Villiers aus der Vendée, der den vorjakobinischen Nationalismus der Altkonservativen zu mobilisieren versteht. Jean-Marie Le Pen nannte den Euro ein Besatzungsgeld.

Es war, als hätten sich Gespenster von gestern und vorgestern zu einem Bündnis zusammengeschlossen, das der anti-europäischen Konstellation in Deutschland völlig entsprach. Auch dort stellen sich die Versprengten von links und die Exkommunisten der Partei des demokratischen Sozialismus in Ost-Deutschland der gemeinsamen Währung entgegen, da sie die Union Europas als einen Hort des ultraliberalen Kapitalismus *à l'américaine* betrachten – darin mit den Neonationalen übereinstimmend, die den altmodischen Begriff «Nationalökonomie» noch immer wortwörtlich verstehen.

Weder in Deutschland noch in Frankreich war die Mehrheit der Bürger bereit, die Währungsunion – die ein entscheidender Schritt zur politischen Union ist – mit jauchzendem Enthusiasmus zu begrüßen, obschon die Mehrheit der Franzosen über den Euro alles in allem positiver dachte als die Nachbarn östlich des Rheins, für die ihre heilige Deutsche Mark zum Sinnbild des Aufstiegs aus den Ruinen, zum Symbol ihres so mühsam gewachsenen Selbstbewußtseins und zur Garantie ihrer Sicherheit geworden war. Dennoch blieben die deutschen Ängste, die sich aus den alten Inflationsängsten der beiden Nachkriegsepochen nährten, den demagogischen Appellen von links und rechts entzogen. Der Unmut verharrte in passiver Resignation, vom Mißtrauen gegen jede extremistische Agitation überlagert: ein Zeichen, daß die Jahrzehnte einer demokratischen Immunisierung gegen den Radikalismus im Westen Deutschlands nicht ohne Wirkung geblieben waren. Der Links- und Rechtsextremismus gelangte über eine sektenhafte

Existenz nicht hinaus. Bei nahezu jeder Wahl führten die Deutschen vielmehr der Welt und sich selber vor, daß sie ihr Heil in der Mitte suchten – mit leisen Ausschlägen nach links oder rechts.

Man mag die Passivität beklagen, in der die Franzosen wie die Deutschen (und wohl auch die anderen Partner) die europäische Revolution über sich ergehen lassen, ja man mag sich fragen, ob eine «Revolution von oben» diesen Namen verdiene. Im Zeichen der kritischen Geschichts-Revision braucht es freilich eine schöne Portion Unschuld, um zu glauben, es sei «das Volk», das sich erhebe, wenn die Glocken Sturm läuten. Revolten, Aufstände, Meutereien mögen ein auslösender Faktor der dramatischen Umwälzungen sein: aber es sind niemals die Massen, die das Geschehen diktieren. Dies gilt für die Amerikanische Revolution von 1774, bei der die Honoratioren Neu-Englands, der atlantischen und der südlichen Kolonien in ihrem Kampf gegen die Privilegien des britischen Mutterlandes und seiner Repräsentanten die Macht an sich rissen. Es gilt, wie wir seit den Arbeiten von François Furet wissen, auch für die Große Revolution von 1789, die ein Werk entschlossener Minderheiten von aufgeklärten Bürgern, Intellektuellen und rebellischen Mitgliedern des Adels war. Es gilt für die Russische Revolution, die Lenin und seine Vertrauten ihren sozialdemokratischen und bürgerlich-demokratischen Partnern durch eine kalt kalkulierte Strategie aufzuzwingen vermochten.

Es ist wahr, daß von einem «Europa der Bürger» oder gar von einem «Europa der Völker» nicht die Rede sein kann. Die Vereinigung vollzieht sich nicht durch die Massen jubelnder Franzosen und Deutscher, die einander trunken vor begeisterter Liebe in die Arme sinken. Es wäre eine Illusion, auf das Schauspiel einer Verbrüderung zu warten, aus der die gemeinsamen Institutionen hervorwüchsen, wie der Garten Eden der Hand Gottes entsproß.

Die Architektur der Vereinigung kann nur das Produkt politischen Willens sein, dessen Träger die Regierungen und Parlamente sind. Nur sie vermögen die Interessen der Staaten den gemeinsamen Zielen unterzuordnen – ein mühseliges und von tausend Hindernissen verstelltes Geschäft, das einen langen Atem braucht. Volksbewegungen, die das Verfahren mit rauschhaftem Elan abzukürzen und die ersehnte Einheit Europas über Nacht aus dem Boden zu stampfen versuchten, würden kaum haltbare Ergebnisse zeitigen. Man mag, was Europa angeht, von einer Revolution in Zeitlupe oder – um eine schöne Metapher von Günter Grass zu zitieren – von einer Revolution im Tempo der Schnecke reden.

In Wirklichkeit ist es den Völkern keineswegs nach Bewegung zumute – nach «Bewegungen» schon gar nicht. Das zwanzigste Jahrhundert hat ihnen mit zwei Weltkriegen samt ihren Schlächtereien und Verwüstungen, mit der Willkür totalitärer Regime, der Vernichtung von Millionen Menschenleben Veränderungen genug aufgezwungen – nur daran zu denken, daß nahezu ein Viertel der Bevölkerung West-Deutschlands Flüchtlinge, Vertriebene, Opfer des Bombenkrieges waren, die Haus und Hof und alle Habe verloren. Sie besaßen nichts mehr als die Kleider, die sie auf dem Leibe trugen, und sie bauten sich, ganz von unten, in harter Mühe eine Existenz auf. Ihr Wille zum Überleben erwies sich als der eigentliche Antrieb des Aufschwungs, den man das «deutsche Wunder» nannte, an dem genau besehen nichts Wunderbares war.

Ihnen, ihren Kindern und Enkeln steht der Sinn nicht nach Revolutionen oder Erschütterungen: trotz der Revolte von 1968, die – wenigstens in Deutschland – ein Aufstand gegen die Väter war, der das Verlangen nach beamteten Positionen und einer Pension nicht aufhob. Die Mehrzahl der Deutschen ist – aber das gilt für die Nachbarn auch – in ihrem Lebensgefühl aufs Beharren bedacht. Die Völker sind konservativ. Mit ihnen sind es auch die Parteien geworden, die noch immer den «Fortschritt» auf ihre Fahnen schreiben: das ist paradox, aber es entspricht der Wirklichkeit der deutschen Sozialdemokratie ebenso wie jener der französischen Sozialisten. Es beschreibt die Funktion der Gewerkschaften zu beiden Seiten des Rheins (wie wohl überall in den alten Industriestaaten), die längst keine Neuerungen mehr erzwingen, sondern wie einst die Zünfte das Erreichte verteidigen.

Die Bürger lassen Europa geschehen, oft unlustig und von einem tiefen Mißtrauen durchtränkt. Zum anderen erkennen sie in den europäischen Wandlungen seufzend die einzige Chance, die in der großen Stagnation des *fin du siècle* einen Funken der Hoffnung verspricht. In der Mitte der neunziger Jahre wurde einer Auswahl französischer Bürger die Frage vorgelegt, welche Institutionen ihren Alltag künftig in entscheidender Weise bestimmen würden: die lokalregionalen, die nationalen oder die europäischen Institutionen? Eine Mehrheit von gut sechzig Prozent sprach den europäischen Autoritäten den dominierenden Einfluß zu. Darin drückte sich kein jauchzender Optimismus aus, sondern nur die realistische Einsicht, daß einem Europa, das der Nation übergeordnet ist, die Zukunft gehört.

Wie aber sehen die vernünftigen Bürger, in deren Gemütern Resignation und Hoffnung so seltsam gemischt sind, ihr Frankreich im Kreis der europäischen Partner? Ist es für sie eben doch nach wie vor eine «Person» – die heilige Johanna mit der Lanze und Marianne mit dem phrygischen Mützchen in einer Gestalt vereint? Ist die Illusionslosigkeit, mit der sie ihr europäisches Geschick betrachten, nicht zugleich auch Ausdruck einer nationalen Ernüchterung?

Wenn nicht vieles trügt, dann ist der mythische Zauber gebrochen, der die Nation so lange verklärte. Mit ihm ist auch die mystische Personifizierung verweht. Für Ernest Renan, den Religionshistoriker, war die Nation das «tägliche Plebiszit» – die «große Solidargemeinschaft, getragen von dem Gefühl der Opfer, die man gebracht hat, und der Opfer, die man zu bringen bereit ist». Der

49

Gelehrte ahnte nicht, auf welch furchtbare Weise diese Opferbe-
reitschaft ausgebeutet werden sollte.

Das tägliche Plebiszit findet nicht mehr statt. Damit löst sich die
Nation nicht auf. Doch sie bewirkt nur noch selten den hohen Auf-
schwung der Seelen, der so rasch in nationalistischen Fanatismus
umschlägt. Die Nation ist eine Realität. Aber sie weckt in uns selten das Bedürfnis, sich zu ihr mit erhobener Schwurhand und tre-
molierender Stimme zu bekennen. Wohl verabschiedet sich der
Präsident Frankreichs am Ende seiner Reden stets mit dem traditionellen «Vive la République! Vive la France!». Doch Jacques Chirac enthält sich, wie vor ihm François Mitterrand, des fanfarenhaf-
ten Pathos, mit dem Charles de Gaulle vor das Volk trat. Wie sein
Vorgänger wies er im Hintergrund der Szene dem europäischen
Sternenbanner einen Platz neben der Tricolore zu. Und geschieht
es noch oft, daß eine Versammlung, von patriotischen Gefühlen
überwältigt, die Marseillaise anstimmt? Man sagt, daß viele Franzosen sich des Textes der Hymne nicht mehr völlig sicher seien.
Das hätten sie mit den Deutschen gemeinsam, die nur mit großer
Mühe den Wortlaut der dritten Strophe des Deutschlandliedes
aufzusagen vermögen. Von der ersten Strophe, die nicht gesungen
werden soll, kennen sie ohnedies nur die Eingangszeile, die niemals ohne Spott, kritische Anmerkungen oder zagende Entschul-
digungen zitiert wird.

Nein, den Deutschen geht Deutschland nicht mehr «über alles
in der Welt». Ihren Landsleuten im Osten war es – eine Situation
von beklemmender Ironie – von den Kommandeuren der Deutschen Demokratischen Republik untersagt, die Hymne des eigenen Staates zu singen, weil ihr Dichter, der Kulturminister Johannes R. Becher, in der ersten Zeile des Liedes Deutschland als «einig
Vaterland» beschworen hatte: dies widersprach der offiziellen
Doktrin von der «sozialistischen Nation» (Ost). So wurde nur noch
die Melodie gespielt – und die Bürger blieben stumm.

Die hohe Zeit der Hymen ist vorbei. Man muß ihnen nicht nachtrauern. Der Wortlaut der Marseillaise hat mit der Realität der Franzosen am Ende des zwanzigsten Jahrhunderts in der Tat nicht mehr das geringste zu schaffen. Als die Regisseure der Olympischen Winterspiele in Albertville (im Februar 1992) zur feierlichen Eröffnung das Revolutionslied von einem hübschen kleinen Mädchen in der Regionaltracht vor Millionen Zuschauern in aller Welt anstimmen ließen, wurde plötzlich deutlich, wie zeitfern und wie fragwürdig der kriegerisch-blutrünstige Text der Hymne in Wirklichkeit ist: im Munde eines Kindes nahm er sich beinahe obszön aus. Es wurden Stimmen laut, die verlangten, der vertrauten Melodie neue Worte zu unterlegen, damit Frankreich und seinen Gästen künftig die Peinlichkeit solcher Szenen erspart bleibe. Daraus ist nichts geworden. Doch manche nachdenklichen Franzosen singen das Lied ihrer Nation seitdem eher kleinmütig und zögernd. Es verlor seine naive Magie, die nahezu zweihundert Jahre lang unangefochten geblieben war. In der Tat mag es leichter sein, den hochherzig-humanen Text von Friedrich Schillers «Ode an die Freude» und Beethovens schöne Melodie als die Hymne Europas zu akzeptieren: der «schöne Götterfunke» kann kein Unheil stiften.

Auch Ernest Renan, der ein Jahrhundert lang als ein Erzzeuge des nationalen Gedankens in Anspruch genommen wurde, betrachtete in seiner großen Rede über das Wesen Frankreichs, die er am 11. März 1882 den Studenten der Sorbonne vortrug, die Nation nicht als das Endziel und die Erfüllung der Geschichte. «Die Nationen», sagte der Historiker, «sind nichts Ewiges. Sie haben einmal angefangen, sie werden enden: Die europäische Konföderation wird sie wahrscheinlich ablösen.» Das sei nicht das Gesetz seines Jahrhunderts, in dem «die Existenz der Nationen gut, sogar notwendig», ja eine «Garantie der Freiheit» sei.

Das neunzehnte Jahrhundert aber mündete in jenes Verhäng-

51

nis, das der amerikanische Diplomat und Historiker George Kennan «the great seminal catastrophy» nannte – «die Urkatastrophe», genauer: die große fortzeugende Katastrophe im Sinne Schillers, der es den Fluch der bösen Tat genannt hat, daß sie «fortzeugend Böses muß gebären».

Es brauchte die Tragödie zweier Weltkriege, bis der große Irrtum der Vergötzung der Nationen ausgebrannt war. Joseph Rovan, der französische Widerstandskämpfer deutscher Herkunft, mahnte (in seinem Buch «France – Allemagne, Deux Nations – Un Avenir») die Bürger zu beiden Seiten des Rheines, die Nation sei kein «Wert in sich selber» – daran erinnere uns die Erfahrung mit Hitler –, und sie sei gewiß «kein Wert vor allen anderen Werten». Der nationale Egozentrismus könne nur zu Katastrophen führen. «Die Nation und der Nationalstaat sind Instrumente im Dienst der Sicherheit, des Wohles und der Freiheit» seiner Menschen, rief Rovan. Doch er verschwieg die bittere Einsicht nicht, daß der Nationalstaat auch Verdun und Auschwitz hervorgebracht habe. Deutlicher ließ sich der schmerzhafte Prozeß der Entzauberung und Entmythisierung nicht beschreiben.

KAPITEL 4
Frankreichs Linke oder:
Die verlorene Unschuld

Noch immer ist der französische Staat zu einer Prachtentfaltung fähig, von der sich die Deutschen, an die bürgerliche Schlichtheit der Bundesrepublik gewohnt, nicht träumen lassen. Sie bestaunen, ein wenig neidvoll, auch ein wenig belustigt, die kostbar möblierten Büros der Minister, ob Gaullisten, ob Sozialisten, die an den prachtvollsten Schreibtischen aus der Epoche des Empire regieren, von goldglänzendem Stuck umgeben, und ihre Gäste gern auf Fauteuils aus den Schlössern Ludwig des Fünfzehnten plazieren, ein traulich flackerndes Kaminfeuer im Hintergrund der eindrucksvollen Szene. Sie reiben sich die Augen aus, die biederen Gäste vom anderen Ufer des Rheines, wenn ihnen das Gepränge der republikanischen Garden vorgeführt wird, die mit wehenden Helmbüschen und gleißenden Cuirassen an den hohen Festen der Nation oder als Eskorte gefeierter Staatsgäste über die Champs-Élysées paradieren.

Die Republik scheint es ihren Kindern noch immer schuldig zu sein, sie mit den aufwendigen Schauspielen der Könige zu unterhalten und zu erheben. Das «Fest der Föderation», mit dem sich das revolutionäre Frankreich im ersten Jahr nach der Erstürmung der Bastille draußen auf dem Marsfeld selber feierte, begründete eine Tradition, die bis heute andauert. Von jenem schönen Sommertag, an dem dreihunderttausend Menschen, unter ihnen König Ludwig der Sechzehnte, den Triumph des revolutionären Aufbruchs feierten, schrieb der deutsche Weltreisende und Literat

Georg Forster (der sich, zusammen mit dem blutjungen preußischen Baron Alexander von Humboldt, an den Vorbereitungen beteiligt hatte), daß ein «Sturm der Begeisterung» die «ganze Nation zur Höhe des Lebensgefühls» erhoben habe: «Mensch zu sein, war der schöne Stolz von fünfundzwanzig Millionen (Franzosen), das erste und letzte Ziel ihrer Befreiung.»

Die aufwendigen Feiern zur zweihundertsten Wiederkehr des Bastille-Tages, der die Ouvertüre der Revolution war, vermittelte den Zuschauern im Jahre 1989 eine Andeutung des patriotischen Schauers, der die Seelen der Bürger in den «heroischen Augenblikken» der Geschichte heimsucht. Kulturminister Jack Lang, der am Hofe Präsident Mitterrands die Funktion des Großregisseurs besetzte, hatte keine Mittel gespart, der Welt das grandiose Schauspiel vorzuführen, als das er die Revolution verstand.

Doch das Jubiläum wurde, in einer ironischen Volte der Geschichte, jenseits allen öffentlichen Aufwandes und hinter den grandiosen Inszenierungen in Wahrheit zum Auftakt einer Entmythisierung der Revolution. Pünktlich zum Beginn der Feste legte François Furet, der bedeutendste Historiker seiner Generation, zusammen mit Mona Ozouf ein «Dictionnaire critique de La Révolution Française» vor: ein dicker Band von mehr als tausend Seiten, der eine Revision des historischen Bildes dieses Menschheitsereignisses einleitete. Zuvor schon hatte Furet in einer Sammlung seiner Essays unter dem Titel «Penser la Révolution Française» den messianistischen und ersatzreligiösen Charakter des Aufbruchs angezeigt, der vom Beginn der Republik an die revolutionäre Entwicklung bestimmte. Mancher seiner Leser mochte bei der Lektüre, die gewissermaßen die Revolution revolutionierte, schockiert und voller Empörung in die Höhe fahren. In seinen Wertungen setzte Furet die Idee der Revolution, die die Linke und mit ihr das laizistische Frankreich, die Arbeiterschaft, die liberale Bürgerschaft, vor allem aber die Majorität der Intellektuellen als ihr Credo betrachteten, gleichsam über Nacht außer Kraft. Es entsprach einer zwingenden Logik, daß der Revolutionshistoriker Albert Mathiez zu den frühen Mitgliedern der Kommunistischen Partei Frankreichs gezählt, und es überrascht nicht, daß sein Schüler Albert Soboul der Assemblée Nationale als Mitglied der kommunistischen Fraktion angehört hatte, auch er ein kämpferischer Deuter der Geschichte, der nicht müde wurde, sich zur Verteidigung seines Helden Robespierre in die Bresche zu werfen, den *terreur* zu rechtfertigen – und mit ihm die Oktoberrevolution von 1917 und das Regiment des Schreckens, das ihr folgte.

Die Kommunisten hatten die Große Revolution Frankreichs beschlagnahmt. Sie machten, wie es die Anhänger totalitärer Ideologien immer versuchen, durch die Deutung der Geschichte Politik. Für sie gab es keinen Zweifel: wer die Linien von 1793 konsequent auszog, konnte nicht umhin, die Etablierung eines kommunistischen Regimes in Frankreich als die Erfüllung des Heilsauftrags zu betrachten, der einst Robespierre und Saint-Just das Recht gegeben hatte, Abertausende ihrer Mitbürger aufs Schafott zu schikken.

Auch François Furet war als junger Mann ein enthusiastisches Mitglied der kommunistischen Partei gewesen. Als er sich von der Quasi-Religion des Marxismus, seinen Katechismen, seinen Kulten und seiner vorgestanzten Technik des Denkens befreit hatte, verwandelte er sich nicht, wie so viele Abtrünnige, in den glühenden Verkünder eines neuen Glaubens. Dieser nüchterne Kopf, der in seinem Schreiben dem klassischen Ideal der Klarheit treu blieb, wurde nicht zum fanatisierten Konvertiten, der mit zornköpfiger Leidenschaft verwarf, was ihm zuvor heilig gewesen war. Vielmehr setzte er die geschlossene Welt der Ideologie, aus der er sich gelöst hatte, durch den Willen zur Differenzierung, mit anderen Worten: durch seine intellektuelle Redlichkeit außer Kraft. Er fragte sich und seine Leser, ob es nicht im Bereich der historischen

Möglichkeiten lag, daß die Ideale der Revolution und die Veränderungen, die sie bewirkte, auf dem Wege der Reform in die Welt treten konnten, das heißt aber: ohne Blutvergießen, ohne Diktatur, ohne den Terror, der die Seele Frankreichs und die Gemüter seiner Nachbarn so tief und so nachhaltig verstörte.

Es ist vielleicht die bedeutendste Leistung Furets und seiner Mitstreiter, daß sie so viele Verlogenheiten, die sich als Ausweis der nationalen Rechtgläubigkeit im Bewußtsein Frankreichs festgesetzt hatten, mit ihrer revisionistischen Geschichtsschreibung aus dem Wege zu räumen begannen. Der revolutionären Orthodoxie hatte sich schließlich auch das konservativ-katholische Frankreich gebeugt. Es billigte die Hinrichtung des Königs und den Bürgerkrieg gegen das kirchentreue Bauerntum in der Vendée gewiß nicht, aber jene Schrecklichkeiten konnten keinen frommen Bürger mehr davon abhalten, die Marseillaise anzustimmen und den Schwur auf die Bürger- und Menschenrechte zu leisten. Hinter den Ablagerungen des Zeitgeistes ließen sich noch immer die Frontlinien von 1793 ahnen, von denen die Nation so lange gespalten war: doch alles in allem hatte sich, spätestens seit der Herrschaft des Generals de Gaulle, auch die Rechte Frankreichs mit der Republik versöhnt.

Vielleicht war dies die Voraussetzung für die Befreiung von den Fesseln der Ideologie, mit der sich die Tür zur Anerkennung der Realitäten öffnete. War es nicht von einer fast gespenstischen Logik, daß die Zweihundert-Jahr-Feier der Französischen Revolution wenige Monate später den mächtigsten Widerhall in einem Winkel der Welt fand, in dem niemand ein solches Echo vermutet hätte: in den Städten des kommunistischen Deutschlands? Die stummen Kerzen-Demonstrationen, mit denen lange schon Hunderte, dann Tausende und schließlich Zehntausende gegen die Unterdrückung des freien Wortes protestierten, von den Kirchen der Reformation ausgehend und in der Nacht zu ihnen heimkehrend,

56

fanden 1989 ihre Sprache: «Wir sind das Volk!» skandierten die Bürger des «realsozialistischen» Staates geduldig Stunde um Stunde. Die Schergen des Regimes, das durch die Ausblutung seiner Wirtschaft so tief geschwächt war, begegneten der Herausforderung in paralysierter Hilflosigkeit.

Michail Gorbatschow, der letzte sowjetische Partei- und Staatschef, hatte den ostdeutschen Kommandeuren klar zu verstehen gegeben, daß er nicht daran denke, die Rote Armee zu ihrem Schutz aufzubieten und auf die Demonstranten schießen zu lassen. Damit war das Schicksal der kommunistischen Herrschaft besiegelt. Die friedliche Revolution, in der die Ideale der Freiheit und Brüderlichkeit einen so bezwingenden Ausdruck fanden (die Gleichheit war den Akteuren weniger wichtig, von der hatten sie in jedem Sinne genug), fegte die Bastionen der Macht in wenigen Tagen hinweg. Von aller Welt bestaunt, die an den Ereignissen vor den Fernsehschirmen teilnahm, brach der Strom der Befreiten durch das Tor der Berliner Mauer und durch die geöffneten Grenzen: zum ersten Mal nach vier Jahrzehnten kommunistischer und zwölf Jahren nazistischer Diktatur atmeten sie die Luft der Freiheit und nahmen den Reichtum des Lebens wahr. Es folgten die samtene Revolution von Prag, die friedliche Wende in Polen, der rumänische Putsch, der dem autoritären Regiment Ceauşescus ein Ende machte, die Entscheidung der Ungarn für die Demokratie, der Umsturz in Bulgarien: Osteuropa erzwang seine Entlassung aus dem sowjetisch-russischen Reich. Zwei Jahre später löste sich die Sowjetunion auf.

Die historische Zäsur gab François Furet den Anlaß, den Bann durch die kommunistische Ideologie in einem großen Buch – dem letzten, das ihm vor seinem frühen Tode noch gelang – bei dem Namen zu nennen, den sie von Beginn an verdiente: die große Illusion. Es war, als hätten sich mit dem Erscheinen dieser Abrechnung die Intellektuellen Frankreichs aus einer Gefangenschaft gelöst, die ihnen freilich niemals bewußt war. Sie bewegten sich im Pferch der Ideologie so unbekümmert wie in den Cafés, in denen sie ihren Espresso tranken, und der Marxismus, den sie mit raschen Federn und leichtem Sinn in eine literarische Mode verwandelt hatten, war ihnen so selbstverständlich wie der Tisch, an den sie sich zum Abendbrot setzten. Noch ein Jahrzehnt zuvor hätten nur die aufsässigsten Ketzer zu behaupten gewagt, daß der marxistische Messianismus eine gigantische Verirrung sei, die in Wahrheit nur dazu diene, das Machtgefüge des Moskauer Imperiums und seiner Satrapen zu tarnen.

André Gide, dem eine Begegnung mit der Realität des sowjetischen Lebens im Jahre 1936 die Augen geöffnet hatte – der prominenteste unter den frühen Abtrünnigen –, büßte für seine Klarsicht mit einer schmerzlichen Isolation von den einstigen Weggenossen und Kameraden, die seine Schriften am liebsten einem Autodafé überantwortet hätten.

Arthur Koestler, der die Mechanismen des stalinistischen Terrors und der Schauprozesse in seinem Roman «Sonnenfinsternis» schon im Jahr 1940 mit einer geradezu alarmierenden Hellsichtigkeit beschrieben hatte, wurde als Agent des Faschismus und Werkzeug des amerikanischen Geheimdienstes geschmäht – in Paris wütender als anderswo in Europa.

David Rousset, der bittere Jahre in der Deportation geschmachtet hatte, sah sich als Überläufer zum imperialistischen Feind verdächtigt, weil er in seinem Buch über die Welt der Konzentrationslager nicht nur die nazistischen Stätten des Grauens und der Vernichtung, sondern auch das Entsetzen des Gulag im Reiche Stalins dargestellt hat.

Welch einen verachtungsvollen Bogen schlug man in den fünfziger Jahren um die Zeitschrift «Preuves», in der François Bondy, Herbert Lüthy und ihre Freunde mit gleicher Wahrhaftigkeit auf die faschistische wie die kommunistische Feindschaft gegen die

Freiheit des Geistes und eine humane Ordnung der Gesellschaft verwiesen!

Wie einsam war in manchen Augenblicken Albert Camus, der den Widerstand gegen den Nazismus und die deutsche Okkupation als eine Verpflichtung verstand, den Unterdrückten, den Verfolgten, den Elenden in den fortdauernden Diktaturen eine Stimme zu geben. Er sah sich verlacht, als er 1953 für die aufständischen Arbeiter von Ost-Berlin das Wort ergriff. Jean-Paul Sartre, der Weggefährte, warf ihm vor, daß er sich gegen die Revolution und die Hoffnung des Menschen stelle, wenn er über die Wirklichkeit des Kommunismus spreche. In seiner nordafrikanischen Jugend hatte auch Camus für eine kurze Frist der kommunistischen Partei angehört. Der Schweizer Autor Jürg Altwegg, der beste Kenner Frankreichs unter den Journalisten deutscher Sprache, machte darauf aufmerksam, daß es André Gides kritische Bilanz seiner Reise durch die Sowjetunion war («Retour d'URSS»), die Albert Camus ernüchtert hatte; in seinem Buch «Die Republik des Geistes» (1986) zitierte Altwegg das politische Credo des Autors der «Pest»: «Ich werde mich stets weigern, ein Exemplar des ‹Kapital› zwischen das Leben und den Menschen zu stellen.»

Welchen Haß zog Raymond Aron, der Philosoph, Soziologe und Journalist, auf sich und sein Werk, da auch er als «kalter Krieger» galt. Jean-Paul Sartre, sein Klassenkamerad in der École Normale Supérieure (damals wie heute die große Schule der Elite), der Freund der jungen Jahre, mit dem er ein solch leidenschaftliches Interesse für Deutschland und seine Denker teilte – dieser vertraute Gefährte schleuderte ihm das Verdikt entgegen, er sei «unwürdig zu lehren». Es war Arons Versündigung, daß er seine Position außerhalb des Bezugssystems der Linken gewählt hatte – jenseits des Dunstkreises, den er in einer polemischen Schrift als «Das Opium für die Intellektuellen» beschrieb: ein sozial engagierter Liberaler (trotz seiner frühen Nähe zu General de Gaulle), vielleicht auch ein liberaler Sozialdemokrat, der die Freiheit und die Würde des einzelnen über jede sozialistische Utopie stellte.

Aron hat sich sein Leben lang aufs intensivste mit Marx beschäftigt, doch er war niemals Kommunist. Jean-Paul Sartre aber, der die Verbrechen des Stalinismus nicht leugnete – in seiner Zeitschrift «Les Temps modernes» sprach er von zehn Millionen Häftlingen in den Lagern der Sowjetunion –, wollte es nur Intellektuellen der Linken erlauben, den Kommunismus zu kritisieren. Man müsse – so umschrieb Aron den Konflikt – der Bewegung zugehören, um das Recht zu haben, sie zu korrigieren. Antikommunismus war für Sartre nicht nur (wie für Thomas Mann) die «Grundtorheit der Epoche», sondern die Ursünde, die absolute Verworfenheit, der Makel, der – anders als der millionenfache Mord der Stalinisten – unverzeihlich war.

Es versteht sich, daß Aron von den Tumulten des Herbstes 1968 Distanz hielt, von denen sich Sartre, der damals nur noch ein Schatten seiner selbst war, überwältigen ließ. Die Gewalt jenes Aufbruchs, der mit seinem Appell an die Phantasie liebenswerte Züge gewinnen mochte, überdeckte durch die dröhnenden Parolen, die hypnotisierenden Sprechchöre und die endlose Suada seiner Protagonisten eine veitstänzerische Verwirrung, die sich je nach Belieben als «Maoismus», Anarchismus» oder «Trotzkismus» ausgab und in Wahrheit eine Revolte des Chaotentums war. Richard Löwenthal, der deutsch-britische Journalist und Politikwissenschaftler, sprach in jenen Tagen mit fast zu großer Höflichkeit von dem «romantischen Rückfall» in eine randalierende Jugendbewegung. Die ideologischen Besessenheiten schienen noch einmal eine überschäumende Kraft zu gewinnen. Aber der Eindruck täuschte. Raymond Arons Diagnose war präziser: er hatte längst vor 1968 das «Ende der Ideologien» festgestellt. Der Pragmatismus, dem sich die Wortführer der Bewegung später nahezu ausnahmslos beugten, gab dem mutigen Zeitkritiker recht.

Die Arbeiterschaft hatte sich, man weiß es, von der Rebellion der Studenten und ihres Anhangs mißtrauisch ferngehalten, in Frankreich ebenso wie in Deutschland. Man sagt sogar, nicht zu Unrecht, daß die Distanz der kommunistischen Partei von der Rebellion, die durch die Pariser Straßen lärmte, die Fünfte Republik gerettet habe. Über die Motive jener Zurückhaltung mag man lange rätseln, doch es darf vermutet werden, daß sich die Chefs der KPF (aber auch ihre italienischen Genossen) nicht von einem Aufbruch überwältigen lassen wollten, den sie nicht kontrollierten. Sie sträubten sich dagegen, daß ihnen die jungen Hitzköpfe einen Konflikt aufzuzwingen versuchten, der sie und ihren Anhang in der Arbeiterschaft womöglich in eine blutige Auseinandersetzung mit der Polizei, vielleicht gar mit der Armee und am Ende in einen Bürgerkrieg getrieben hätte.

Das Ziel der Revolution war auch für die Kommunisten in weite Ferne gerückt. Sie schien nur einmal, in den Tagen der gewaltsamen Streiks des düsteren Nachkriegsjahres 1947, zum Greifen nahe zu sein. Aber auch damals scheute die Partei, vermutlich auf Weisung Moskaus, das Risiko des Bürgerkriegs, der ohne Zweifel die Intervention der Vereinigten Staaten herausgefordert hätte. Stalin zog es vor, die Demarkationslinien, die bei der Konferenz von Jalta vereinbart wurden, fürs erste zu respektieren – bis ihm, in einer der unvermeidlichen Krisen, auch der Westen Europas (via Deutschland) wie eine überreife Frucht in den Schoß fallen würde. Die wütenden Demonstrationen gegen den Marshall-Plan, der mit einer Argumentation am Rande des Schwachsinns als «Anschlag auf die nationale Souveränität» Frankreichs denunziert wurde, waren in Wirklichkeit Rückzugsgefechte. Hinter den bedrohlichen Aufmärschen ließen sich die ersten Zeichen der Resignation ahnen.

Überdies scheiterte jene letzte Generalattacke auf die Demokratie an dem gelassenen Widerstand der bürgerlich-sozialistischen

Regierungen. Die amerikanischen Kredite setzten den Willen zum Aufbau bei den Unternehmen, aber auch in der Arbeiterschaft endlich frei. Das Land begann aufzublühen. Die Kommunisten, die immer noch über einen Anhang von zwanzig bis fünfundzwanzig Prozent der Wählerschaft verfügten, mauerten sich am linken Flügel des Parteigefüges ein, ihre Untätigkeit durch ebenso lautstarke wie hilflose Proteste tarnend. Die Partei konnte nichts mehr bewirken. Sie konnte auch nichts mehr verhindern. Vielmehr begnügte sie sich damit, ihre Basis für den Anbruch besserer Zeiten zu sichern. Das Fundament begann zu bröckeln. Dennoch widerstanden Frankreichs Kommunisten starrköpfig der Entkrampfung im Zeichen des «Euro-Kommunismus», mit der die italienischen Genossen unter der Führung des sardischen Grafen Berlinguer den Pferch, in den sie sich selber gesperrt hatte, zu öffnen verstanden. Die KPF blieb in ihrer Struktur stalinistisch. Sie weigerte sich selbst nach dem Zusammenbruch der Sowjetunion, auf ihren diskreditierten Namen zu verzichten.

François Mitterrand, der vielleicht kein Mann von Charakter, doch ganz gewiß ein gewitzter Stratege war, erlöste sie schließlich aus ihrer jahrzehntelangen Isolation, als er die Kommunisten zu einem Wahlbündnis und nach seiner Eroberung der Präsidentschaft in eine Koalition mit den Sozialisten lockte. Der Preis, den die Partei bezahlte, war hoch. In der Umarmung mit dem stärkeren Partner schien ihr rasch der Atem auszugehen. Zwar sah sie sich durch ihre Minister aufgewertet, und sie war in den Kreis der wählbaren Parteien zurückgekehrt, aber die Zahl der Arbeiter, die ihr tatsächlich die Stimme gaben, schwand dahin. Als nach dem Ende des sowjetischen Imperiums die Subsidien aus Moskau ausblieben, fiel ihr Stimmenanteil unter die Marke der zehn Prozent.

Erst die Not der Arbeitslosigkeit in der Neige des Jahrhunderts trieb ihr neue Anhänger zu. Sie profitierte von einer Welle des Protests, die auf der Rechten vom Front National ausgebeutet

62

wurde. Le Pens Partei hatte in manchen Regionen, die durch den Niedergang der klassischen Industrie verarmten, einen beträchtlichen Anteil der einst kommunistischen Parteigänger für sich gewonnen: die links- und die rechtsextremen Wählerschaften wurden austauschbar.

Nach dem Abschied des Altstalinisten Georges Marchais gelang es den Kommunisten dank der gutartigen und entspannten Jovialität ihres neuen Chefs Robert Hue, sich das Bild eines reputierlichen, menschenfreundlichen und ein wenig spießigen Vereins anzueignen. Die zweite Koalition mit den Sozialisten unter dem Ministerpräsidenten Lionel Jospin verschafft der Partei eine Respektabilität, die ihr zuvor selten zuteil geworden ist. Der Regierungschef, ein protestantischer Puritaner, redlich, klug und zum Schulmeistertum neigend, ging so weit, in der Debatte über das «Schwarzbuch», das die Verbrechen in der Geschichte des Kommunismus summierte, dem Parlament und der Öffentlichkeit zuzurufen, er sei «stolz» darauf, daß die KPF seiner Koalition zugehöre.

Das war nicht nur taktische Rücksicht auf den Verbündeten, den er für seine Mehrheit brauchte, vielmehr machte das kleine Geschichts-Kolleg deutlich, daß sich Jospin – anders als sein Vorgänger Michel Rocard oder der amtierende Präsident der Nationalversammlung Laurent Fabius – in einer gemeinsamen Heimat der Linken verwurzelt weiß. Er nannte die Revolution von 1917 eines der «großen Ereignisse unseres Jahrhunderts», was sie ohne Zweifel war, und er erinnerte daran, daß die Sowjetunion Stalins, wie immer man sie einschätze, «unsere Alliierte gegen Deutschland» war. Er fügte hinzu: «Wenn der Gulag und der Stalinismus verurteilt und völlig zurückgewiesen werden müssen, wenn man denken mag, daß die Kommunistische Partei Frankreichs damit zu lange gezögert hat – wichtig ist, daß sie es schließlich getan hat. Für mich gehört der Kommunismus zum Kartell der Linken, zur

Volksfront, zum Kampf der Résistance, zu den Links-Regierungen von 1945 und von 1981...» Er ging noch weiter, als er feststellte, niemals habe die KPF «die Hand gegen die Freiheit erhoben».

Man hätte dem Premierminister entgegnen können, daß sie dazu gottlob nur selten Gelegenheit hatte. In den Regionen, die sie nach der Befreiung 1944 und 1945 beherrschte (bis General de Gaulle seine Ordnung des Rechtes und der Sicherheit zu etablieren vermochte), zeigte sie sehr wohl, zu welcher Härte sie bei der Unterdrückung ihrer Gegner – keineswegs nur der Gefolgsleute von Vichy! – fähig war, wenn sie über die unkontrollierte Macht verfügte.

Die Diskussion um das «Schwarzbuch» der kommunistischen Verbrechen rührte, das konnte nicht anders sein, an die Wunde des Stalin-Hitler-Paktes vom Sommer 1939, der dem deutschen Diktator freie Hand gab, in Polen einzufallen und damit die Völker in den Zweiten Weltkrieg zu treiben. Es konnte nicht verschwiegen werden, daß die französischen Kommunisten – der Sprachregelung Moskaus gehorchend – den Krieg gegen das Dritte Reich als ein imperialistisch-kapitalistisches Abenteuer verdammt hatten (was prompt ein Verbot ihrer Partei bewirkte). Es ließ sich auch nicht übersehen, daß die kommunistische Passivität für den raschen Zusammenbruch der französischen Armeen nach dem Einfall der deutschen Divisionen im Mai 1940 mitverantwortlich war, und es konnte nicht geleugnet werden, daß die Kommunisten zunächst keinen Finger gegen die deutsche Besatzung gerührt hatten: erst nach dem Einfall der Armeen Hitlers in die Sowjetunion entschlossen sie sich zum Widerstand.

Die Debatte über das «Schwarzbuch» riß in der Tat noch einmal die historischen Gräben zwischen der Rechten und der Linken auf, und sie glich von Zeit zu Zeit einer Beschwörung von Gespenstern. Als Frankreich der hundertsten Wiederkehr des Tages gedachte, an dem Émile Zola seine große Polemik «J'accuse» gegen die skandalösen Rechtsbrüche der Affäre Dreyfus in die Welt geschleudert hatte, beeilte sich sogar der Pariser «Figaro», den man als ein konservativ-rechtsliberales Blatt bezeichnen darf, die eigenen Verdienste im Kampf um die Seele Frankreichs vorzuführen: und in der Tat hatte Zola vor der Publikation seines heroischen Memorandums im Konkurrenzblatt «L'Aurore» (das von Georges Clemenceau, dem «Tiger», redigiert wurde) einige vorbereitende Artikel in den Spalten des «Figaro» drucken lassen. Mit anderen Worten: die gesamte Republik hatte Zola kanonisiert – die konservativ-katholischen Bürger nicht ausgenommen, die nichts mehr mit dem antisemitischen Furor der Großväter und Urgroßväter zu schaffen haben wollten.

Im Busen des Premierministers Lionel Jospin erwachte der rigide und ein wenig altmodische Schulmeister, links in jeder Herzfalte, der nicht darauf verzichten wollte, den bürgerlichen Rechtsparteien den Fall Dreyfus um die Ohren zu hauen – eine nicht eben dringende Lektion, auf die die Mehrzahl der Gaullisten und der Liberalen so gereizt reagierte, daß sie geschlossen ihre Bänke in der Nationalversammlung verließ und schnaubend vor Empörung durch die Wandelgänge stampfte – eine erheiternde Szene, da sie jeden Bezugs zur Realität auf absurde Weise enthoben war.

Mit sanfter Ironie sprach ein Leitartikel von «Le Monde» von der «Mythologie», der sich die Linke mit ihrem Glauben hingebe, daß sie stets der gloriosen Tradition der Aufklärung, der Freiheit, des Kampfes gegen das Unrecht, die Unterdrückung und den Obskurantismus gedient habe. Später meinte der Regierungschef beschwichtigend, er habe von der historischen Rechten gesprochen, nicht von ihren nachgeborenen Repräsentanten.

In Wirklichkeit wollte er die Chance nutzen, seine Linkskoalition, die unter den Druck der Arbeitslosen-Proteste geraten war, mit einem pathetischen Appell von neuem zusammenzuschweißen. Doch welch eine peinliche Beschwörung der Schatten, denen das Land schon lange entwachsen war! Es bestätigte sich, was ein ironischer Beobachter in der amerikanischen Zeitung «International Herald Tribune» (die in Paris redigiert wird) nicht lange zuvor bemerkt hatte, als er vom «ultrakonservativen Charakter» der Franzosen sprach: Je mehr sie zur Linken neigten, um so konservativer seien sie. In diesem Aperçu verbirgt sich mehr als nur ein Gran Wahrheit.

Luc Rosenzweig, einer der führenden Redakteure von «Le Monde», sagte in einem kleinen Essay, das «Schwarzbuch» habe eine andere *exception française* offenbar werden lassen: das Beharren auf dem Postulat, daß Frankreich «die Mutter aller Revolutionen» sei. Er wies auf den gravierenden Unterschied zwischen der linken Verwurzelung so vieler Intellektueller Frankreichs und dem «zynischen Dandyismus» so vieler Engländer der bürgerlichen und aristokratischen Elite hin, auf die der amerikanische Begriff «fellow travellers» zutreffe. Die makabre Formel von der «Ästhetik des Verrats» erfüllte sich in den subversiven Aktivitäten von Philby, Burgess und MacLean, dem «Trio von Cambridge», von dem sich auch sagen ließ, daß es den Verrat als eine Art *gentleman's sport* betrieb. Die Linke Westdeutschlands wiederum, in der nur eine minimale Minderheit dem Stalinismus gefolgt sei, habe durch die sozialdemokratische Ostpolitik Willy Brandts und Helmut Schmidts, die von Helmut Kohl weiterverfolgt wurde, am Verfallsprozeß des Kommunismus mitgewirkt. Rosenzweig fragte schließlich, ob die Kontroverse um die Abrechnung mit dem Kommunismus nicht eine «Pariser Bizarrerie» sei: Signal einer intellektuellen Verprovinzialisierung Frankreichs.

Das «Schwarzbuch des Kommunismus», das von Stéphane Courtois herausgegeben wurde, veranlaßte den Genossenchef Robert Hue, den Stalinismus mit einer Eindeutigkeit zu verdammen, zu der sich sein Vorgänger Marchais niemals herbeigelassen hatte. Natürlich war er nicht willens, die gesamte Geschichte des Kommunismus zu verurteilen. Eine Mitverantwortung der französischen Kommunisten für die Verbrechen der sowjetischen Diktatur lehnte er ab. Hue wollte nichts davon wissen, daß es auch eine Mitschuld des Schweigens gibt – eines servilen Stummseins, das noch nicht einmal nach der Geheimrede Nikita Chruschtschows beim XX. Parteikongreß der UdSSR im Jahre 1956 gebrochen wurde.

Wer seine Ohren nicht verschloß, wußte spätestens seit dem Hungermord an den russischen und ukrainischen Bauern unter der Knute der Kollektivierung zu Anfang der dreißiger Jahre oder seit den Schauprozessen und der Großen Säuberung unter den Parteimitgliedern und dem Militär zwischen 1936 und 1939 genau genug Bescheid. Arthur Koestler hatte – für jedermann sichtbar und hörbar – auf das Entsetzen des stalinistischen Terrors aufmerksam gemacht, und seit der Flucht des sowjetischen Funktionärs Viktor Kravtschenko kannte alle Welt das System des Gulag.

Die Führung der KPF aber beharrte damals darauf, daß dieser Zeuge nichts als eine «widerwärtige Marionette Washingtons» sei, von derselben «Gefügigkeit wie ein Kaugummi oder eine Portion Corned beef». Voller Verachtung wurde das Zeugnis der deutschen Kommunistin Margarete Buber-Neumann zurückgewiesen, die in einem sibirischen Lager geschmachtet hatte, ehe sie von der sowjetischen Geheimpolizei im Zeichen des Stalin-Hitler-Paktes der Gestapo ausgeliefert wurde (die sie sofort ins Konzentrationslager Ravensbrück weiterbeförderte).

Später waren die Genossen höchstens bereit, Exzesse, Verirrungen und die Fehler einzuräumen, die auf das persönliche Konto des Diktators gingen: das System verwarfen sie nicht. Lenin, der sein Mausoleum in Moskau noch immer nicht mit der Grabkammer für gewöhnliche Sterbliche vertauschen durfte, blieb für die französischen Kommunisten sakrosankt: ein Erzvater und Heiliger der

Linken, dem sie nicht abschwören wollen, obwohl sie sich von seinem Prinzip des «demokratischen Zentralismus», das heißt einer totalen Kontrolle des Parteigefüges durch ihre Führung, auf dem Papier abgewandt haben. Die Wahrheit, daß die Herrschaft des Terrors mit Lenin und Trotzki begann, nahmen sie nicht zur Kenntnis.

Der Stein des Anstoßes in dem «Schwarzbuch» über den Kommunismus war das Vorwort von Stéphane Courtois, in dem er die Systeme des nazistischen und des kommunistischen Terrors verglich. Er redete darin keineswegs den bornierten Argumenten des deutschen Historikers Ernst Nolte das Wort, der die Verbrechen des Dritten Reiches und den nazistischen Vernichtungswillen mit seinen Hinweisen auf das bolschewistische Vorbild, die nachahmende «Gegenwehr» Hitlers und eine angebliche Kriegserklärung des «Weltjudentums» an das deutsche Volk zu verkleinern und (halbwegs) zu entschuldigen versuchte. Doch Courtois stellte fest, wenngleich zu undifferenziert und kategorisch, daß nicht nur die Zahl der Opfer, nicht nur die Instrumente und die Techniken der Vernichtung, sondern auch die Motive des großen Mordens zum Vergleich herausfordern.

Seine provozierenden Thesen riefen den Protest der gesamten Linken auf den Plan, weit über die Reihen der Kommunisten hinaus. Ob einstige Stalinisten und Maoisten, ob Trotzkisten und Anarchisten, selbst ihre bürgerlichen Mit- und Nachläufer, die sich – ein grotesker Irrtum – als linksliberal verstehen: sie wollten allesamt nichts davon hören, daß man die Systeme sehr wohl aneinander messen müsse. Man kann und muß es sehr wohl – und sei es nur, wie Bernard-Henry Lévy schrieb, um deutlich werden zu lassen, «was sich dem Vergleich entzieht». Im Gegensatz dazu machte es sich der Chefredakteur der «Humanité» (die nur noch in einer kümmerlichen Auflage von gut sechzigtausend Exemplaren erscheint) so einfach wie möglich, als er den Zuschauern des Fernsehens zurief: «Am Anfang des Nationalsozialismus war der Haß auf die Menschen, am Anfang des Kommunismus war die Liebe zu den Menschen.»

Niemand fragte ihn, ob es die Opfer vorgezogen hätten, aus Liebe statt aus Haß ermordet zu werden. Man hätte auch fragen können, ob es tatsächlich der Geist der Liebe war, der Marx, Engels, Trotzki und in seinen Anfängen auch Stalin erfüllte: vielleicht war es eine «Liebe zur Menschheit», von der Camus gesagt hat, daß sie selten genug der Liebe zu den Menschen entspricht, aber dafür um so öfter die schrecklichsten Verbrechen gegen den einzelnen zu rechtfertigen hatte.

Bemerkenswert phantasielos äußerte sich der neue Generalsekretär der Sozialisten François Hollande (der mit der formidablen Schulministerin Ségolène Royal verheiratet und damit eine Großmacht in der Partei ist): er erklärte, es sei nichts als ein «wahltaktisches Manöver», wenn die Liberalen die Verbrechen der Nazis und der Kommunisten auf eine Stufe stellten, um damit langfristig eine Allianz mit der extremen Rechten, mit dem Front National von Jean-Marie Le Pen vorzubereiten. Natürlich protestierte auch Max Gallo, ein Romancier und Essayist mittlerer Qualitäten, der für eine knappe Frist der Regierungssprecher von François Mitterrand war: ein eifernd-unverdrossener Verteidiger Robespierres und des *terreur*, der in den letzten Jahren das Gebirge der abertausend Bücher über Napoleon um einige Bände vermehrt hat. Der große Romancier und Essayist Jorge Semprún – einst Häftling in Buchenwald und danach lange Jahre Mitglied der Kommunistischen Partei – stellte mit ruhiger Bestimmtheit fest, viele Franzosen weigerten sich, den Nazismus und den Kommunismus als Parallelen in der Geschichte unserer Zeit zu erkennen, weil ihnen die jakobinische Tradition im Wege stehe. Für die Linke trifft dies ganz gewiß zu.

Nach dem Debakel der Sowjetunion und der Befreiung Osteuropas wäre kein naiver Ohren- und Augenzeuge der französischen Debatten jemals auf den Verdacht gekommen, daß die marxistisch geprägte Argumentation, untermischt mit dem Jargon der postfreudschen Psychoanalyse, lange Jahrzehnte gleichsam die offizielle Sprache der Pariser Intellektuellen gewesen sein könnte. Es war, als hätte der «Zeitgeist» nie und nimmer eine sympathisierende Nähe zu den Kommunisten verlangt. Es schien nur ein böser Traum gewesen zu sein, daß die linke Konformität, die sich so gern nonkonformistisch gebärdete, die intellektuelle Szene bis an die Schwelle der friedlichen Revolution in Osteuropa beherrscht hatte.

Keiner schien sich daran zu erinnern, daß damals der Begriff «sozialdemokratisch» einer Schmähung gleichkam, die man nur dem ärgsten Feind ins Gesicht sagte. Der Blick über den Rhein schien, wenn man sich der Dialektik der Anpassung überließ, die schlimmsten Erwartungen zu bestätigen, ausgenommen den Bundeskanzler Willy Brandt, dem mildernde Umstände zuerkannt wurden, weil seine antifaschistische Vergangenheit untadelig war. Sein Nachfolger Helmut Schmidt aber wurde behende in die Nähe eines mentalen Faschismus gerückt, trotz (oder wegen) der engen Freundschaft, die ihn mit dem französischen Staatspräsidenten Giscard d'Estaing verband (dem kein progressiver Zeitgenosse auch nur einen Gran von Sympathie und Achtung zuteil werden ließ). Die Einsicht, daß es auch eine nichttotalitäre und antikommunistische Linke gab, war aus dem Bewußtsein verstoßen.

Fast von einem Tag auf den anderen schienen diese festgefügten Urteile und die verkarsteten Vorurteile fortgefegt zu sein. Die Platte des Bewußtseins war blank geputzt. Bei Jean-Paul Sartres Beisetzung im Jahre 1980, als Zehntausende in einem Rausch der Trauer hinter dem Sarg des Vordenkers der Epoche zum alten Friedhof von Montparnasse einherzogen, mochte der Zeuge den

70

Eindruck gewinnen, dies sei der Abschied der Linken von sich selber gewesen. Ein Hauch jener Ekstase schäumte noch einmal auf,
als man Sartres Gefährtin Simone de Beauvoir sechs Jahre später
zu Grabe trug, die so lange ein gefeiertes Idol der feministischen
Bewegung war.

Seitdem ist es um die beiden still geworden, obwohl die Publi-
kationen der Korrespondenzen und der Tagebücher jede Regung
ihres Lebens, jede Wendung ihres Geschicks, jede Beziehung zu ihren Zeitgenossen und, das vor allem, zu den Partnern und Opfern
ihrer erotischen Neugier offenbar werden ließen. Jean-Paul Sartres Dramen gelangen kaum noch auf die Bühne. Seine Romane
und Erzählungen, die eher von einer virtuosen Technik als von
einem originären Talent zeugen, sind so gut wie vergessen. Es
steht dahin, ob sein philosophisches Hauptwerk noch gelesen wird.
François Bondy behielt mit dem präzisen Urteil recht, «daß Sartre
nicht der Denker des Seins ist, sondern des Nichtseins, der Ent-
wirklichung, des Sichabsetzens vom Sein des Menschen als Loch
im Gewebe des Seins, und daß er der Dichter der Einengung ist».
Darauf wiesen, so Bondy, bereits die Titel seiner literarische Werke
hin: «Die Mauer», «Das Zimmer», «Der Ekel», «Bei geschlossenen
Türen», «Die Eingeschlossenen», «Im Räderwerk» und «Das Spiel
ist aus».

Das Bild Sartres ist blaß geworden, und nur selten, wenn Ju-
liette Gréco, ganz in Schwarz, noch einmal auf die Bühne tritt, um
die Lieder der «Wilden Jahre» im Quartier Latin zu singen, klingt
ein fernes Echo des existentialistischen Lebensgefühls auf. Die
Terrassen des «Café Flore» und des benachbarten «Deux Magots»
sind von Touristen und braven Kleinbürgern besetzt. Die Bar des
Hotels «Pont Royal», in dem Sartre seinen Whisky trank, wurde
schon lange geschlossen. In der «Brasserie Lipp» starren die Spießer den Prominenten der Politik, des Fernsehens, sogar der Literatur auf die Teller, wenn sie dem Etablissement die Ehre geben –

und man ißt in jenem Lokal so schlecht wie eh und je, von raunzend-hochmütigen Kellnern eher abgefertigt als bedient. Den «Drugstore» gibt es nicht mehr. Die Räume der traditionellen Buchhandlung «Le Divan» bezog eine Luxus-Boutique. Saint-Germain-des-Prés hat seinen alten Charme, der immer ein bißchen banal war, schon lange zum Teufel geschickt. Die Legende verblühte, ohne daß es die Pariser recht merkten: ein anderer Mythos, von dem sich Frankreich verabschiedete.

Wurden die alten Mythen durch neue ersetzt? Sie geben sich, wenn ich mich nicht täusche, nirgendwo zu erkennen. Frankreich und seine Menschen richten sich in einer Wirklichkeit ein, die vielen der Überhöhungen, die seine Geschichte beherrschten, im Guten wie im Bösen weit entrückt ist. Die Entzauberungen sind schmerzlich. Sie sind zugleich befreiend. Sie sprengen die «Geschlossenheit» der Nation, von der Herbert Lüthy sagte, daß sie trotz ihres universellen Anspruchs die einzige geblieben sei, in der sich die Große Revolution erfüllte.

Wohl hält Frankreich, man ist dafür dankbar, an der Botschaft der Menschenrechte fest, die in diesem Jahrhundert mit einer Brutalität zerfetzt wurden wie niemals zuvor. Sie sind das bedeutendste Erbe, das die Republik in die Europäische Union einbringt: der Kern ihrer zivilisatorischen Heilsidee, in der einst der Glanz des Königtums und das Pathos der Revolution einander durchdrangen. Freilich wird kein erwachsener Franzose mehr verkünden, daß es der missionarische Auftrag Frankreichs sei, die Völker aus ihrer dumpfen Gefangenschaft zu erlösen – sowenig wie ein Deutscher der jungen Generation, der seiner Sinne mächtig ist, der Menschheit zurufen wird, daß die Welt am deutschen Wesen genesen müsse. Die Deutschen haben ihren Alptraum verscheucht, und Frankreich hat die Isolation durchbrochen, die der Preis seiner angeblichen Geschlossenheit war.

Gibt es sie noch immer, die «Person», als die sich Frankreich sel-

ber verstand? Oder löste sie sich in eine Vielzahl von Gestalten,
von Persönlichkeiten, von Ideen auf? Ist es die natürliche Konsequenz des Prozesses seiner Europäisierung, daß Frankreich selber
die Vielgestalt seines Daseins, in der es in Wirklichkeit seit Anbe-
ginn existierte, mit neuen Augen wahrnimmt?

KAPITEL 5

Lolo und die Ambiguität

Der dicke Lolo, der einst beim Apéritif mit so mächtiger Stimme durch das «Café des Sports» dröhnte, ist stiller geworden. Dieses gemütliche Rauhbein, ein Berg von Mann, galt lange Jahre als der inoffizielle Chef der Kommunisten von Port Madeleine, die stets ein kleines und ein wenig verlorenes Häuflein waren. Selbst im Bündnis mit den Sozialisten durften sie sich niemals der Hoffnung hingeben, sie könnten die Mehrheit im Gemeinderat erobern oder gar das Amt des Bürgermeisters besetzen. In Wahrheit gelang es der «Opposition», wie Lolo die Dorflinke mit starker Betonung nennt, höchstens einen Vertreter ins Parlament der Gemeinde zu entsenden. Dennoch zeigte sich Genosse Lolo über alle wichtigen Vorgänge – auch die im Halbschatten – aufs genaueste informiert, und er wußte stets, was zu tun sei. Lolo hatte auf alles eine Antwort. Vermutlich war er der einzige Mensch in Port Madeleine, der die «Humanité» bezog, die ein solch armseliges Blättchen geworden ist, auf das nun auch Lolo verzichtet. Seitdem bedient er sich seltener der ausgeleierten Litanei, die eine Verschwörung der Kapitalisten und die Machenschaften der CIA für alle Probleme des Erdkreises verantwortlich macht. In der «Maison de la Presse» ersteht er lieber die «Libération», und er beurteilt, wenn nicht vieles trügt, die Weltereignisse differenzierter.

Übrigens ist er ein belesener Mann, der sich gelegentlich mit Zitaten von Voltaire oder Victor Hugo, Anatole France oder Louis Aragon schmückt. Auf dem Boule-Platz demonstriert er eine erstaunliche Wurfsicherheit, und es ist ein Vergnügen, mit welcher Grazie er seinen massigen Körper, auf einem Beine Schwung holend, in der Balance zu halten vermag. Jeder redliche Bürger stößt gern mit ihm an, denn Lolo wirkt wie die Lebensfreude schlechthin. Auf ihn trifft wohl zu, was Sieburg von den Kommunisten der Großväter-Generation notierte: daß sie «eine Art» hätten, «die säuerliche Salatbrühe mit Brot aufzutunken», die ihm beweise, «daß die Weltrevolution vorläufig auf Frankreich nicht zählen kann».

Das freundliche Bild täuschte, schon damals. Lolos Gemütlichkeit hat ihre Grenzen. Plötzlich verengt sich das runde Gesicht, das ein solch naives Behagen ausstrahlt (von den schlechten Zähnen abgesehen, Ausweis einer Aversion gegen das Gewerbe der Dentisten, das er mit der Mehrzahl der französischen Männerwelt teilt). Seine Züge werden plötzlich härter, wenn er von «denen» spricht – den «anderen», die zum feindlichen Lager gehören, dem rechten. Daran hat sich auch nichts geändert, seit Lolo der Partei ohne Lärm den Rücken gekehrt hat.

Es ist nicht anzunehmen, daß er jemals in einem offiziellen Schreiben seinen Austritt beantragte. Eines Tages hörte er auf, seinen Obolus an die Parteikasse abzuführen. Das war nicht lange nach dem Fall der Mauer von Berlin und dem Sturz des Regimes in Prag. Erst Jahre später gab er zu, daß auch ihm der Jubel der Befreiten, als er die Bilder im Fernsehen sah, Tränen in die Augen getrieben hatte. Im «Café des Sports» wirkte er damals fast kleinlaut. Die Enthüllungen über die Verbrechen des Kommunismus, die er nicht mehr von der Theke zu wischen vermochte, kommentierte er mit der trockenen Bemerkung, die Großgenossen in Moskau und wohl auch in Paris seien Halunken wie alle anderen Politiker.

Lolo redet nun lieber vom Fußball und von der Notwendigkeit, den Einheimischen, soweit sie zu den armen Teufeln gehörten, auch in der Saison kostenlose Parkplätze zu reservieren. Die steigenden Arbeitslosenziffern in der Neige des Jahrhunderts konnten ihn, das betonte er wieder und wieder, nicht überraschen. Er riskiert manchmal einen knurrenden Hinweis auf die «Krise des Kapitalismus», der nun doch im Begriff sei, an der Verschärfung seiner Widersprüche zugrunde zu gehen. Es ist nicht ausgemacht, daß Lolo noch immer für die Sozialisten stimmt, wie er es seit dem Beginn der neunziger Jahre getan hat. Mag sein, daß er – in aller Diskretion – nun wieder für die Kommunisten votiert, die unter der lockeren Anleitung des freundlichen Genossen Hue einen kleinen Frühling erleben.

Nichts in der Welt könnte ihn jemals bewegen, seine Stimme einem «Rechten» zu geben, obwohl er den Bürgermeister für einen fähigen Mann hält. Wenn er das Wort «liberal» hört, spuckt er in weitem Bogen aus. Auch den Gaullisten traut er nicht über den Weg, obschon er die einstige Gemeinschaft mit den Anhängern des Generals in den mythischen Tagen der Résistance respektiert. Das republikanische Pathos ihres Parteichefs Philippe Séguin, der fast so viel Pfunde auf die Waage bringt wie er selber und obendrein einen Ruf als Kenner guter Rotweine genießt, läßt ihn nicht gleichgültig. Doch er fragt, wie viele der honorigen Bürger, die sich heute mit dem Namen de Gaulles schmücken, damals in den Kampf gegen die Deutschen gezogen wären.

Lolo gehört zu den Trotzigen, die darauf bestehen, daß bei den patriotischen Feiern am Ehrenmal nicht nur die Marseillaise, sondern auch das Lied der Partisanen gespielt wird, dessen Text – der übrigens in London von Maurice Druon und Joseph Kessel geschrieben wurde – die Messer so gefährlich aufblitzen läßt, ehe sie sich in der Stille der Nacht in den Rücken eines deutschen Soldaten graben. Er kann es nicht gutheißen, daß seit geraumer Zeit das akustische Vorspiel mit den stampfenden Knobelbechern, dem teutonischen «Heidi-heida» und dem leisen Partisanenpfiff unterbleibt, vermutlich aus taktvoller Rücksicht auf die deutschen Tou-

risten, deren Gefühle verletzt werden könnten. Auf dem Höhepunkt der Saison spielt man sogar, Lolo kann es nicht fassen, eine
völlig bereinigte Fassung, die auf Worte ganz verzichtet, der Partnerschaft mit den Nachbarn am andern Ufer des Rheines zuliebe.
Lolo hat nichts gegen die Deutschen, natürlich nicht. Aber er sieht
nicht ein, warum man ihnen zuliebe die patriotischen Traditionen
verrät.

Lolo war in jenen heroischen Tagen der Résistance noch ein
Kind. Doch er kennt jeden, der sich im Widerstand auszeichnete,
und sei es nur dadurch, daß er heimlich aus der deutschen Feldkü-
che ein paar Schweinshaxen davonschleppte, um das Fleisch an die
darbenden Familien des Dorfes zu verteilen. Damals wurde, kein
Zweifel, in Port Madeleine böse gehungert. Lolo weiß auch, wer
droben in den Bergen Berichte über die Lage der deutschen Bunker
an die Amerikaner oder die freifranzösischen Streitkräfte funkte.
Er weiß, wer Botendienste riskierte. Er kann jeden beim Namen
nennen, der seinen Karabiner im Weinfeld versteckt hatte, um ihn
triumphierend auszugraben, als die Amerikaner am 15. August
1944 aus den Landungsbooten sprangen und die Deutschen zum
Teufel jagten. Sie hatten es eilig, sich aus dem Staube zu machen,
die *boches* (ein Wort, das auch Lolo seit langem meidet). Die
Schüsse aus den Büchsen der *franc-tireurs*, von denen es plötzlich
mehr als genug gab, taten das Ihre, ihnen Beine zu machen.

Übrigens zogen nicht alle davon. Einige fanden es besser, sich
ohne Umstände zu ergeben, weil sie vom Krieg genug hatten. Andere versuchten, sich in den Häusern ihrer französischen Freun-
dinnen zu verstecken. Sie wurden rasch aufgespürt. Mit den meisten der Mädchen verfuhr man gnädig. Nur eine, die als ein kaltes
Offiziers-Flittchen galt, wurde in der Nachbarstadt mit kahlrasier-
tem Schädel und mit der Unterwäsche bekleidet durch die Gassen
gejagt. Manche der Deutschen kehrten, aus der Gefangenschaft
entlassen, in die Region zurück. Man ließ sie in Ruhe, wenn sie ihr

Lolo und die Ambiguität

Brot redlich verdienten. Lolo kennt ihre Kinder, die in der Regel nur noch ein paar Brocken Deutsch verstehen. Sie heißen André oder Bernard, wie andere Franzosen auch. Einer, der nun fast das Rentenalter erreicht hat – so lang liegt das alles zurück –, bestand darauf, seinen Sohn zu Ehren des Großvaters «Hans» zu nennen: vor drei Jahrzehnten eine mutige Tat, der Lolo seine Achtung nicht versagte.

Er weiß, wer wer ist. Er kennt nicht nur die Männer und Frauen des Widerstandes, sondern auch die einstigen Collaborateure beim Namen. Er ist exakt darüber informiert, wer mit den Deutschen seine kleinen Geschäfte machte und, als das Blatt sich zu wenden begann, Kontakt zu den Kommunisten suchte: das waren die Bürger, die hernach, in den Tagen der Befreiung, am lautesten mit ihren Heldentaten prahlten.

Lolo zog es stets vor, die Sünden der Verräter und der Collaborateure von einst gnädig zu übersehen, sofern sie nicht zu frech wurden. Doch an die Glorie der Résistance ließ er nicht rühren. Der Film über die Widerstandskämpferin Lucie Aubrac, für den die Heldin, hoch in den achtziger Jahren, Seite an Seite mit der schönen Hauptdarstellerin Carole Bouquet, den Premierenbeifall noch selber entgegennehmen durfte: dieses heftige Drama ließ seine Augen leuchten. Die bewegende Geschichte von der tollkühnen Befreiung des Mannes, den ein Kommando-Unternehmen beim Eisenbahn-Transport den Fängen der Gestapo entriß, ließ ihn sogar nach dem Sacktuch greifen. Nichts erbitterte ihn tiefer als die Diskussion der Historiker, die daran zweifelten, daß jenes Melodram die ganze Wahrheit präsentiere. Der Film hatte noch einmal den Antikommunisten René Hardy als den Schurken vorgeführt, der Jean Moulin, General de Gaulles Bevollmächtigten im innerfranzösischen Kampf gegen die Besatzung, angeblich in einen Hinterhalt lockte und den Folterknechten der Gestapo auslieferte. Der einzig schlüssige Anhaltspunkt für jene These: Hardy war der einzige, dem die Flucht bei jenem Geheimtreffen glückte. Zweimal sprachen ihn die Gerichte von dem bösen Vorwurf des Verrates frei. Der Film kümmerte sich nicht darum.

Die Redaktion der unabhängig-linken Zeitung «Libération» wollte der Wahrheit auf den Grund kommen. Ein Gremium unbestechlicher Experten unterzog die Beteiligten einem langen und intensiven Verhör, in dem sie sich zuletzt – am Ende ihrer Kräfte und einem Nervenzusammenbruch nahe – als Angeklagte fühlten, was keineswegs den Intentionen der Redaktion und ihrer Beauftragten entsprach. Doch die Kälte des Verfahrens, die Unbeirrbarkeit der Fragenden und eine Sachlichkeit, die mitunter verletzend wirkte, erstickten jede Rücksicht und jede Regung der Sympathie.

Und die Wahrheit? Das Tribunal fand nicht für alle Fragen eine schlüssige Antwort. Manches blieb im halben Licht und manches verharrte im Dunkel, wie es nicht anders sein konnte. Übrigens wurde der Produzent und Regisseur Claude Berri nicht gefragt, warum er darauf bestand, dieses Werk zu fertigen. Ein knappes Jahrzehnt zuvor hatte er einen sehr anderen Film aus den Tagen des Widerstandes gedreht: die Geschichte eines Collaborateurs, eines eher sympathischen Mannes, der in den chaotischen Tagen der Befreiung Zuflucht auf dem Lande suchte. Am Ende wurde er verraten und von den Kommunisten – auch sie nicht unsympathisch – seinem Schicksal ausgeliefert. Man wunderte sich damals ein wenig, wie es denn angehen mochte, daß die Mitglieder der kommunistischen Gewerkschaft Berri nicht das Atelier über dem Kopf abbrennen ließen. Vielleicht war der Film über Lucie Aubrac und ihren Mann ein Akt tätiger Reue.

«Uranus» hieß das frühere Werk, produziert nach einem Roman von Marcel Aymé: der tapfere Versuch, die Ambiguität und moralische Verwirrung einer Epoche deutlich zu machen, in der nichts eindeutig, nichts völlig richtig, nichts nur falsch war, kurz: in der Wahrheit und Lüge untrennbar ineinander verstrickt gewesen sind. Ein Versuch, der Wirklichkeit auf die Spur zu kommen, wie zuvor die Dokumentation «Le Chagrin et la Pitié» von Marcel Ophüls die Schuld und Verstrickung am Beispiel der Stadt Clermont-Ferrand so eindringlich schilderte. (Sie durfte im staatlich kontrollierten Fernsehen erst lange nach ihrer Entstehung gezeigt werden.) Danach die Filme des großen und so sensiblen Regisseurs Louis Malle («Lucien Lacombe», «Le dernier Métro» und «Adieu, les enfants», das seine eigene Kindheit schilderte). Oder das eindrucksvolle Werk von Joseph Losey «Monsieur Klein» (mit Alain Delon), das die Juden-Razzia in Paris beschrieb, die von der Gestapo der französischen Polizei überlassen wurde. Deutsche Uniformen waren in dem Film selten zu sehen: nur einmal in einem Cabaret, in dem sich Offiziere der Wehrmacht amüsierten, und ein anderes Mal, als ein deutscher Soldat mit seiner französischen Freundin durch die Straßen schlenderte.

Die Filme waren, wie es schien, der Literatur bei der Suche nach den Realitäten und den schwierigen Wahrheiten von Krieg, Besatzung, Widerstand, Collaboration und Vichy voraus, und die Regisseure können für sich in Anspruch nehmen, daß sie die ersten waren, die den Mythos der Résistance kritisch prüften. Fast ein halbes Jahrhundert lang hatte sich die Mehrheit der Franzosen, von den Politikern angefeuert, mit entschlossenem Pathos selber versichert, daß die übergroße Mehrheit ihrer Landsleute den Deutschen in einer geschlossenen Front des Widerstandes entgegengetreten sei. Mit den Verrätern habe man nach der Befreiung kurzen Prozeß gemacht – und damit sei es gut.

Frankreichs Anspruch, am Tisch der Siegermächte gleichberechtigt Platz zu nehmen (was ihm die Amerikaner, zum bitteren Ärger de Gaulles, nur zögernd gewährten), gründete sich nicht nur auf die Teilnahme der freifranzösischen Verbände an den Kämpfen der Jahre 1944 und 1945, sondern auch auf die Kriegführung der Résistance. Die Feierlichkeiten bei den fünfzigsten Jahrestagen der

80

Invasion in der Normandie und gut zwei Monate später an der mittelmeerischen Küste vermittelten freilich manchmal den Eindruck, daß den Truppen der Amerikaner und Briten damals eher eine Nebenrolle zugefallen sei. So war es nicht. Die Zeitungen stellten, was dies anging, gelegentlich kritische Fragen, und wer die historischen Analysen aufmerksam las, verstand sehr wohl, daß General Eisenhower dem ungeliebten Partner de Gaulle höflich und klug den Vortritt bei der Befreiung von Paris gelassen hatte, der die Deutschen keinen nennenswerten Widerstand entgegensetzten, da General von Choltitz, der Kommandant, mutig genug war, die Stadt entgegen den Befehlen des Diktators vor der Zerstörung zu bewahren.

Unser Freund Lolo weiß dies alles sehr wohl. Der Untergrundkampf der Kommunisten ist ihm wichtiger als die Strategie des Generals, die sich als so erfolgreich erwies – um den Preis einer Mythisierung, die man die Lebenslüge Frankreichs nennen könnte – wie es auch eine deutsche Lebenslüge gab: die Sonntagsproklamationen der deutschen Einheit, die so hohl und unverbindlich waren.

Beide zahlten für ihre Mythen einen hohen Preis, die Deutschen wie die Franzosen. Vielleicht einen zu hohen. Beiden wird es nicht leicht, die so viel härteren und komplexeren Wirklichkeiten zu akzeptieren, die ihrem Stolz und ihrem verletzlichen Selbstbewußtsein nicht immer schmeicheln. Frankreich wird die Monumente für den General und die Résistance in Ehren halten. Doch es läßt sich nicht länger davon abhalten, sein Leben in die Realität jenseits der Mythen und der feierlichen Verlogenheiten zu suchen. Es ist, wenn nicht vieles trügt, im Begriff, sich neu zu erfinden – mit anderen Worten: sich in der Wirklichkeit Europas wiederzufinden.

KAPITEL 6
Der Abenteurer und die Schrift
an der Wand

Den entscheidenden Anstoß zur Entmythisierung des Regimes von Vichy, der Collaboration und damit in gewisser Hinsicht auch der Résistance gab, dank einer ironischen Volte der Geschichte, Präsident François Mitterrand – ausgerechnet er, dieser zähe und nachtragende Widersacher de Gaulles, der mit dem General ein Lebtag lang um die Meisterung der Mythen konkurrierte. Der Wettbewerb war freilich eher einseitig. Charles de Gaulle verachtete den Gegner, der ihm bei den Präsidentschaftswahlen des Jahres 1965 gegenübertrat, ja er nannte ihn einen «kleinen Schuft», wie einer seiner Vertrauten berichtete. Er wußte genau genug, was Jahrzehnte später die Mehrheit der Franzosen so tief überraschte: daß François Mitterrand, der stets als ein Mann des Widerstandes galt, auch dem Regime von Vichy in wichtiger Funktion gedient und von Marschall Pétain eine der höchsten Auszeichnungen seines Staates empfangen hatte.

In Wirklichkeit war er beides: ein Mann von Vichy und ein Mann des Widerstandes. Als während seiner zweiten Amtszeit die pedantisch exakte Studie des Historikers Pierre Péan «Une jeunnesse française» («Eine französische Jugend») publiziert wurde, wies der Präsident in den vielen Gesprächen über seine Vergangenheit wieder und wieder darauf hin, daß die Probleme der Zeit und ihre Wahrheit niemals einfach, sondern unendlich komplex gewesen seien.

Darin hatte er recht. Nur konnte ihm vorgehalten werden, daß

er seinen Landsleuten und der Welt allzu lange ein Bild heroischer
Eindeutigkeit zu vermitteln versuchte. In Wirklichkeit hatte sich
dieser zierliche und in seiner Erscheinung fast graziöse Mann mit
dem übergroßen Ego nur den wechselnden Situationen angepaßt,
die Veränderung früher witternd als viele der Weggenossen. Er
stammte, wie er selber sagte, aus einer kleinbürgerlichen, nationalistischen und katholischen Familie. Für einen Sohn dieses Milieus
war es nicht überraschend, daß er sich zunächst einer rechtsextremen Organisation anschloß, gegen den Geist der Volksfront voller
Leidenschaft protestierend. Ehe sich sein brennender Ehrgeiz ganz
entfalten konnte, kam der Krieg. François Mitterrand geriet in
deutsche Gefangenschaft. Unter mysteriösen Umständen glückte
ihm der dritte oder vierte Fluchtversuch. Freilich berichtete er niemals mit der gebotenen Präzision, wie er es zuwege gebracht hat,
sich im Jahre 1941, trotz des Kontrollnetzes der Polizei, der Feld-
gendarmerie und der Gestapo, von Mitteldeutschland bis ins unbe-
setzte Frankreich durchzuschlagen, obwohl er kaum mehr als zehn
Brocken Deutsch beherrschte.

Rasch nach seiner Ankunft in Vichy übernahm er die Leitung
eines Amtes zur Betreuung entlassener Kriegsgefangener. Den
Deutschen konnte dies nicht verborgen bleiben, und es ist ein an-
deres Rätsel, warum sie gegen die Ernennung ihres entlaufenen
Gefangenen nicht protestierten. Wie immer sich dies verhalten
mochte: in der Neige des Jahres 1942, während die Schlacht um
Stalingrad tobte, nahm Mitterrand Verbindung zur Résistance auf.
Unter dem Tarnnamen «Morland» organisierte er ein Netz von
Mitstreitern. Man muß ihm zubilligen, daß er die Wendung des
Krieges vorausahnte, ehe sich die unausweichliche Niederlage des
Dritten Reiches mit dem Rückzug von der Wolga zu Beginn des
Jahres 1943 annoncierte.

In der Résistance gewann «Morland» eine Prominenz, die es seinen Partnern nahelegte, ihn von einer geheimen Basis nach Nord-

83

afrika und später nach London fliegen zu lassen. Über seiner Begegnung mit de Gaulle stand freilich kein guter Stern. Mitterrand beharrte darauf, daß er als Vertreter des inneren Widerstandes den Realitäten Frankreichs näher sei als der General.

Seine Arbeit für die Kriegsgefangenen in Vichy bot ihm nach der Befreiung das Sprungbrett zur Teilnahme an der öffentlichen Verantwortung. Zunächst führte er die alte Arbeit für die neuen Autoritäten fort. Doch als sich General de Gaulle grollend auf seinen Landsitz in Colombey-les-Deux-Églises zurückzog, eroberte sein agiler Gegenspieler einige zentrale Ministerien in den wechselnden Regierungen der Vierten Republik: immer noch eher nach rechts orientiert, trotz eines einseitigen Versuchs der Annäherung an Pierre Mendès France, der über seine kurze Ministerpräsidentschaft hinaus – in der er den törichten und tragischen Vietnam-Krieg beendete, aber auch das Projekt der Europäischen Verteidigungsgemeinschaft liquidierte – das unangefochtene moralische Oberhaupt der demokratischen Linken blieb. Während des letzten Kolonialkrieges in Algerien versah Mitterrand zeitweise das Amt des Justizministers, und man sagte ihm später nach, vermutlich zu Unrecht, daß er damit eine passive Mitschuld an dem System der Folterungen auf sich geladen habe.

In den Pariser Salons rühmte man seinen Geist und seine Eleganz. Er verbarg seine Bildung nicht und gefiel sich in Konversationen von literarischem Anspruch. In seinem Stil mischten sich Pathos, Ironie und eine Portion Bosheit auf reizvolle Weise, doch war sein Talent nicht ausgeprägt und vital genug, ihm ein bedeutendes Werk abzufordern, das neben den Memoiren de Gaulles Bestand haben und ihm einen (wenn auch bescheidenen) Platz in der Literaturgeschichte sichern könnte, obwohl er, kein Zweifel, nach literarischem Ruhm verlangte wie so viele Politiker Frankreichs vor und neben ihm, oft mit schönem Erfolg.

Mitterrand spielte lange mit dem Gedanken, eine Studie über

den Staatsstreich Louis Napoléons am 2. Dezember 1852 zu verfassen. Die schillernde Gestalt des dritten Napoléon zog ihn an. Es fügte sich seltsam, daß der Gaullist Philippe Séguin, der einige Jahre der Nationalversammlung präsidierte und danach die Führung der Neugaullistischen Partei übernahm, eine Biographie Louis Napoléons vorlegte, die in ihrem Titel eine nahezu gewalttätige Korrektur des historischen Bildes versucht: er ernannte den unglücklichen Kaiser, dem stets der Geruch des Hasardeurs anhaftete, kurzerhand zu «Louis Napoléon le Grand», ohne eine überzeugende Begründung dieses hohen Anspruchs zu liefern. Mitterrand mag das Buch gefallen haben.

Alain Minc, ein vielseitiges Talent pariserischer Prägung, das durch Manager-Funktionen, in denen ihm wenig Glück beschert war, durch seine politischen Kommentare, seine Bücher und seine Präsenz in den Salons von sich reden machte, schrieb später einen vergleichenden Essay, in dem manche Gemeinsamkeit zwischen dem zweiten Kaiser der Franzosen und François Mitterrand sichtbar wurde: die Neigung zur Literatur, das Verlangen nach Ruhm, die Wanderung zwischen links und rechts, die Neigung zum Abenteuer (des politischen wie des amourösen). Vor allem war den beiden der herrische Bauwillen gemeinsam, mit dem sie Paris – in der Tradition des Sonnenkönigs und des ersten Napoléons – nach ihrem Bilde und nach ihren Wünschen formten. Louis Bonaparte hatte die Stadt durch die radikale Umgestaltung des Baron Haussmann den gewandelten Verhältnissen des neunzehnten Jahrhunderts angepaßt. Georges Pompidou, der das Kunstzentrum von Beaubourg, das seinen Namen trägt, den düsteren Turm von Montparnasse, das kleine Manhattan der Geschäftsstadt «La Défense» und das Netz der «Villes Nouvelles» entwerfen ließ, und nach ihm François Mitterrand gaben Paris sein modernes Gesicht.

Der Bauwillen des sozialistischen Präsidenten maß sich in der

Tat an dem der Könige und Kaiser. Mit majestätischer Selbstverständlichkeit setzte er sich eine Reihe gewaltiger Denkmäler, mit denen Frankreich von nun an zu leben hat: die vier Türme der «Très Grande Bibliothèque», die der Nachfolger Chirac prompt nach ihm benannt hat, die Opèra de la Bastille, der riesenhafte Torbogen («L'Arche de la Fraternité»), der die Achse Louvre – Place de la Concorde – Champs-Élysées – Arc de Triomphe bis zum Quartier von La Défense verlängert. Das Torhaus dort draußen in jener Landschaft aus Beton und Glas erwies sich freilich als ein fragwürdiges Geschenk an die Nachwelt, da es zu nichts so recht taugt: als Kongreßzentrum wäre es zu klein, als Hotel zu unpraktisch, für Büros zu teuer: so ist es nur für kleine Ausstellungen geeignet, die auch anderswo untergebracht werden könnten – und als Aussichtsplattform für die Touristen. Die Nachfolgekosten interessierten den Präsidenten nicht. Glück indes hatte er nur mit der Glaspyramide im Hofe des Louvre, mit der dem chinesisch-amerikanischen Architekten Pei ein Meisterwerk gelang, das nicht nur dem Verlangen nach Schönheit dient, sondern darüber hinaus einen eminent praktischen Zweck erfüllt.

Nach der Rückkehr des Generals de Gaulle an die Macht fand sich Mitterrand in der politischen Wüste wieder. In Paris pfiffen es die Spatzen von den Dächern, daß jenes mysteriöse Attentat im Jardin du Luxembourg, dem er angeblich mit so knapper Not entkommen war, von ihm selber inszeniert worden sei. Eine Anklage wurde nicht erhoben. Man überließ ihn der Lächerlichkeit.

Mitterrand liebte es, sich mit Geheimnissen zu umgeben: ein begnadeter Schauspieler, der durch immer neue Mystifikationen die Aufmerksamkeit auf sich lenkte. Später trat er gern in weiten Mänteln auf, das Haupt mit einem schwarzen Philosophenhut von breiter Krempe bedeckt: die klassische Gewandung des Intellektuellen, der eine lockere Beziehung zur Bohème unterhält, obschon er zugleich in den Salons von Rang aus- und eingeht. Die pfingstliche Wanderung zum Plateau des Roches de Solutré in Burgund, bei der ihm stets eine Schar der Getreuen das jüngerschaftliche Geleit gab, durften als Pilgerreisen in die Landschaft der Résistance, aber auch als Demonstrationen der Erd- und Naturverbundenheit verstanden werden.

Alles, fast alles war vieldeutig an dieser merkwürdigen und starken Persönlichkeit. Seine Freundschaften aus den Tagen von Vichy opferte François Mitterrand bis zu seinem Ende nicht, obwohl er sie auch nicht allzu demonstrativ vorzeigte. René Bousquet, der Polizeichef des Vasallenstaates, dem die Hauptverantwortung für die Verfolgung und Deportation der Juden zukam, war oft Gast an seinem Tisch. Man sagte, daß Mitterrand den Prozeß gegen diesen gefürchteten Handlanger des Vichy-Regimes und der Besatzungsmacht immer wieder zu verhindern wußte. In den Jahren seiner Präsidentschaft ließ er an jedem Todestag Blumen am Grabe des Marschalls Pétain niederlegen.

Man mochte das als eine Geste der Versöhnung zwischen den «beiden Frankreich» deuten. Zum anderen lehnte François Mitterrand strikt jede Verantwortung der Republik für die Sünden von Vichy ab. Er verwehrte damit dem Regime, dem er selber gedient hatte, die Legitimität, obschon er genau genug wußte, daß es nicht durch einen Staatsstreich, sondern gemäß der Verfassung (wenngleich unter chaotischen Verhältnissen) in die Welt getreten war. Zum anderen aber verhinderte er, daß die Republik für Vichy haftbar gemacht werden konnte (was womöglich teuer geworden wäre). Den Mut zu einer offiziellen Feststellung einer Mitverantwortung des Staates für das Regime des Marschall Pétain fand erst sein Nachfolger Jacques Chirac, zum bitteren Ärger der eigenen Partei.

Auch über Maurice Papon, den einstigen Minister und Polizeipräfekten von Paris, hielt Mitterrand vermutlich lange Jahre seine schützende Hand. Der Journalist und Schriftsteller Georges-Marc Benamou, den er in den letzten Monaten seines Lebens eng an sich zog, wußte zu berichten, daß Maurice Papon, durch seinen Dienst in der Administration unter deutscher Besatzung und seine Nähe zu Vichy kompromittiert, oft im gleichen Restaurant wie der Präsident gespeist habe: die beiden tauschten keinen Gruß, aber stets habe Mitterrand seinen Gesprächspartner gemahnt, es sich mit seinem Urteil nicht zu leicht zu machen.

Solche Milde entsprach nicht der Üblichkeit in den Zirkeln der linken Politiker und Intellektuellen. Aber war François Mitterrand ein «Linker»? Er hatte sich in den sechziger Jahren auf die Seite der Sozialisten geschlagen und diese verkümmerte Partei, das ist wahr, mit seinem organisatorischen Talent, seiner taktischen Virtuosität und vor allem durch die Magie seiner Persönlichkeit zu dem Triumph von 1981 geführt, den man als den bedeutendsten Sieg ihrer Geschichte nach der Volksfront betrachten kann.

In den ersten Jahren seiner Präsidentschaft ließ sich Mitterrand, dem Gemeinschaftsprogramm mit den Kommunisten zunächst getreu, auf orthodox-sozialistische Experimente ein, an denen die Wirtschaft des Landes zugrunde zu gehen drohte. Nach dem radikalen Kurswechsel von 1983 und der Entlassung der Kommunisten aus dem Regierungsbündnis öffnete er Frankreich einer Liberalisierung, die der «sozialen Marktwirtschaft» der Deutschen verwandt war. Noch immer pochte der Präsident auf seinen Sozialismus, den er nun freilich ebenso nebelhaft wie schwelgerisch als «Kultursozialismus» präsentierte. Die «Kaviar-Linken», die in der Pariser Schickeria zu Hause waren, fanden an der prätentiösen Formel Gefallen (was sie nicht hinderte, bei den Präsidentschaftswahlen des Jahres 1994 mit fliegenden Fahnen in das Lager von Jacques Chirac hinüberzuwechseln). Gelegentlich appellierte Mitterrand auf altmodische Weise an das Ressentiment gegen die angebliche Verschwörung des «großen Geldes»: ein Verdacht, der

sich bei ihm nicht aus marxistischen oder gar proletarischen, sondern kleinbürgerlich-katholischen Wurzeln nährte. Es störte ihn
dabei keineswegs, daß seine Freunde auf dem Golfplatz reiche und
mitunter in ihrer Profitsucht recht skrupellose Herren waren, für
die das Etikett der Kapitalisten sehr wohl zutraf.

In Wahrheit interessierte Mitterrand das ideologische Fundament seiner Politik nur am Rande. Von Jahr zu Jahr wurde deutlicher, daß er die sozialistische Partei nur als Basis für die Eroberung der Macht gebraucht hatte. Ihr Geschick kümmerte ihn
wenig. So zögerte er nicht, ihre Wählerschaft zu spalten, als er
den Abenteurer Bernard Tapie mit einer gesonderten Liste in die
Europa-Wahlen schickte. Das Manöver diente ausschließlich der
Schwächung der Sozialisten, deren Führung sein einstiger Premierminister Michel Rocard an sich gerissen hatte: der ewige Kon-
kurrent und Störenfried, dessen unbeirrbare Redlichkeit und puri-
tanische Wahrhaftigkeit er aus tiefster Seele haßte.

Es mag ihm eine tiefe Befriedigung verschafft haben, daß er den
protestantischen Großbürger schließlich mit Hilfe des begabten
und halbseidenen Aufsteigers Tapie politisch erledigen konnte,
denn er hatte nicht vergessen (er vergaß nichts, zumal keine Krän-
kung), daß Rocard einst – lange vor der Berufung zum Regierungschef – von seinem Ministeramt zurückgetreten war, weil
Mitterrand durch eine Änderung des Wahlrechtes der Nationalen
Front von Jean-Marie Le Pen das Tor zur Nationalversammlung
öffnen wollte, um mit diesem fragwürdigen Trick die demokratische Rechte der Liberalen und Gaullisten zu schwächen. Moralische Bedenken scherten den Präsidenten wenig. Er spielte gern
mit dem Feuer, und er sah nicht ein, warum er auf ein riskantes
Manöver verzichten sollte, wenn es einen taktischen Vorteil versprach. Die gefährliche Veränderung der politischen Landschaft
wurde schließlich verhindert und 1988 das Mehrheits-Wahlrecht
wieder eingeführt.

Übrigens hatte sich Mitterrand auch mit Lionel Jospin, dem anderen prominenten Protestanten im Führungskreis der sozialistischen Partei, gründlich zerstritten. Nur widerwillig fand er sich bei seinem Abgang bereit, die Präsidentschaftskandidatur dieses gescheiten und aufrechten, wenngleich nicht unverkrampften Weggenossen zu unterstützen. Mehr als die dürftige Erklärung, er werde ihn wählen, brachte er nicht über die Lippen. Es ist erstaunlich, daß Jospin dennoch siebenundvierzig Prozent der Stimmen gewann – und womöglich den Sieg davongetragen hätte, wäre sein Gegner nicht Jacques Chirac, sondern Édouard Balladur gewesen. Der gaullistische Ministerpräsident in jener letzten Phase der *cohabitation* hatte mit seinem Stil der Sachlichkeit und bürgerlichen Bonhomie eine erstaunliche Popularität gewonnen. Seine ruhige Höflichkeit hielt ihn freilich nicht davon ab, dem alten kranken Mann im Élysée manche Privilegien der Macht zu beschneiden. Mitterrand sprach voll gekränkter Bosheit, auf die orientalische Herkunft Balladurs deutend, von dem «étrangleur ottomane»: dem türkischen Würger, der ihm die letzten Jahre im Amt vergälle. Es blieb kein Geheimnis, daß der Präsident Jacques Chirac durch kleine Botschaften ermutigte, seine Kandidatur anzumelden. Er schien diesen flexiblen und persönlich so liebenswürdigen Gaullisten nicht nur dem verhaßten Balladur, sondern auch seinem Parteikameraden Jospin vorzuziehen.

In gewisser Hinsicht kehrte François Mitterrand zu den Anfängen seiner Karriere zurück. Zwar hatte er die Machtfülle, die dem Präsidenten durch die Verfassung der Fünften Republik zugewiesen ist, mit einer Entschiedenheit für sich beansprucht wie vor ihm keiner der Präsidenten – mit Ausnahme des Generals selber, dem er einst vorgeworfen hatte, sein Regierungsstil sei der «Staatsstreich in Permanenz». Auch hatte kein anderer Hausherr im Élysée-Palast – wiederum außer de Gaulle – die Glorie des Wahlmonarchen mit gleicher Bedenkenlosigkeit für sich in Anspruch genommen.

War es am Ende seine Wanderung zwischen links und rechts, die ihn nicht nur zur Milde gegenüber den Weggefährten aus den Tagen von Vichy mahnte, sondern auch sein intensives Interesse an Deutschland bestimmte? Erklärte sich damit die Faszination, die ein Geist wie Ernst Jünger auf ihn ausübte, von dem man sagen konnte, daß er gleich ihm zwischen einem konservativen Lebensgefühl, radikalen Neigungen in der Jugend und einem Schuß Abenteurertum oszillierte?

Keinem anderen deutschen Intellektuellen – übrigens auch keinem amerikanischen, englischen, italienischen oder französischen Schriftsteller – ließ er die Auszeichnung zuteil werden, mit der er den uralten Autor der «Stahlgewitter» bedachte, den er zusammen mit dem deutschen Bundeskanzler in Jüngers süddeutscher Residenz aufsuchte. Ihn reizte das Gespräch mit diesem Zeugen des Jahrhunderts, der seinen eigenen Werdegang als ein Abenteuer höchsten Niveaus betrachtete. Der Autor des berühmtesten deutschen Kriegsbuches (neben Remarques «Im Westen nichts Neues»), das ein Dokument hohen Talentes, aber auch der Enthumanisierung des Soldaten auf den Schlachtfeldern von Verdun war, hatte sich vor dem Anbruch des Dritten Reiches im Dunstkreis der «konservativen Revolution» bewegt: einem Milieu, das durch die Berührungen der äußersten Rechten mit der äußersten Linken geprägt war – für François Mitterrand ein nicht ganz unvertrautes Gelände. Der Präsident nahm keinen Anstoß daran, daß sich Jünger während der Besatzungsjahre in der Uniform eines deutschen Offiziers in Paris aufgehalten hatte, mit geistreichen Gesprächen, erlesener Lektüre und seinen Aufzeichnungen über die Vulgarisierung des Zeitgeistes beschäftigt. Wichtiger war Jüngers Zugehörigkeit zum Widerstand.

Dachte der Präsident an diesen Zeugen, als er in der letzten großen Rede vor dem Abschied in Berlin von der Tapferkeit der deutschen Soldaten sprach – eine Eloge, die Frankreich trotz der langen Einübung in eine so enge und freundschaftliche Beziehung mit den Nachbarn für eine Schrecksekunde zusammenzucken ließ? Dachte er an seine Wächter im Kriegsgefangenenlager, die in der Mehrzahl brave Leute sein mochten? Dachte er an die jungen Soldaten der Bundeswehr, die er eingeladen hatte, an einer Parade auf den Champs-Élysées teilzunehmen, auf der ihre Väter oder Großväter bei ihrer Siegesfeier im Sommer 1940 mit klingendem Spiel, flatternden Standarten und im preußischen Stechschritt einhermarschiert waren?

François Mitterrand riskierte viel, das muß gesagt werden, für die Versöhnung der Deutschen und der Franzosen. Er nahm es in Kauf, daß seine Gesten als provozierend empfunden wurden und manche kaum vernarbten Wunden in den Seelen seiner Landsleute aufrissen. Nationalistische Sentiments waren ihm nicht fremd, und er hatte nicht zu den Europäern der ersten Stunde gezählt, die sich – wie der kluge und integre Lothringer Robert Schuman – schon wenige Jahre nach dem Ende des Krieges für eine Allianz Frankreichs mit dem besiegten Deutschland engagierten. Zu den Vorausschauenden, die sich für die Europäische Verteidigungsgemeinschaft ins Zeug warfen, gehörte er nicht. Doch er hatte seine Lektionen gelernt.

Dieser und jener Kritiker jenseits des Rheines warf ihm vor, die Europäische Union sei für ihn nur ein probates Mittel, die potentielle Macht Deutschlands in der Umarmung der Partner zu ersticken, und er habe die gemeinsame Währung nur erfunden, um die Vorherrschaft der gefürchteten Bundesbank zu brechen, ja, sein Europa sei nichts anderes als ein raffiniertes Instrument, für Frankreich die verlorene Weltgeltung und den Status einer Großmacht zurückzugewinnen.

Die Erfahrung lehrt, daß jener Nationalismus, der dem Partner unterstellt wird, für gewöhnlich im eigenen Busen wohnt. Der Vorwurf französischer Egozentrik deutet bei den deutschen Kritikern in der Regel verborgene Ambitionen an, die man aus Rücksicht auf die gefürchtete Meinung der Welt nicht allzu laut anzumelden wagt.

Natürlich verfolgte Mitterrand mit der Forcierung des europäischen Zusammenschlusses keine selbstlosen Ziele. Doch er hatte verstanden, daß die Vereinigung Europas mehr sein muß als die schöne Drapierung französischen Prestiges, mehr als der Trick, sich die fehlenden Energien von dem (angeblich) kraftstrotzenden Nachbarn am anderen Ufer des Rheines zu holen.

Mitterrand hielt die Wiedervereinigung der Deutschen für unausweichlich. Zugleich mag er sie gefürchtet haben. Er begriff sowenig wie die Mehrzahl seiner Landsleute und die Verantwortlichen in Bonn, daß die Erbschaft des einstigen ostdeutschen Staates, der in Grund und Boden gewirtschaftet war, für lange Jahre, vielleicht für Jahrzehnte ein Mühlstein am Hals der Bundesrepublik sein würde. Auch sah er – anders als sein kluger Landsmann Jacques Delors, damals Präsident der Europäischen Kommission in Brüssel – keineswegs voraus, daß der Notstand in den alten Industrierevieren der Deutschen Demokratischen Republik über die gewaltigen Subventionen aus Bonn hinaus das Engagement von beträchtlichen Hilfszahlungen der Europäischen Kommission in Brüssel verlangen würde. Kurz: auch er begriff nicht, daß die Wiedervereinigung keine Stärkung, sondern eine gefährliche Schwächung des Nachbarn bedeutete.

Gleichviel, ob er es mit einem stärkeren oder schwächeren Deutschland zu tun hatte: Europa war ihm mehr als die Potenzierung Frankreichs. Seine Vision von der Einheit des Kontinentes mochte sich zunächst aus dem Widerstand gegen die Bedrohung durch den vermeintlichen Koloß im Osten, vielleicht auch aus einem schwelenden Mißtrauen gegen die Übermacht der Vereinig-

93

ten Staaten nähren. Aber das war nicht alles. Vielmehr handelte er nach der Einsicht – wie der deutsche Kanzler auch –, daß die Lebensfähigkeit der französisch-deutschen Partnerschaft noch immer eine Frage von Krieg oder Frieden sei.

KAPITEL 7

Solidarität der
Besiegten

François Mitterrand wußte gut genug, daß er in seiner Kleinwüchsigkeit Hand in Hand mit dem teutonischen Riesen Helmut Kohl ein groteskes Paar abgeben würde. Sein Selbstbewußtsein war zu verletzlich, seine Eitelkeit zu flackernd, um die Gefahr der Lächerlichkeit bei ihrem gemeinsamen Auftritt nicht zu fürchten. Dennoch hielt er es bei dem Besuch des Schlachtfeldes von Verdun für angebracht, seine Hand in die des Kanzlers zu legen: ein bewegendes Bild, das dennoch zum Spott reizte.

Doch diese Geste der Versöhnung war mehr als der Versuch, es der Umarmung gleichzutun, die General de Gaulle dem Kanzler Adenauer nach der Unterzeichnung des Élysée-Vertrages dargeboten hatte, mehr als die Bemühung, sich mit einer symbolstarken Szene in die Geschichte einzutragen, die als Entsprechung des gemeinsamen Besuchs der Messe in der Kathedrale von Reims betrachtet werden sollte: einer der Augenblicke, die man historisch nennt. Mitterrand wußte sehr wohl, daß es nur wenige Bilder sind, die sich (in diesem visuellen Zeitalter) dem Gedächtnis der Menschheit einprägen – wie Charles de Gaulle und Konrad Adenauer, nebeneinander kniend im Gebet, und hernach der Kniefall Willy Brandts im einstigen Ghetto von Warschau.

Auf den Schlachtfeldern von Verdun waren viele hunderttausend Franzosen und Deutsche von ihren Kommandeuren im Kampf um ein paar Quadratkilometer befestigter Erde in den Tod getrieben worden: das schreckliche Symbol der «Urkatastrophe», die Europa zerriß. In den sogenannten Materialschlachten des Ersten Weltkrieges wurde, wohl zum ersten Mal in der Geschichte, das Leben von Menschen zum bloßen Kriegsmaterial, das verbraucht und vertan werden konnte wie der Stahl der Geschütze und der Sprengstoff der Granaten. Das anonyme Massensterben: hier hatte es seine ungeheuerliche Premiere. Hier wurden Menschen ausgelöscht, «als seien sie nichts wert», wie die Rede geht. Hier verlor sich das individuelle Schicksal im Brüllen der Kanonen. Hier zählte der einzelne nichts mehr. Hier brach, wenn nicht vieles täuscht, ein moralischer Widerstand zusammen, der ein Vierteljahrhundert später angesichts der Todesfabriken ein anderes Mal und auf bösere Weise versagte, schlimmer noch: von dem in den Vernichtungslagern keine Regung mehr zu spüren war, als hätte es das Gebot «Du sollst nicht töten» und die sittliche Zähmung der Menschheit, die von den Tafeln des Gesetzes ausging, niemals gegeben. In Verdun mag begonnen haben, was in Auschwitz endete: der Tod, nein, die Hinrichtung einer Zivilisation.

Es mag sein, daß den Kanzler und den Präsidenten keiner dieser Gedanken berührte, als sie Hand in Hand vor den Gräberfeldern von Verdun standen. Vielleicht nahmen sie nicht einmal wahr, daß sich an diesem Ort jede Heroisierung des Sterbens verbot, weil die Menschen auf jener von Granaten und Feuer gepflügten Erde keinen Heldentod fanden, sondern nur elend verreckten – eine Wahrheit, die das düstere Pathos der Monumente nicht zu überdecken vermag.

Dennoch, es war eine Tat von hoher Symbolik, daß der Präsident und der Kanzler die Verständigung an dieser Stätte des Grauens suchten. Sie begriffen, daß auf den Hügeln von Verdun (und an den Ufern der Somme) von Siegern und Besiegten nicht die Rede sein konnte: hier hatte die Menschheit eine Niederlage erlitten, und hier war die Menschlichkeit geopfert worden.

François Mitterrand hatte im zweiten Krieg, der aus dem er-

96

sten hervorging, als Soldat gedient; Helmut Kohl hatte immerhin noch die Bombennächte, das Rückfluten der deutschen Armee vor dem Einmarsch der Alliierten als Heranwachsender erlebt. Sie kannten beides: die sogenannten Siege und – dies besser – das Besiegtsein.

Der Kanzler hatte das Journalistenwort von der «Gnade der späten Geburt» auf etwas mißverständliche Weise unter die Leute gebracht; er hatte damit anzudeuten versucht, daß er zu seinem Glück zu jung war, um sich im Dienst der Diktatur schuldig zu machen – ein Vorzug, den nachfolgende Generationen nicht als ein moralisches Privileg betrachten sollten.

François Mitterrand war tiefer in das Regime von Vichy verstrickt, als man es ahnte. Er hatte in engster Nähe zu manchen Vertretern des Vasallenstaates gelebt, die ihre Hand zur Vollstreckung des deutschen Vernichtungsplanes für die Juden hergegeben hatten. Er kannte den französischen Antisemitismus aus den Erfahrungen seiner Jugend. Er wußte, daß die Judengesetzgebung von Vichy der des Dritten Reiches auf eine fatale Weise entsprach. Ihm war nicht unbekannt, daß bei der Jagd auf die Juden und den großen Razzien in den besetzten und unbesetzten Gebieten die Anwesenheit deutscher SS-Schergen in der Regel nicht notwendig war. Es kann ihm nicht verborgen geblieben sein, daß der Verfolgungseifer der französischen Erfüllungsgehilfen des Besatzungswillens dann und wann über die deutschen Wünsche hinausging. Er mußte klarer als andere zur Kenntnis genommen haben, daß Frankreich von der Schuld nicht unberührt war.

Ein Deutscher vermerkt dies alles nicht ohne Zögern, und er darf nicht ungesagt lassen, daß sich Frankreichs Schuld mit der des nazistischen Deutschlands niemals vergleichen läßt. Nichts gibt einem Deutschen das Recht, mit dem Finger über den Rhein zu zeigen, um mit einem Hauch von Erleichterung vor sich hin zu murmeln: «Die also auch ...»

Der Hinweis auf die Vernichtungshilfe, die von Vichy, von der Miliz und französischen Polizisten geleistet wurde, minderte die deutsche Schuld nicht um einen Deut, im Gegenteil: sie mehrte sich, indem sie andere mitschuldig gemacht hat.

Wenn dies festgestellt ist, dann ist es am Ende möglich, darüber nachzudenken, ob es auch die Schulderfahrung ist, von der die Verständigung zwischen den beiden Völkern leichter gemacht wird. Hier mag eine subtile Ironie am Werk sein, die nicht gutartig genannt werden kann.

Beide, Franzosen und Deutsche, haben die Bitterkeit der Niederlage erlebt. Vielleicht gibt es zwischen ihnen auch eine undeutliche Gemeinsamkeit, die sich als die Solidarität der Besiegten bezeichnen ließe?

Beide kennen sie das Geschick des Besetztseins. Beide hatten sich auf ihre Weise mit den fremden Truppen in ihren Städten arrangiert. Millionen Männer aus beiden Völkern waren für Wochen, für Monate, für Jahre in die Kriegsgefangenenlager gepfercht. Sie erlebten, daß der Alltag hinter Stacheldraht einen bitteren Geschmack hat. Sie lernten als Gefangene, als freiwillige oder deportierte Arbeiter die Fabriken des anderen Landes kennen, den Rhythmus der Arbeit, den Ton zwischen Vorgesetzten und Untergebenen. Manchmal gewannen sie sogar einen kleinen Einblick in die Lebensart der anderen. Sie schufteten in den Landwirtschaften, und oft ersetzten sie die Bauern auf den Höfen, gelegentlich in jeder Hinsicht.

Fühlten sich die schlichten Franzosen 1945 als Sieger? Sie feierten mit den amerikanischen Befreiern oft wilde Feste der Freude. Aber manchmal war ihnen auch zumute, als habe nur die Besatzung gewechselt. Viele der GIs wußten nicht ganz genau, wo sie sich befanden, ob noch in Frankreich oder schon in Deutschland. Die Franzosen wiederum vergaßen nicht, daß es vor allem amerikanische (und englische) Bomben waren, die ihre Städte in Trüm-

mer gelegt hatten, und sie sahen nicht immer ein, welchen militärischen Zwecken die Bombardements gedient haben mochten.

Und die Briten? Sie hatten seit Jahrhunderten keinen Krieg im
eigenen Land über sich ergehen lassen müssen. Seit Menschengedenken hatten sie nicht erfahren, wie dies ist: unter fremder Besatzung zu leben. Seit Cromwells puritanischem Regiment waren sie
von keiner Diktatur mehr heimgesucht worden: eine Leistung, um
die sie zu beneiden waren. Sie hatten in beiden Weltkriegen hohe
Blutopfer gebracht. Ohne ihre verbissene Tapferkeit, ihren trotzigen Widerstand und den Genius ihres Kriegspremiers Winston
Churchill wäre Europa für eine unabsehbare Frist der Willkür des
deutschen Diktators ausgeliefert gewesen.

Großbritannien hat das Schicksal des Kontinents manchmal ge-
teilt, doch niemals völlig erlitten. Es blieb stets einige Schritte weit
entfernt, jede zu enge Annäherung vermeidend. Nicht immer ging
es der – ein wenig hochmütigen und zugleich illusorischen – Emp-
findung aus dem Wege, daß seine Insellage mehr sein könnte als
eine geographische Fügung: nämlich ein Privileg, ja eine Tugend.
In den ersten Jahrzehnten nach dem Ende des Zweiten Weltkrieges, in denen Großbritannien einen natürlichen Anspruch auf die
Führung Europas im Prozeß seiner Vereinigung besessen hätte –
wie sie Winston Churchill in seiner visionären Züricher Rede im
Jahre 1946 beschwor –, zog sich das Inselvolk auf sich selber und
seine Sonderbeziehung zu den Vereinigten Staaten zurück. Es ließ
den Kontinent allein. Eine begrenzte britische Mitwirkung hätte
das Projekt der Europäischen Verteidigungsgemeinschaft retten
können: doch Churchill, dieser passionierte Fürsprecher der Einheit, winkte entschieden ab.

Großbritannien kannte weder die Niederlage noch die Schuld.
Noch immer beobachten seine Journalisten voll ungläubigem
Staunen, manchmal auch mit vulgärem Zynismus, wie die Men-
schen jenseits des Kanals mit ihrer Vergangenheit kämpfen. Es

fällt ihnen schwer, zu verstehen, was die Franzosen dazu treibt, ein halbes Jahrhundert nach dem Krieg einem Funktionär wie Maurice Papon den Prozeß zu machen.

Die Antwort ist einfach, und sie ist zugleich verwirrend. René Bousquet, der oberste Polizeichef von Vichy, der für die Verschleppung der Juden die Hauptverantwortung trug, fiel vor dem Beginn seines Verfahrens unter den Schüssen eines geistesgestörten Mörders (dem halb Frankreich auf heimliche Weise dankbar war). Andere Kandidaten für eine Anklage wegen eines Verbrechens gegen die Menschlichkeit starben eines natürlichen Todes, ehe sie belangt werden konnten. Wieder andere hielten sich im In- oder Ausland versteckt.

Der Papon-Prozeß hatte in mancher Hinsicht eine Stellvertreterfunktion: mit ihm stand der Typ des französischen Beamten vor Gericht, der jedem Regime mit gleicher Pflichttreue und kühler Korrektheit dient. Während der Besatzung fungierte dieser begabte und tüchtige Funktionär als Generalsekretär der Präfektur von Bordeaux. Er war ohne Zweifel über alle Vorgänge in seinem Département informiert, wie es das Amt verlangte, und er war der unmittelbare Vorgesetzte des zuständigen Funktionärs für die sogenannte Judenfrage. Damit traf ihn auch die Verantwortung für die Deportation von mehr als 1500 Juden über das Durchgangslager von Drancy in die Vernichtungslager, von denen er angeblich nichts wußte – und vermutlich nichts wissen wollte. Doch es mußte ihm klar sein, daß die Juden, unter ihnen einige Dutzend Kinder, nicht in Arbeitslager verschickt würden, in denen sie ein hartes und karges Leben fristen konnten – doch immerhin lebten.

Maurice Papon glich in seiner gewollten Blindheit vielen seiner Landsleute und der Mehrzahl der Deutschen. Natürlich bestritt er alle Vorwürfe. Der siebenundachtzigjährige Greis hätte in seiner Gebrechlichkeit manche Sympathien auf sich gezogen, wäre er den gequälten Zeugen nicht mit einem oft hochfahrenden Starrsinn begegnet. Man nahm mit unguten Gefühlen zur Kenntnis, daß ihm zu Beginn des Prozesses ein Hotel um das andere die Aufnahme verweigert hatte: ein Geächteter, ehe das Urteil gesprochen war. Doch niemals vermittelte der Angeklagte den Eindruck, daß er verstanden habe, wie den Menschen in Zeiten der Okkupation zumute sein mochte, die sich über Nacht aus der Gesellschaft ausgeschlossen sahen.

Der Mehrzahl seiner Landsleute schienen die Schatten der Vergangenheit, die sich über das Land und die öffentliche Debatte legten, eher lästig zu sein. Maurice Druon, ständiger Sekretär der Académie Française, einst Kulturminister und ein Schriftsteller eher mittleren Ranges, wollte endlich den «Schlußstrich», den berüchtigten, gezogen sehen – wie so viele der Nachbarn jenseits des Rheines. Man habe nichts gewußt, rief er erregt: nicht einmal die Juden hätten ihr Schicksal gekannt – warum sonst hätten sie «so lange ausgeharrt, um wie die Schafe geschlachtet zu werden»?

Daß es kein Land gab, in das die Juden fliehen konnten – von den Glücklichen abgesehen, die in der Schweiz, in Spanien oder in Portugal Aufnahme fanden –, das hatte sich zu dem alten Herrn nicht herumgesprochen. Als wolle er beweisen, daß Bildung keineswegs ein Schutz vor Dummheit ist, fügte er hinzu, daß der Prozeß «ausschließlich den Deutschen dient, die von einem anderen Rachekrieg träumen».

Der Linksjakobiner Jean-Pierre Chevènement ereiferte sich über den «nationalen Masochismus». Der sozialistische Regierungschef Jospin wiederum weigerte sich – darin Präsident Chiracs mutiger Erklärung des Jahres 1995 widersprechend –, Frankreich mit dem Regime von Vichy zu identifizieren. Der liberale Zentrist François Bayrou warnte vor der «ewigen Selbst-Flagellierung». Jean-Marie Le Pen erging sich in seinem üblichen Vorstadt-Zynismus: Der Prozeß, bemerkte er, sei «der Beweis, daß die Juden das einzige sind, das in der Welt zählt. Die Geschichte muß so geschrieben werden, daß sich alles um das Judenproblem dreht.» Dann fragte er, was mit den zehn Millionen Kriegstoten sei oder – immer zu Übertreibungen neigend – mit den 150 Millionen Opfern der Kommunisten.

Philippe de Gaulle schließlich, der Sohn des Generals, bemerkte ein wenig von oben herab, daß niemand durch dieses Verfahren etwas gewinne, das ohnedies auf theatralische Weise inszeniert sei: «Warum eröffnet man einen Prozeß über Ereignisse, die fünfzig Jahre zurückliegen? Wenn der General» – sein Vater – «noch unter uns wäre, gäbe es keinen Prozeß.»

Ahnte es der Sohn? Das Verfahren gegen Papon wurde, dies war die eigentliche Überraschung, nicht nur zu einer Abrechnung mit dem Geist von Vichy und mit der Beamtenschaft, die der deutschen Besatzung über die Pflicht zur Korrektheit hinaus willfährig gedient hatte, sondern plötzlich stand auch die Haltung von General de Gaulle zur Debatte.

Maurice Papon hatte rechtzeitig genug Kontakte zum Widerstand gesucht. Nach dem Abzug der Deutschen beteiligte er sich mit völliger Selbstverständlichkeit an den Jubelfeiern der Résistance, deren Mitgliedern er ohne ein Schwanken in der Stimme versicherte, daß er stets an ihrer Seite gewesen sei. Er konnte, der hoheitsvollen Duldung des Staatschefs gewiß und ohne jede Zäsur, seine Karriere fortsetzen, die ihn schließlich in die höchsten Ämter beförderte. Als Polizeipräfekt von Paris trug er im Oktober 1961 die Verantwortung für ein barbarisches Gemetzel unter protestierenden Algeriern, an dessen Ende an die zweihundert Leichen aus der Seine gefischt wurden, während Papon seinen Oberen zu melden vermochte, die «Schlacht von Paris» sei gewonnen. Während der Präsidentschaft von Valéry Giscard d'Estaing stieg der tüchtige Funktionär über ein gaullistisches Mandat zum Minister auf.

General de Gaulle hatte 1944 entschieden, sich beim Wiederaufbau der Institutionen im befreiten Frankreich auf das traditionelle

Corps der Beamtenschaft zu stützen, um eine amerikanische Verwaltung zu verhindern. Er nahm es in Kauf, daß manche der Herren sich zuvor mit dem Regime des Marschall Pétain oder mit den Deutschen eingelassen hatten. Die Alternative wäre die Fortdauer chaotischer Zustände gewesen, in denen die Kommunisten ihre Macht etabliert hätten. Dieses Risiko war dem General zu hoch: er verfuhr mit seinen Franzosen nicht anders als die Alliierten mit den Deutschen, die sich nach den ersten Phasen einer energischen «Denazifizierung» der Notwendigkeit eines Arrangements mit der erfahrenen Beamtenschaft beugten.

Im Gang des Verfahrens gegen Papon erwies sich, daß General de Gaulle dem Erzverbrechen des Nazismus, dem Vernichtungsfeldzug gegen die europäische Judenschaft, nicht allzuviel Aufmerksamkeit geschenkt hatte. Sein enger Mitarbeiter Claude Bouchinet-Sereulles, der in London an seiner Seite war, bezeugte, daß man im Hauptquartier des Generals «absolut nichts von den Gaskammern gewußt» habe. Es wäre seltsam, wenn dies der Wahrheit entsprochen hätte, denn schon 1942 gab Außenminister Anthony Eden im Parlament eine Erklärung über die Ausrottung der Juden von Osteuropa ab. Die Antwort des Befragten: «Journalisten sprechen schon von Ausrottung, wenn in Wahrheit nur rauhe Behandlungsmethoden vorliegen.» Frage: «Aber dies sagte kein Journalist. Dies sagte Außenminister Eden.» Antwort: «Doch das wurde ohne Zweifel am nächsten Tag von einem Journalisten aufgegriffen. Wie immer das sein mochte – ich kann mich an das Problem nicht erinnern.» Monsieur Claude Bouchinet-Sereulles wurde ferner gefragt, wie es zu erklären sei, daß der General sich auch nach dem Krieg niemals über die Judenvernichtung geäußert habe. Antwort: «Seine Feder führte ihn nicht in diese Richtung.»

Der alte Olivier Guichard, General de Gaulles Büroleiter in London, später Minister und einer der «Barone» des Gaullismus, zitierte im Zeugenstand eine Äußerung seines Chefs über Papon: der

103

sei, sagte Charles de Gaulle, zwar Präfekt unter Vichy gewesen, aber er habe später seinem Vertreter in Bordeaux wichtige Dienste geleistet. Für de Gaulle sei es kein Problem gewesen, fügte Guichard hinzu, erfahrene Beamte, die in Vichy gedient hätten, in seiner Regierung zu verwenden. Er stellte ferner fest: «Für de Gaulle hatte die Vergangenheit nur die Bedeutung, die Zukunft mitzuformen.»

Im Fortgang seiner Aussage wies Guichard darauf hin, daß alle Ministerpräsidenten de Gaulles auch dem Vichy-Regime gedient hätten (Georges Pompidou freilich nur als Gymnasial-Professor). «Es war», sagte der alte Herr, «als hätte es die Vergangenheit niemals gegeben.»

Die entscheidenden Feststellungen dieses getreuen Gefolgsmannes aber waren: «Wir haben zwei Mythen gelebt, die von de Gaulle inspiriert wurden: Das Vichy-Regime existierte nicht – und Frankreich gewann den Krieg.»

Das Verfahren gegen Papon wurde, dank dieser Erklärung, ein markanter Richtpunkt, der anzeigte, daß Frankreich sich aus der Welt seiner Mythen zurückzuziehen begann. Mehr als ein halbes Jahrhundert nach der Befreiung und dem Waffenstillstand erreichte der Prozeß der Entmythisierung die Résistance und den Gaullismus. Das war um so schmerzhafter, da die gaullistische Partei kurz zuvor in den Wahlen zur Nationalversammlung, die Präsident Chirac mit einer fast selbstmörderischen Fahrlässigkeit angeordnet hatte, eine vernichtende Niederlage hinnehmen mußte.

Fast gleichmütig schien die Mehrheit der Franzosen zur Kenntnis zu nehmen, daß sie so lange unter dem Schleier majestätischer Legenden gelebt hatte, auf die sich ihr Anspruch auf die Teilnahme am Sieg der Alliierten und auf die Rolle einer Großmacht gründete. Sie hatte andere Sorgen, und sie kannte, wenn sie sich selber auf Ehre und Gewissen befragte, die Wahrheit schon immer.

Überdies boten die Sozialisten in jenem Augenblick zum Trost einen anderen Mythos an, der freilich zerfleddert und von den Realitäten hart geprüft war: die Illusion, daß der fürsorgende Sozialstaat noch intakt und funktionsfähig sei, ja, daß er Lösungen für die drängenden Probleme der Arbeitslosigkeit, der Krise der Sozialversicherung und der Verschuldung des Landes parat halte.

Der naive Glaube an den Fortschritt und die Revolution aber ist schon lange angeschlagen: die «Religion der Republik», wie man den Kult des patriotischen Laizismus nennen könnte. Fällt Frankreich mit dem Verzicht auf die vertrauten Mythen in einen Zustand innerer Leere, die gefährlich sein könnte? Am Vorabend des Mai 1968 war in einem Leitartikel von «Le Monde» zu lesen, Frankreich langweile sich. Wenige Tage danach brach der Sturm los.

Ist es wieder an dem? Beginnt sich Frankreich nach dem Ende der Mythen zu langweilen? In den Hochsommertagen des Jahres 1998 schrieb ein Redakteur des «Monde», an den Vorgänger anknüpfend, Frankreich langweile sich nicht, sondern amüsiere sich, das Volk wie seine Regierenden. Es amüsiere sich wegen der gewonnenen Weltmeisterschaft, wegen der sacht anschwellenden Konjunktur, der versprochenen 35-Stunden-Woche (bei vollem Lohnausgleich), wegen der sinkenden Arbeitslosenziffern und vor allem wegen der Ferien, die Paris leer gefegt hätten, wären nicht die eingesessenen Bürger durch amerikanische, japanische und deutsche Touristen ersetzt worden. Doch vielleicht wollte der Kollege andeuten, daß sich hinter dem Lächeln die Ankündigung neuer Beunruhigungen verberge.

Ob Langeweile oder trügerisches Ressentiment: Es ist, als verharre die Gesellschaft in einer Art Niemandsland zwischen den Epochen. Die Nation weiß, daß sie sich selber nicht mehr genügt, wie sie es so lange getan hat.

KAPITEL 8
Die Jagd, die französische Ausnahme und der deutsche Sonderweg

Unser Freund Lolo, einst der Chefkommunist von Port Madeleine, trauert dem Gaullismus, dessen darf man gewiß sein, auch in den Augenblicken sentimental-patriotischer Rührung nicht nach. Die Wahrheit über Vichy kennt er ohnedies. Auf die Résistance läßt er, wir wissen es, bis zum Ende seiner Tage nichts kommen. Mit den immer wieder erzählten Berichten von den tollkühnen Streichen, die man der Besatzungsmacht gespielt hatte, die von Mal zu Mal an Dramatik gewannen, wurde er groß. Der Respekt vor den Opfern ist ihm selbstverständlich. Das moralische Verdienst der Résistance und die Erfolge im Kampf um die Rechte des kleinen Mannes, der seinen Weg bestimmte, fließen für ihn ineinander. Sie gehören zusammen.

Für Lolo gibt es keinen Zweifel: wer die Hand gegen die Traditionen der Résistance erhebt, schert sich den Teufel um die Errungenschaften der Arbeiter. Mehr als dreißig Jahre hat er selber in einem kleinem Staatsbetrieb gearbeitet, den ein Abgeordneter, dank seiner guten Beziehungen zu den Pariser Ministerien, vor vielen Jahrzehnten in der Nachbarschaft anzusiedeln vermochte, um Arbeitsplätze für einige hundert Menschen zu schaffen, die der Tourismus, der Weinbau und die kärgliche Fischerei nicht nähren konnten. Die Fabrik stellt Kriegsmaterialien her, von denen man sagt, daß sie von der französischen Flotte und von der Armee schon lange nicht mehr gebraucht würden. Vermutlich werden sie in die Dritte Welt geliefert, und es ist zu fürchten, daß sie da und dort helfen, die Streitkräfte düsterer Diktatoren auszurüsten.

Lolo wäre es lieber, mit seinen Kameraden nützlichere Produkte zu fertigen. Doch eine anständige Entlohnung der Belegschaft, humane Arbeitszeiten, die schließlich auf 38 Stunden reduziert wurden, und eine freundliche Ferienregelung interessieren ihn mehr.

Die Aufträge werden rar. Man munkelt von einer Schließung der Fabrik. Was dann? Der Abgeordnete, der übrigens der gaullistischen Partei zugehört, tut sein Bestes. Lolo aber beginnt zu erwägen, ob er nicht das Angebot der Frühpensionierung für sich in Anspruch nehmen sollte. Dann hätte auch er endlich Zeit, sich jeden Nachmittag gegen vier oder fünf Uhr, wenn die Sonne blasser zu werden beginnt, auf dem Boule-Platz einzufinden, und dann könnte er in grauer Morgenfrühe aus dem Bett steigen, um auf die Jagd zu gehen wie so viele seiner Landsleute: weit mehr als eine Million Franzosen besitzt einen Jagdschein, der nur eine lächerliche Gebühr kostet (verglichen mit dem schweren Geld, das die Nachbarn zu entrichten haben, wenn sie gelegentlich einen Rehbock oder einen Fasan zur Strecke bringen wollen).

Die Volksjagd ist eine Errungenschaft der Großen Revolution: eines der ersten Privilegien, das die Vertreter des Dritten Standes für die Bürger und Bauern eroberten. Darum pochen die Jäger hart auf ihre Rechte, auch wenn es in den Wäldern Frankreichs nicht mehr viel zu erlegen gibt, von den Wildschweinen im Midi abgesehen, die für den Abschuß gezüchtet werden. Die Waidmänner sind stets bereit, wenn es denn sein muß, auch Madame Brigitte Bardot *mores* zu lehren, die heilige Johanna der Hunde, Katzen, Esel und Pferde, Protektorin jedes Getiers, jeglichen Geschöpfes, kurz, all dessen, was springt und läuft, kreucht und fleucht. Sosehr die Jägersleute auf Höflichkeit gegenüber den Damen bedacht sein mögen: wenn es um ihr Recht geht, die hübschesten Vögelchen ab-

zuknallen – mögen sie noch so niedlich trällern –, verstehen sie sowenig Spaß wie ihre italienischen Pirsch-Brüder, und sie zögern
nicht, auch Madame Bardot die Faust zu zeigen, obschon sie immer
noch eine schöne Person ist, mit leichtem Silberblick und Schmollmund. Wenn es um das Waidwerk geht, vergessen sie sogar, daß sie
zum anderen mit dem Zorn der Diva gegen die Maghrebiner und
anderes ausländisches Gelichter in tiefster Seele sympathisieren.
Zwar wehrt sich die Dame, in der die Nation einst ihre sensuellen
Talente feierte, mit bemerkenswerter Eloquenz gegen den Vorwurf, sie mache sich mit den Rassisten gemein. Ihre Kritik an den
Fremden, darauf besteht sie, gelte nur den Schlachtmethoden, die
sie für barbarisch hält. Zum anderen ist es kein Zufall, daß ihr Le-
bensgefährte zu den Freunden von Jean-Marie Le Pen zählt.

Den robusten Flirt mit dem Front National verzeiht ihr Lolo
nicht. Er ließ sich zu einer eher vulgären Geste hinreißen, als ein
Zugereister aus dem Norden – einer von denen, die man unter den
Eingesessenen die *parachutés* nennt, weil sie irgendwann vom
Himmel in den Midi gefallen sind –, als einer von diesen Groß-
mäulern im «Café des Sports» lauthals verkündete, der heilig-un-
heiligen Brigitte müsse ein Denkmal am Hafen von Saint-Tropez
errichtet werden, neben der Statue des dicken Monsieur de
Suffren, der ein Seeheld des achtzehnten Jahrhunderts war, weil
niemand so viel für die Entwicklung des Tourismus geleistet habe
wie diese kleine Person, die das Städtchen durch den Film «Und
Gott erschuf die Frau», genauer durch ihren Mut, sich der Kamera
für einen Augenblick ganz und gar unverhüllt darzubieten, zu
einem Begriff in der Welt gemacht habe.

Nein, für die Bardot – ihren Ruhm als Marianne hin oder her –
zieht Lolo nicht zu Felde. Wohl aber stieg er an einem grauen
Wintermorgen in den Autobus wie Tausend andere, um mit den
Jagdkameraden – mehr als einhundertdreißigtausend waren es
insgesamt – gegen die Gebote der grünen Ministerin Dominique

Voynet und vor allem gegen die Bürokraten von Brüssel zu demonstrieren, denen die Vögel wichtiger sind als die althergebrach-
ten Rechte der Bürger Frankreichs und ihre Traditionen, bedeutsa-
mer als das unschuldige Vergnügen, das ihnen zuteil wird, wenn
sie morgens vor Tau und Tag die Schrotflinte schultern, um den
Wachteln und Rebhühnern oder, Gott behüte, auch den köstlichen
Waldschnepfen nachzustellen, die François Mitterrand mit solcher
Leidenschaft liebte, daß er – wie ein Vertrauter berichtete – noch
auf der Schwelle des Todes beim letzten feierlichen Silvester-
schmaus mit den Getreuen angeblich ein halbes Dutzend verspei-
ste. Der Präsident selber hatte sich wohl niemals der Passion für
die Jagd hingegeben, doch er respektierte die Partei der Jäger, die
über alle ideologischen Grenzen und die Klassenschranken hinaus-
greift, ja von der man sagt, daß sie zu den mächtigsten Formationen der Gesellschaft zähle.

Vertreter der kommunistischen Partei saßen in Paris Seite an
Seite mit den Abgesandten des Front National auf der Tribüne, um
das Defilee der zornigen Jäger abzunehmen. Ungerührt nahmen
sie die Beleidigungen zur Kenntnis, mit denen die Ministerin
überschüttet wurde: eine Manifestation des *machismo*, der auf
solch rüde Weise den infantilen Kern der brachialen Maskulinität
offenbarte.

Nein, der Mythos der Jagd ist in Frankreich nicht gebrochen.
«Tartarin de Tarascon», die unsterbliche Figur von Alphonse Dau-
det, bleibt unter den Zeitgenossen präsent, obschon niemand das
Mysterium der Jagd völlig zu entschlüsseln vermag. Das Bedürfnis, die Vorratskammer oder die Kühltruhe zu füllen, kann nicht
der entscheidende Antrieb sein, denn es ist einfacher, im nächsten
supermarché oder in einer wohlassortierten Metzgerei einen Ha-
senschlegel, einen Rehrücken oder ein Hirschsteak zu erwerben:
allesamt importiert, wie sich versteht, da dieses kostbare Getier
fast nur noch im Elsaß gedeiht dank der strengeren Jagdvorschrif-

ten aus den Zeiten deutscher Herrschaft, die sowohl 1918 als auch 1945 ihre Geltung behalten durften (wie übrigens auch das Konkordat und die Regelung für die Besoldung der Priester und Pastoren).

Allerdings ist zu bedenken, daß ein Wildschweinbraten polnischer Herkunft niemals so delikat schmecken kann wie eine *Daube de sanglier*, die von der selbstgeschossenen Sau stammt. Doch wie selten wird den Waidmännern das Glück zuteil, triumphierend den Fuß auf die erlegte Bestie zu stellen und sich in der Pose des Siegers über die wilde Natur fotografieren zu lassen! Frankreich ist, Wildschweine und Kaninchen ausgenommen, nahezu leer geschossen. So kann es, soweit rationale Erwägungen im Spiel sein sollten, nicht die Lust an der Beute sein, die die Männer zu unchristlicher Stunde aus den Federn treibt und in die Wälder und in den *maquis* streben läßt. Nur Männer – denn es ist nach wie vor nahezu ausgeschlossen, daß sich eine Frau zu ihnen gesellt, Gleichberechtigung hin, Emanzipation her.

Vielleicht ist dies der Kern des Geheimnisses: die Jagd ist vermutlich das letzte Refugium (neben den Klöstern und den Clubs der Homosexuellen), in dem sich eine unverfälschte Männergesellschaft behaupten darf. Auch am frostigsten Wintermorgen wird den Nimrods und Tartarins das wärmende Erlebnis einer verschworenen Gemeinschaft zuteil, in der jeder über die gleichen Scherze dröhnend lachen darf, jeder die gleichen Flüche flucht, die gleichen Erregungen teilt, wenn die Meute ein Tier zu verbellen beginnt, und deren Brust sich die gleichen urmenschlichen Jubelschreie entringen, wenn der Eber, dem sie so lange Wochen auf der Spur waren, endlich die viere von sich streckt.

Der Mythos der Jagd mag ungebrochen sein, und in gewisser Hinsicht gehört auch er zu den *exceptions françaises*, denn der Leidenschaft des Waidwerkes hängen in Frankreich mehr als doppelt so viele Bürger an wie in Deutschland oder in Großbritannien, weit mehr als in Italien: eineinhalb Millionen Männer sind Mitglieder der «Union nationale des chasseurs», zweihunderttausend allein gehören der «Association nationale des chasseurs de gibier d'eau» an – dem «Nationalverband für die Jagd auf Wasservögel». Bei den Europawahlen des Jahres 1989 präsentierten die Waidmänner eine eigene Liste, mit der sie auf Anhieb mehr als vier Prozent der Stimmen gewannen. Wichtiger ist freilich ihre Präsenz in den großen Parteien, von den Kommunisten über die Sozialisten und die Gaullisten bis hin zur Nationalen Front.

Ein Kolumnist von «Le Monde» sprach mit dem Blick auf das Phänomen der Jagd voller Ironie von der *exception culturelle*. Sieh an – wir täuschten uns nicht: da ist sie, die so oft zitierte «französische Ausnahme». Doch ist sie nicht ihrerseits einer der großen Mythen, von denen wir vermuten, daß sie nicht mehr allzu fest in der Realität verwurzelt sind? Doch «Mythen», schrieb der große Historiker Lucien Febvre, «Mythen bedürfen keiner Wirklichkeit, um Gestalt anzunehmen».

Ist jene Besonderheit, auf die sich viele Franzosen so gern berufen – und die draußen in der Welt so oft einer Prise Spott begegnet, in der sich Sympathie und Nachsicht mischen –, nicht in mancher Hinsicht ein Produkt der Imagination? Entspricht sie nicht einem Wunschdenken, in dem sich Eigensinn und schierer Trotz mit der Bereitschaft zur Flucht aus der Realität zusammenfinden? Vielleicht ist sie in der Tat eine Täuschung (und nicht immer eine schöne)? Sind die Franzosen – ob es ihnen gefällt oder nicht – am Ende nicht gar so anders als die anderen?

Das Bild, das die Kinder des Landes vermitteln, scheint den Verdacht zu bestätigen, daß sie auftrumpfend und gelegentlich auch beleidigt auf ihrer Sonderrolle beharren. Wie oft scheint Frankreich der Welt den nicht immer erheiternden Anblick einer verwöhnten Göre zu bieten, die – von der Wiege auf verhätschelt und umschmeichelt – nur mit dem Füßchen zu stampfen und die Lippen schmollend aufzuwerfen braucht, um zu bekommen, was sie will, gleichviel ob es ihr zusteht oder auch nicht. Wie oft schlagen die Außenminister, die Regierungs- und Staatschefs in den Hauptstädten der Welt seufzend das Kreuz, wenn der französische Botschafter anklopft, um mitzuteilen, daß man die Lage in Paris erstens ganz anders sehe als in Washington, London oder Bonn und überall sonst, daß sich zweitens der Präsident der Republik keinesfalls mit der angestrebten Lösung des anstehenden Problems einverstanden erklären könne, daß drittens über einen Kompromiß vielleicht zu reden sei, wenn die Personalvorstellungen bei der Besetzung des Komitees den französischen Anregungen entspreche. Wenn Paris seinen Willen durchsetzt – um so besser. Wenn es auf Widerstand stößt, der sich weder über den Haufen rennen noch in absehbarer Zeit unterminieren läßt, dann mag es sich für eine Weile grollend zurückziehen, um nach einer Schonfrist für die eigenen verletzten Gefühle ohne weiteren Lärm wieder den Anschluß bei der Mehrheit zu suchen.

Manchmal scheint es nur das ungezügelte Temperament oder der überbordende Elan des Augenblicks zu sein, der die Mächtigen des Landes veranlaßt, die Partner und Nachbarn mit plötzlichen Entschlüssen, einsamen Entscheidungen, überstürzten Deklarationen, ungeprüften Projekten und Aktionen ohne Absprache zu überraschen, zu irritieren und gelegentlich vor den Kopf zu stoßen. Das mag um so beschwerender sein, da Frankreich keine Weltmacht mehr ist, vielleicht nicht einmal eine Großmacht im klassischen Sinn, trotz der nuklearen *force de frappe*, die jederzeit ein Vielfaches der Verwüstungen von Hiroshima und Nagasaki anzurichten vermag, trotz seines Vetos im Sicherheitsrat, das es fürs erste nicht an die Europäische Union abzugeben bereit ist, trotz der Operationsfreiheit für seine Streitkräfte, die es nach langwierigen und ermüdenden Verhandlungen über ihre Reintegration in die militärische Struktur der Allianz fürs erste doch nicht dem Oberkommando der NATO unterstellt hat (was übrigens niemand als untragbaren Zustand betrachtet, da sich die NATO seit dem abrupten Rückzug de Gaulles im Jahre 1967 auch ohne die Präsenz französischer Generäle in ihren Stäben recht erfolgreich behauptet hat).

Aber was ist heutzutage eine Großmacht? Wie definiert sie sich? Durch die Atomwaffen? Was taugt eine nukleare Rüstung, der seit dem Zusammenbruch des sowjetischen Imperiums die Ziele entzogen wurden? Was sind Bomben wert, von denen man nicht weiß, wohin man sie werfen soll? Oder ergibt sich die Großmacht-Stellung aus der Bevölkerungszahl? Aus den Produktionsziffern der Wirtschaft? Aus dem finanziellen Potential?

Die Wirtschaft und die Finanzen Frankreichs aber sind – wie die der Deutschen – tausendfach mit denen der Nachbarn und Handelspartner verwoben. Sie potenzieren sich durch die Europäische Union – und sie werden zugleich in der Bindung gezähmt. Nach der Zahl seiner Bürger rangiert Frankreich ein gutes Stück hinter Deutschland und Japan, weit hinter Rußland und den Vereinigten Staaten, von China nicht zu reden. Selbst die militärische Unabhängigkeit, die es angeblich wie seinen Augapfel hütet, ist in Wahrheit limitiert: Auf dem europäischen Kontinent verlangen die feierlich beschworenen Verträge der Freundschaft und Kooperation eine kontinuierliche Abstimmung mit den Nachbarn und dem großen Bruder jenseits des Atlantiks. Einen Teil seiner Streitkräfte unterstellte Frankreich aus freien Stücken dem gemeinsamen Kommando im Euro-Corps. So bleibt als ein halbwegs freies Operationsfeld lediglich Schwarzafrika, wo sich die Eingreiftruppen, zumal die Fremdenlegion, mit unterschiedlichem Glück für dieses oder gegen jenes Regime engagierten – wie denn insgesamt zu sagen ist, daß Frankreichs Afrika-Politik, die es als seine ureigene Domäne betrachtet, von keinem untadeligen Geschick zeugt (siehe die Massenschlächtereien in Ruanda, für die den fahrigen

Manövern der Pariser Experten eine gewisse Verantwortung zukommt).

So ist Frankreich – trotz der internationalen Privilegien, die ihm die formidable Willenskraft und der majestätische Stolz General de Gaulles erkämpften – bei nüchterner Abwägung eine mittlere Macht, die sich durch den Besitz von Atomwaffen akzentuiert. Dann und wann scheint der Hausherr im Élysée-Palast der latenten Neigung zu erliegen, dies zu vergessen.

Niemand unterstellt Jacques Chirac, der den Ruf eines freundlichen und warmherzigen Menschen genießt, auch nur eine Spur von schlechtem Willen. Doch immer wieder handelt er, als sei Frankreich allein in der Welt. Gegen den Unmut des ganzen Erdkreises und den Zorn eines guten Teils der eigenen Bürger bestand er darauf, die Serie der Atomversuche in der Südsee bis zur letzten Bombe durchzupauken, obschon an ihrem militärischen und wissenschaftlichen Wert gezweifelt wurde. Er verfügte die Umwandlung der französischen Streitkräfte in eine professionelle Armee, ohne den deutschen Bundeskanzler über diese Entscheidung zu informieren oder sie mit ihm abzustimmen, wozu ihn der Freundschaftsvertrag mit der Bundesrepublik und die schiere Rücksicht auf die Interessen des Nachbarn oder die militärische Teilintegration im Euro-Corps verpflichtet hätte.

Es gäbe andere Beispiele für jene Resolutheit, die man in höflicher Umschreibung spontan nennen könnte. Der Staatschef scheint dann und wann aus den Augen zu verlieren, daß Frankreich auf die Kooperation mit seinen Nachbarn, auf ihren guten Willen und das Prinzip des Ausgleichs der Interessen angewiesen ist. Auch sein Vorgänger Mitterrand zeigte sich gegen diese Versuchung nicht immer gefeit. Manchmal brauchte es eine sanft-unsanfte Mahnung seines Freundes Helmut Kohl, der hinter dem Gebirge seines gewaltigen Körpers eine nicht völlig uneitle Sensibilität verbirgt, um den Präsidenten an das Gebot der Partnerschaft zu erinnern.

Paris ist weit von Port Madeleine, aber die hauptstädtische Wirklichkeit ist auch von unserem entrückten Nest aus gelegentlich klar zu durchschauen. Unser Freund François Ventimiglia zum Beispiel, der Garagist und Carrosseur von Port Madeleine, deutet bei meinen Visiten gern auf die carambolierten Wagen, die in seinem Hof auf die Reparatur warten. «Keine Geduld», sagte er. «Sie fegen über die Straße, als seien sie allein auf der Welt.» Er sagt auch: «Sie führen sich im Verkehr allemal auf, als seien sie Bonaparte und müßten die Schlacht von Jena schlagen.» Dann pocht er auf die Zeitung, die auf seinem Schreibtisch liegt: «Immer zu rasch, auch die Herren in Paris», bemerkt er, «immer zu hastig, immer zu selbstgewiß.» «Das ist der Geist des ‹Cocorico›», fügt er regelmäßig hinzu, die Mundwinkel nach unten gezogen, zugleich mit den Augen lachend: das sei der Geist des blinden Mutes, der dem gallischen Hahn befehle, sich ohne langes Besinnen auf den Feind, den Konkurrenten, auf das ausgeschüttete Korn oder ein Weibchen zu stürzen, das französische Draufgängertum, das die Realitäten so oft erst nach dem Aufbruch ins Auge fasse.

In seinem politischen Testament sprach der Historiker François Furet mit dem gebotenen Ernst vom «Autismus» der Franzosen. Aber dies gilt für alle Völker, die der Versuchung nachgeben, die Nation als das überragende Kriterium zu betrachten, das ihr Verhältnis zu den anderen und zur Wirklichkeit bestimmt. Keine Gestalt der Geschichte personifiziert den oft so tragischen und manchmal auch nur lächerlichen Widerspruch zwischen nationaler Ambition und den realen Verhältnissen der Welt mit gleich einschüchternder Schroffheit wie Napoleon Bonaparte, von dem man sagen könnte, daß er Triumph und Scheitern der *exception française* schon vor annähernd zwei Jahrhunderten inkarnierte.

Der Kult um den Korsen aber ist auch zweihundert Jahre nach seiner Parforce-Jagd durch die Weltgeschichte noch immer lebendig. Mehr als vierzig Prozent der Franzosen bekennen, daß sie ein positives Bild des Kaisers in ihrem Herzen tragen. Die Gründe sind offensichtlich: der Korse war es, der mit präziser Härte der tiefgreifenden Wandlung von Staat und Land durch die Französische Revolution eine festgeprägte Gestalt gab, obwohl er die entscheidende Errungenschaft des Jahres 1789, die Freiheit, durch sein autoritäres Regime erstickte und das Ideal der Gleichheit durch die Etablierung des napoleonischen Adels kurzerhand außer Kraft setzte.

Es blieb der *code civil*. Es blieb die Botschaft einer neuen Zivilisation, die er bei seinen Eroberungszügen quer durch Europa bis zu den Toren Moskaus trug. Es blieb die Erinnerung an den Elan eines modernen Geistes, der die alte Ordnung des Kontinents so gründlich erschütterte, daß ihr Zusammenbruch – nach der langen Atempause der Restauration – nur eine Frage der Zeit war. Es blieb das Rauschen des Ruhmes der Weltmacht Frankreich, dem manche seiner Söhne noch heute voller Verzücken nachlauschen, obwohl die Wirklichkeit des napoleonischen Regimes am Ende nichts als eine gloriose Katastrophe war, die nicht nur die Nachbarvölker ins Elend stürzte, sondern vor allem von Frankreich selber die entsetzlichsten Opfer verlangte. Man zählte damals sechsunddreißig Millionen Franzosen, von denen wenigstens eine Million auf den Schlachtfeldern blieb. Historiker, die sich von den Triumphen des Kaisers nicht blenden ließen, sahen in dieser fatalen Schwächung die Ursache für die Unfähigkeit Frankreichs, dem aufstrebenden Preußen im Fortgang des Jahrhunderts jenen Widerstand entgegenzusetzen, den es gebraucht hätte, um ein europäisches Gleichgewicht zu garantieren.

Das ist eine interessante Vermutung, die sich kaum exakt beweisen läßt, doch soviel ist gewiß: der französische Nationalismus im Zeichen Napoleons rief den deutschen Gegennationalismus auf den Plan, der freilich von Beginn an nicht nur von der treuherzigen Biederkeit erfüllt war, die ihm später so gern attestiert wurde.

116

Der *furor teutonicus* war vielmehr in seinen exzentrischen und hysterischen Protesten gegen die Welt der Aufklärung, der Vernunft und der bürgerlichen Gesinnung von Beginn an präsent: siehe das übermächtige Ressentiment, das in der «Hermannsschlacht» des genialen preußischen Neurotikers Heinrich von Kleist sein Unwesen treibt, siehe den kulturfeindlichen Grobianismus in den patriotischen und antiwelschen Pamphleten des Turnvaters Jahn, siehe die franzosenfresserische und obendrein antisemitische Wut in den Schriften von Ernst Moritz Arndt, siehe die nationale Metaphysik, die der wortgewaltige Fichte zu kreieren versuchte.

Natürlich hat der Kampf gegen Napoleon nur geweckt, was im Grunde mancher deutschen Gemüter schon lange darauf gewartet hatte, ans Tageslicht zu treten. Vielleicht rührten die deutsche Weltangst, die deutschen Komplexe und das Ressentiment, das sich von ihnen nährte, noch aus der leidvollen Erfahrung des Dreißigjährigen Krieges, der mehr als die Hälfte der deutschen Städte und Dörfer verwüstet und die Zahl seiner Seelen um mehr als ein Drittel vermindert hatte: die eigentliche Urkatastrophe am Beginn der Neuzeit.

Auch Frankreich hatte durch die Religionskriege die bittersten Verluste erlitten, von denen es sich nur langsam erholte. Doch es hatte seine Kräfte in dem Jahrhundert des Friedens zwischen den Konfessionen seit dem Edikt von Nantes, das Heinrich der Vierte, der gute (und so durchtrieben schlaue) König, im Jahre 1598 erlassen hatte, wieder zu sammeln vermocht – bis Ludwig der Vierzehnte mit der Aufkündigung der religiösen Toleranz durch das Gegenedikt von Fontainebleau den Volksprotestantismus im Südwesten von neuem mit Feuer und Schwert überzog und zugleich Abertausende seiner hugenottischen Untertanen in die Emigration nach Holland, Brandenburg, Großbritannien und ins ferne Amerika trieb: eine selbstverordnete Schwächung des Staatswesens

117

und seiner Gesellschaft, die durch die Eroberungskriege des Sonnenkönigs nicht völlig ausgeglichen werden konnte. An den sogenannten Reunions-Kriegen, in denen die Provinzen des Reiches immer wieder den marodierenden Horden der königlichen Armeen preisgegeben waren, rieb sich das patriotische Gemüt der Deutschen, das sich von den Verletzungen des Dreißigjährigen Krieges noch nicht erholt hatte, ein anderes Mal auf.

Dorthin führen die Wurzeln der fatalen deutschen Verkrampfung in einer ewigen Opferrolle zurück: der Protest des chronisch Zu-kurz-Gekommenen, des permanent Zurückgesetzten, des angeblichen Märtyrervolkes, mit anderen Worten, des dumpfen Seelengebräus aus beleidigtem Stolz, gereizter Demütigung und eines hochfahrenden Überlegenheitsdünkels, das sich des deutschen Wesens im Wilhelminischen Reich zu bemächtigen begann, schon damals von rassistischen Wahnideen durchsetzt, die mit dem Nationalsozialismus ihren düsteren Triumph erlebten.

Der deutschen Gegennationalismus war, dies läßt sich leider nicht leugnen, bis zu einem gewissen Grade die schreckliche Frucht des französischen Nationalismus. Die *exception française* kehrte freilich – mit einem unschuldigen Lächeln – immer wieder zu den Normen der westlichen Zivilisation zurück (die sie selber so wesentlich mitgeschaffen hat): ihr entsprach der «deutsche Sonderweg», der schließlich – anders als in Frankreich – zur protestierenden Abkehr von der Zivilisation, zum «Abmarsch in die Barbarei» (um mit Friedrich Sieburg zu sprechen), ja zum Aufbruch in die schrecklichste Katastrophe der Menschheitsgeschichte führte.

KAPITEL 9
Französische Weltferne – deutsche Weltfremdheit

Die Geschichte der europäischen Kriege ist mit dem Zusammenbruch des Dritten Reiches im Mai 1945 an ihr Ende gekommen. Nach einem letzten Amoklauf, der Abermillionen Menschenleben verschlang, schienen sich die Nationalismen des alten Kontinentes endlich erschöpft zu haben. Vielleicht war es die deprimierendste Versündigung des Nationalismus, daß er auch die Kultur und die Künste immer aufs neue für sein Streben nach Dominanz, Eroberung und Unterwerfung mobilisierte. Der hellsichtige Lucien Febvre hatte schon 1935 – eine vergebliche Warnung – in seiner «Geschichte des Rheins» geschrieben, daß es nicht angehe, in der Vergangenheit die Rechtfertigungen für immer neue Gewalttaten zu suchen. Nichts in der Tat ist bedrückender als die intellektuelle Kriegsführung, in die sich die Eliten unserer Völker immer wieder verstricken ließen.

Das Sündenregister auf beiden Seiten ist lang. Wer es aufschlägt, geht das Risiko ein, die Feindseligkeiten von neuem zu eröffnen. Vielleicht trifft es nicht völlig zu, daß die Franzosen eher dazu neigten, die Nation in den Dienst der Kultur zu stellen, während die Deutschen auf den dunkelsten Wegstrecken dieses Jahrhunderts eher umgekehrt verfuhren und die Kultur – oder den dürftigen Rest, der von ihr blieb – ganz der Nation zu verpflichten versuchten. Freilich ist es auch wahr, daß die Kultur der Deutschen mit ihren freiesten Geistern und in ihren guten Augenblicken stets über die Nation hinaus in die Welt drängte. Nicht von ungefähr

119

wurde der Begriff «Weltliteratur» einst in dem Städtchen Weimar geprägt, das in Goethes Epoche nicht viel mehr als die freundlich-provinzielle Residenz eines winzigen Fürstentums war.

Die Franzosen verstanden seit der Revolution ihren nationalen Auftrag als eine universelle Mission. Anders als ihre deutschen Nachbarn aber waren die Intellektuellen Frankreichs kaum je bereit, die universelle Dimension ihres Dienstes an der Menschheit aus dem Bannkreis des Nationalen zu lösen. Das Engagement für die Menschheit schien auf natürliche Weise stets auch ein Engagement für Frankreich zu sein – und umgekehrt. Es ist nicht sicher, daß diese Gleichung immer aufging. Der Mythos schien auch hier von Zeit zu Zeit die Wirklichkeit zu überwuchern.

Das klassische Mittel der kulturellen Expansion war – sofern sie sich nicht auf die Bajonette Ludwigs des Vierzehnten oder Napoleons stützte – von jeher die Sprache. In der Tat war das Französische für zwei oder drei Jahrhunderte die Weltsprache, in der sich der universelle Anspruch erfüllte. Sie war es, merkwürdig genug, selbst in einer Epoche, in der kaum jeder zweite Bürger des französischen Staates sich im Alltag der Nationalsprache bediente – sofern er sie beherrschte. Eine Karte der Sprachzonen im Jahre 1835, die der amerikanische Historiker und Frankreichexperte Eugen Weber publizierte, demonstrierte auf eindrucksvolle Weise, daß sich die Mehrheit der Franzosen damals in ihrem Alltag kaum des kostbaren Idioms bediente, das zu jener Zeit an den meisten der europäischen Höfe, in den Kreisen des Adels und des gehobenen Bürgertums bis weit nach Osteuropa die Sprache der gepflegten Konversation, der diplomatischen Noten und oft genug die Sprache der Liebesbriefe war. Im Norden Frankreichs aber wurde Flämisch gesprochen, im äußersten Westen Bretonisch, im Westen Baskisch – ein Idiom, das in Europa ohne Familie und unmittelbare Verwandtschaft ist –, im weiten Vorfeld der Pyrenäen Katalanisch, in der Provence Okzitanisch und Provenzalisch, in Korsika und in manchen Alpentälern italienische Dialekte, im Elsaß Alemannisch und in Lothringen ein dem Luxemburgischen verwandter Dialekt. Im Reich Louis Napoléons waren, wie eine zweite Karte aus dem Jahre 1863 belegt, die Nachbarsprachen und Dialekte schon weit zurückgedrängt, während draußen in der Welt das Englische mit dem Französischen um den Rang und den Einfluß der *lingua franca* unserer modernen Welt zu konkurrieren begann.

Am Ende des zwanzigsten Jahrhunderts ist das Französische weit in den Schatten des Englisch-Amerikanischen und des Spanischen getreten (vom Geltungsbereich des chinesischen Mandarin nicht zu reden). Selbst in den Hauptstädten Osteuropas, in denen die Blicke immer voller Sehnsucht und Respekt auf Paris gerichtet waren, herrscht das Englische und, aus praktischen Gründen, das Deutsche vor.

Dennoch hielten die französischen Politiker jeder Couleur am Ideal der «francophonie» fest, von der sie gern mit einem beseelten Lächeln sprechen, als öffne der Begriff die Pforten des Paradieses – was er in der Tat in diesem oder jenem Glücksfall vermochte: nur an die Gedichte und die Essays von Léopold Senghor zu denken, der Senegal lange Jahrzehnte als Staatspräsident diente und der zugleich einen wohlverdienten Sitz unter den «Unsterblichen» der Académie Française einnahm. Für diesen Staatsmann, der sein Land in die Unabhängigkeit führte, war es selbstverständlich, daß er die kulturelle Renaissance der *négritude* in französischer Sprache verkündete.

Kern der Frankophonie außerhalb des Mutterlandes sind die sechs Millionen Bürger der schönen Provinz Québec, die seit ihrer «stillen Revolution» zu Beginn der fünfziger Jahre und einem terroristischen Zwischenakt längst einen autonomen Status in der kanadischen Föderation gewonnen haben. General de Gaulle schien mit seinem Vivat auf das «Québec libre!», das er vom Balkon des Rathauses von Montreal einer jubelnden Menge zurief, den Weg

121

in die Unabhängigkeit der Franko-Kanadier zu begünstigen. Unterdessen scheut man in Paris die offene Unterstützung des *parti québécois*, der lieber heute als morgen die «Souveränität» etablieren würde (was immer sie sein mag). Eine Ermutigung des radikalen Nationalismus, der eine Minderheit dort drüben an den Ufern des Sankt-Lorenz-Stromes behext, empfiehlt sich für Paris kaum, denn Kanada kann, da es eine der Säulen des atlantischen Bündnisses ist, Respekt von seiner Einheit verlangen. Aller Enthusiasmus für die frankophone Weltgemeinschaft und die wehmütige Erinnerung an das gewaltige nordamerikanische Reich der französischen Krone, das am Ende des Siebenjährigen Krieges preisgegeben wurde, kann die besorgte Frage nicht zerstreuen, ob Québec in der Isolation von seinen angelsächsischen Nachbarn zu überleben vermöchte – zumal das Bekenntnis zu der kulturellen Bindung an Paris von den kanadischen Mitbürgern ohne Widerstand akzeptiert wird.

Noch immer zählen die Menschen Schwarzafrikas zu den treuesten Bürgern der Frankophonie, obwohl man gewiß sein kann, daß nur eine schmale Schicht der Gebildeten die Sprache der einstigen Kolonialmacht meistert. Dem lockeren Verband der französischsprechenden Länder werden nach wie vor Syrien und der Libanon zugerechnet, obwohl in beiden Ländern unterdessen das Englische dominiert. Selbst das nationalkommunistische Vietnam wird bis auf den heutigen Tag der Frankophonie zugeschlagen, obschon höchstens ein Prozent seiner fünfundsiebzig Millionen Menschen des Französischen mächtig ist – nicht davon zu reden, daß die Kolonialmacht, die nach 1945 einen eher närrischen Versuch der Rückkehr und der Reetablierung des alten Regimes unternahm, nach der demütigenden Niederlage von Dien-Biem-Phu des Landes verwiesen worden war.

Dennoch wurde 1997 der Kongreß der Frankophonie in Hanoi ausgerichtet, was das Mutterland dreizehn bis vierzehn Millionen

Dollar kostete. Insgesamt, so erfuhr man bei dieser Gelegenheit, wendet die Republik etwa eine Milliarde Dollar für die Förderung der französischen Sprache in der Welt auf. Die Ausgaben für die Kulturpolitik sind seit Jahr und Tag der prominenteste Posten im Etat des Außenministeriums: ein Aufwand, der den knausrigen und oft so kurzsichtigen Abgeordneten des Deutschen Bundestages ein Rätsel aufgibt, da sie kulturelle Ausgaben für einen Luxus halten, den sich die mächtige Industrienation angeblich nicht leisten kann.

Aber lassen sich die Geister in Paris nach wie vor von der universellen Mission leiten, oder lehnen sie sich nur gegen die Uniformierung im Zeichen der amerikanischen Dominanz auf? Soviel ist gewiß: Frankreich versteht sich aus der Sprache, wie es stets der Fall war, auch wenn Maurice Druon, der Generalsekretär der Académie Française, ein wenig übertrieb, als er mit seinem üblichen Pathos feststellte: «Was die frankophone Gemeinschaft ausmacht, ist die Anerkennung einer höchsten Souveränität: der französischen Sprache, die über dem Thron der Worte erglänzt.» Die Amerikanerin Polly Pratt, die seit Jahrzehnten in Paris lebt, setzte diese prunkenden Sätze als Motto über das Sprach-Kapitel in ihrer amüsanten Sammlung von Skizzen, der sie den liebevoll-ironischen Titel «Ils sont fous, ces Français» gab. Sie zitierte auch Georges Clemenceau mit der triumphierenden Feststellung, daß die Sprache «das Genie unserer Rasse, die Glorie unserer Vergangenheit, ... die unbesiegbare Hoffnung, die Verankerung der Zukunft» sei. Frappierender als diese klug gewählten Sentenzen ist freilich der Ausruf eines Französisch-Lehrers, dem Polly Pratt in Amerika begegnete, der die Sprache mit dem Bekenntnis feierte: «Madame, sie ist mehr als eine Passion – sie ist eine Religion!»

Voller Bewunderung führt die Amerikanerin an, daß vierundvierzig Prozent der Franzosen wenigstens zehn Bücher im Jahr lesen, davon achtzehn Prozent mehr als fünfundzwanzig. Ein kleines

Fragezeichen hinter dieser Feststellung ist angebracht. Zumindest muß hinzugefügt werden, daß ein bedeutender Prozentsatz der Franzosen niemals ein Buch zur Hand nimmt. Zum anderen ergab eine Untersuchung des Erziehungsministeriums, daß neun Prozent der jungen Menschen nach sechs Jahren Schule des Lesens und Schreibens nicht kundig sind (und mehr als ein Viertel die Grundbegriffe des Rechnens nicht beherrschen).

Eine Studie, die der «Nouvel Observateur» publizierte, gelangte zu der deprimierenden Auskunft, daß einer unter vier Franzosen de facto als Analphabet betrachtet werden müßte. Das ist in der Tat eine bedrückende Feststellung für das klassische Land der Literatur, und es ist ein geringer Trost, daß die Vereinigten Staaten und Deutschland in der internationalen Statistik der Bildungsdefekte Frankreich in geringem Abstand folgen (im Gegensatz zu den skandinavischen Staaten, die mit stolzen Auskünften prunken dürfen).

Die alarmierenden Zahlen deuten auf eine Krise des Bildungssystems, von der die Gesellschaft Westeuropas sowenig verschont ist wie Amerika. Von einer *exception française* kann hier nicht die Rede sein. Der Schock dieser Einsicht wird durch die freundliche Beobachtung gemildert, daß die Staatsleute der Republik noch immer von dem Ehrgeiz erfüllt sind, ihren eigenen Beitrag zur Literatur durch eine liebenswürdige Biographie oder gar durch einen kleinen Roman (wie Valéry Giscard d'Estaing) zu leisten. Einem deutschen Minister fiele dies nicht im Traume ein. Doch die Amerikaner scheinen neuerdings von dem Ehrgeiz erfüllt zu sein, der französischen Tradition zu folgen: so legte Ex-Präsident Jimmy Carter einen Band von Gedichten vor, die keineswegs so schlecht sind, wie sie sein könnten, und der Verteidigungsminister William Cohen schrieb während seiner Amtszeit als Senator einige Romane und trat überdies als Lyriker an die Öffentlichkeit.

Seit dem Beginn der zähen Debatte über die *exception culturelle*, die sich dem Schutz der französischen und europäischen Film-, Fernseh- und Musikindustrie vor der übermächtigen Konkurrenz Amerikas verschrieb, pochen die Politiker und die Intellektuellen Frankreichs mit einer geradezu wütenden Energie auf die «Ausnahme Frankreich». Der homerische Streit, der im Rahmen der komplizierten Verhandlungen über die weltweite Reduzierung der Zölle (GATT) und eines Ordnungskatalogs für die internationalen Investitionen (AMI) ausgetragen wird, bot immer wieder die prächtigsten Anlässe zur Demonstration moralischer Entrüstung und leidenschaftlicher Proteste.

Die Amerikaner, die von dem Vorwurf einer gouvernantenhaften Bevormundung ihrer Verbündeten nicht freigesprochen werden können, beschwerten sich voller Empörung über die französisch-europäische Neigung, sich hinter die Mauern des Protektionismus zu flüchten. Frankreich, das sich zum Sprecher der europäischen Interessen machte, wies die Anschuldigung stets indigniert zurück, obwohl kein vernünftiger Geist daran zweifeln kann, daß der ungezügelten Dominanz des Marktes Grenzen gesetzt werden müssen, wenn es darum geht, das Überleben einer gefährdeten Spezies zu sichern. Kein Amerikaner klaren Kopfes verweigert sich der Einsicht, daß es der Naturschutzparks braucht, um den Reichtum der bedrohten Tier- und Pflanzenwelt vor der Ausrottung zu retten. Doch mancher unserer transatlantischen Partner scheint dies, was die Kultur angeht, in seinem Eifer gelegentlich zu vergessen. Es läßt sich auch nicht leugnen, daß sich in dem amerikanischen Missionsfeldzug die ideologischen und kommerziellen Motive zuweilen auf ungute Weise mischen.

Zum anderen können auch die Europäer nicht immer von dem Vorwurf der Heuchelei freigesprochen werden. Mit der Anklage des eleganten Kulturministers Jack Lang (bei einer Konferenz in Mexiko), die Vereinigten Staaten machten sich des «kulturellen

Imperialismus» schuldig, meldete sich ein arroganter Kultur-Hochmut von links zu Wort, der nicht weniger Unbehagen weckt als das amerikanische Schulmeistertum. Der enge Vertraute und Großregisseur François Mitterrands wetterte im Juli 1982 mit solch steiler Empörung gegen das «System der multinationalen Finanz-Vorherrschaft», gegen die «Invasion der präfabrizierten Bilder und der standardisierten Musik», daß sich die Zeugen betroffen fragen mochten, ob es dies alles nicht auch in Europa gebe. Lang zog schnaubend gegen die «uniformierte Kultur» zu Felde, die den ganzen Planeten überziehe, der Welt aufdoktriniert «für den Profit einer großen Nation». Mit peinlich übersteigertem Pathos rief er, Kultur und Wirtschaft, das sei der gleiche Kampf, das gleiche Schlachtfeld: «Der Kampf der Klassen, ob national oder international, betrifft die Kunst und die gesamte Kultur.» Dann führte der Minister lebhaft Klage, das amerikanische Kino «monopolisiere» siebzig Prozent des Marktes in Deutschland, in Italien, in Spanien. Freilich vermied er den Hinweis, daß keine Macht der Welt einen guten Franzosen oder braven Deutschen dazu zwingen kann, sich im Kino eine Hollywood-Komödie oder im Fernsehen eine Seifenoper amerikanischer Herkunft anzuschauen oder gar auf dem Weg zur Arbeit einen Country-Song aus Nashville oder Memphis vor sich hin zu pfeifen: all das geschah aus freien Stücken.

In den Reflexen der kulturellen, der wirtschaftlichen und sozialen Defensive verhält sich die europäische und zumal die französische Linke in Wahrheit durch und durch konservativ. Das ist kein angenehmer Verdacht. Vielleicht schlagen ebendarum die Wogen des Protestes im Kampf der Kulturen – der brave französische David gegen den amerikanischen Goliath – so besonders hoch. In der wütenden Diskussion gegen die amerikanische «Hegemonie» versichert man gern, daß die französisch-europäischen Argumente von «keiner Spur des Protektionismus und Nationalismus» berührt seien. In Wahrheit verbirgt sich beides in dem donnernden Pathos, das linksliberale Geister vom Rang eines Jack Lang mit Reformkommunisten wie dem Ex-Minister Jack Ralite und dem schnarrenden Erzkonservativen Philippe de Villiers verbindet. Der Graf aus der Vendée rief entrüstet, die amerikanischen Anschläge auf die *exception culturelle* lieferten «den letzten Rest der Souveränität» Frankreichs den «internationalen Kapitalflüssen» aus: das hätte ein geeichter Linker nicht anders formuliert.

Doch ein altmodisch-liberaler Geist vom Schlage des ehemaligen Premierministers Raymond Barre, der nun als Bürgermeister die Geschicke der Stadt Lyon lenkt, meldete die kräftigsten Bedenken gegen die *exception française* an: Sie sei nichts anderes als «das Alibi unseres Konservativismus und unseres Widerstands gegen die Veränderung». Der alte Herr rief: «In Wirklichkeit ist jene These der Ausnahme Frankreich nichts als ein Reflex der Unkenntnis ..., was in anderen Ländern vor sich geht, und einer Selbstzufriedenheit, die sich durch nichts rechtfertigen läßt. Die Franzosen in ihrer Gesamtheit», fuhr er sarkastisch fort, «akzeptieren die Veränderung und die Entwicklung nur, wenn die Lage für sie unerträglich geworden ist. Die systematische Vertagung der notwendigen Reformen, um uns an die Welt von heute anzupassen, führt zu nichts als zu einer Schwächung unseres Landes, und sie gibt uns der Mediokrität preis.» Er hätte hinzufügen können, daß seine Landsleute gern der Versuchung erliegen, den Kuchen essen und zugleich behalten zu wollen (um mit den Engländern zu reden).

Das herbe Urteil des einstigen Regierungschefs stimmte ganz mit der Feststellung des Staatspräsidenten überein, der bei einem Fernsehauftritt bemerkte: «Wir leben in einem zutiefst konservativen Land, und es ist äußerst schwierig, die Dinge in Bewegung zu bringen.» Er machte für die Blockade der Gesellschaft vor allem die konservativen Strukturen der Gewerkschaften und Berufsverbände verantwortlich. Darin täuschte er sich nicht. Frankreich mißtraute einem unkontrollierten Kapitalismus in jeder Phase seiner modernen Geschichte. Schon Friedrich Sieburg, der gewiß ein staatstreuer Deutscher war, zeigte sich über die tiefe Abneigung der Franzosen gegen den allzu harten Wettbewerb erstaunt.

In der Tat löste sich das Land niemals ganz aus der dirigistischen Aufsicht, die seit Colbert das dominierende Prinzip des Staates und der Gesellschaft ist, die *petits commerçants* ausgenommen, von denen man sagt, daß sie den wirtschaftlichen Genius Frankreichs verkörpern. In der Tat lesen die Besitzer und Angestellten der kleinen Epicerien, der Metzgereien und Bäckereien, der Papeterien und Knopfläden der Kundschaft jeden Wunsch von den Augen ab, immer zu einem Kompliment, einem jovialen Schwätzchen oder wenigstens zu einem Gruß von spontaner Herzlichkeit aufgelegt. Nicht von ungefähr sagt man in Port Madeleine von einem Menschen mit Manieren von besonderer Liebenswürdigkeit, er sei «très commerçant».

Den Psychologen und Soziologen, den Wirtschaftsanalytikern und den Zeitkritikern gibt es ein unlösbares Rätsel auf, warum sich dieses Talent nur in so unvollkommener Weise auf die großen Unternehmen des Handels und der Industrie übertragen hat. Die Überschwenglichkeit, mit der uns die *coiffeuse* nach einer halben Stunde der Seligkeit unter ihren zarten Händen ins rauhe Leben entläßt, ein Küßchen rechts, ein Küßchen links auf die Wangen, steht in schroffstem Gegensatz zu der Muffigkeit, der wir an den Bankschaltern von Paris begegnen.

Indes sind wir trotz allem voller Hoffnung. Während vor zwei Jahrzehnten der Gang zum Postamt einem Bußgang für weiß der Himmel welche Versündigung gleichkam, weil wir an den Schaltern stets der geballten schlechten Laune der Nation zu begegnen schienen, sind die Nachfolger jener Beamten, die wir um ihren Dienst nicht beneiden, längst unsere Freunde geworden. Der Andrang mag noch so groß sein: sie helfen jedem maghrebinischen Gastarbeiter, der einige hundert ersparte Francs an Frau und Kind oder Vater und Mutter in der Heimat überweisen möchte, mit Engelsgeduld beim Ausfüllen der Formulare. Sie haben fast immer Zeit für ein rasches Lächeln und für die Frage, was die Gesundheit mache und wie es mit der Arbeit stehe.

Die Humanisierung des Post- und bis zu einem gewissen Grade auch des Eisenbahnwesens erfüllt uns mit der Zuversicht, daß dank dieses gewandelten Geistes ein Dienstleistungsgewerbe erblühen könnte, das den amerikanischen Errungenschaften in der hilfreichen Organisation des Alltags gewachsen wäre, ja, daß diese Gesinnung eines schönen Tages auf die Großbetriebe übergreifen würde – nicht nur in Frankreich, sondern auch in Deutschland, das mit dem Blick auf die Dienstleistungen eine retardierte Nation genannt werden muß.

Der Weg ist weit, für beide. Hüben wie drüben steht man schon jetzt unter dem «Diktat des Marktes», dessen herausfordernde Regeln oft als eine Zumutung, ja als eine Erniedrigung empfunden werden. Der «rheinische Kapitalismus» mag in mancher Hinsicht dem amerikanischen etwas näher sein als der französische. Der Staat ist auch in den deutschen Industrie- und Handelsorganisationen gegenwärtiger, trotz der fortgeschrittenen Privatisierung, als es auf den ersten Blick erkennbar sein mag. Für beide, Deutschland und Frankreich, bleibt die Präsenz des Staates ein Faktor von höchstem Gewicht. Sie wird sich nur langsam zurückdrängen lassen.

Frankreich hat mit seinem *socialisme à la française* in den ersten Jahren der Regentschaft François Mitterrands keine allzu guten Erfahrungen gemacht. Der linksgestimmte Präsident lieferte das Land danach ohne Zaudern dem Abenteuer einer Marktorientierung aus, die Frankreich in solcher Härte kaum je zuvor erfahren hat. Nach der radikalen Wendung erlebte Frankreich einen

Schub der Modernisierung, der seine Stellung als eine der großen Industrienationen konsolidierte. Unter der Direktion des mächtigen Wirtschafts- und Finanzministers Delors und des Planungsministers Rocard knüpfte das Regime Mitterrand an die Konzepte seiner Vorgänger Pompidou und Giscard d'Estaing an, von denen ein kritischer Beobachter mit einem Gran Ironie sagte, sie erst hätten Frankreich zu einer Nation des zwanzigsten Jahrhunderts gemacht – mit seiner Nuklear-Industrie oder mit dem Netz seiner Hochgeschwindigkeitszüge (TGV gleich train à grande vitesse) den deutschen Nachbarn weit voraus.

Freilich waren die Versuche, sich der Omnipräsenz des Staates und seiner Administrateure zu entledigen, eher sporadisch und zufällig. Die Privatisierung der gigantischen Staatsunternehmen wie des Autoherstellers Renault oder der Luftfahrtgesellschaft Air France stießen auf harten Widerstand. Das dramatische Anwachsen der Arbeitslosigkeit ermutigte die Bürger nicht, sich den Sturmwinden und reißenden Strömungen einer völlig freien Marktwirtschaft auszusetzen. Die Bürokratie behauptete hartnäckig ihr Recht, unternehmerische Initiativen durch tausend verzopfte Regelungen zu lähmen (wie drüben in Deutschland auch). Um so erbitterter registrierte man, daß die Vereinigten Staaten mit ihrem «Job-Wunder» die Arbeitslosigkeit auf den niedrigsten Stand seit Menschengedenken reduziert hatten. Das Mirakel wurde prompt als ein System der Irreführung durch Hungerlöhne, Ausbeutung und systematische Verarmung denunziert.

Die Regierung des Sozialisten Jospin, die sich die Bändigung der kapitalistischen Verirrungen zum Ziel gesetzt hat, griff auf ein klassisch-dirigistisches Rezept zurück, um die Arbeitslosenzahlen zu mindern: sie kreierte dreihunderttausend Positionen im Umkreis der Verwaltung, deren Notwendigkeit weder durch praktische Erfordernisse noch durch den gesunden Menschenverstand, sondern lediglich durch den guten Willen zur Steuerung des

Elends begründet werden kann. Es ist allemal ein Segen, wenn junge Leute von der Straße geholt und aus ihrer demütigenden Langeweile erlöst werden, doch es ist nicht sicher, ob eine Schein-Beschäftigung die verzweifelte Frage beantwortet, was sie auf dieser Welt verloren haben. Die Maßnahmen der strengen Arbeitsministerin Martine Aubry (die Tochter, notabene, von Jacques Delors, dem einstigen und so verdienstvollen Präsidenten der Europäischen Kommission, der aus der katholischen Gewerkschaftsbewegung stammt): sie sorgten für eine Entlastung, doch zur Lösung des Grundproblems trug die öffentliche Arbeitsbeschaffung sowenig bei wie die Reduktion der Arbeitszeit auf fünfunddreißig Stunden (bei gleichbleibenden Löhnen).

Frankreich brauche Unternehmer, riefen neoliberale Kritiker wie Guy Sorman, der die *exception nationale* lediglich als die Unfähigkeit betrachtet, die anstehende Not nüchtern zu analysieren und daraus jene Konsequenzen zu ziehen, vor denen die Holländer und die Schweden und vor allem die Briten nicht zurückschrecken. Sorman warnte davor, die «Ausnahme» durch die klassischen «Mythen» der Abwertung des Franc, der Arbeitszeitverkürzung, der Erweiterung des Corps der Staatsfunktionäre oder des Protektionismus einzementieren zu wollen.

Ohnedies gilt die Zahl von mehr als fünf Millionen Beamten und Angestellten des öffentlichen Dienstes als bedenklich hoch. Fünfundzwanzig Prozent der arbeitenden Bevölkerung sind im sogenannten «öffentlichen Sektor» beschäftigt (gegenüber ungefähr fünfzehn Prozent in Deutschland), und vierzig Prozent des gesamten Staatsetats dienen dem Unterhalt des Funktionärcorps. Französische Kritiker stellten fest, daß die Streichung von etwa einer halben Million Posten und Pöstchen notwendig wäre, um Frankreich dem Standard der britischen und amerikanischen Partner anzupassen.

Der Publizist Georges Suffert, der einst eines der besten Literaturprogramme des Fernsehens produzierte, sprach in diesen Zusammenhängen von einer «unerträglichen Arroganz». Solch herbe Gardinenpredigt könnte mit gleichem Recht an die deutsche Adresse gerichtet werden. Auch in Bonn verharrten Regierung und Opposition lange Jahre lieber in einem Zustand der depressiven Paralyse, als die Konsequenzen aus den Erfolgen der Briten, der Holländer, der Schweden oder, Gott behüte, der Amerikaner zu ziehen. Niemand raffte sich auf, den Dschungel der Regulierungen auszuholzen, der die Gründung junger Unternehmen behindert, die es besonders im Bereich der Dienstleistungen so dringend brauchte. Niemand machte sich ans Werk, das Grundübel der Subventionitis zu zähmen, die nichts anderes als eine unmittelbare und tägliche Intervention des Staates ist. Die Zuschüsse, die in Milliardenhöhe jährlich nicht nur in den obsoleten Bergbau oder in die verhätschelte Landwirtschaft fließen, sondern das darbende Ostdeutschland bis in den letzten Winkel durchdringen: sie sind das süße Gift, das die deutschen Nerven zu lähmen scheint. Überdies zeigen sie den heimlichen Dirigismus an, der die schamhafte Entsprechung zur Lenkung der Wirtschaft in Frankreich ist – dort tritt sie lediglich offen zutage, was ein Vorzug sein mag.

Übertreibend ließe sich sagen, daß es nicht nur die «exception française», sondern auch die «deutsche Ausnahme» gibt. Franzosen wie Deutsche aber wären gut beraten, sich von ihren Sonderwegen zu verabschieden. Sie sind nichts als eine Flucht aus der Wirklichkeit.

Vom Sonderweg der Deutschen muß festgestellt werden, daß er ein einst begabtes und fleißig-bescheidenes Volk dazu verführte, den Boden unter den Füßen zu verlieren: er war, mit anderen Worten, der Weg in die Katastrophe. Seitdem hat die Gesellschaft jenseits des Rheines ihre Geschichte kritisch geprüft. Dieses Examen war die Voraussetzung, um eine neue und zuverlässige Basis der Existenz zu finden.

132

«Es gibt nur eine europäische Geschichte»

Das Wort «Weltfremdheit» ist eine der genialen Schöpfungen der deutschen Sprache, die sich weder im Englischen noch im Französischen wiederfindet. Der Begriff annonciert die lockende Versuchung, sich aus der Weltwirklichkeit heraus in den bergenden Schutz der «Innerlichkeit» zurückzuziehen. Er zeigt aber auch die Gefahr der Entfremdung von der Welt an, den arroganten Willen, anders zu sein, die militante Abkehr vom vermeintlich Fremden.

Man kann den Wandel seit der Zäsur des Jahres 1945 auf die Formel bringen, daß Deutschland seine Weltzugehörigkeit wiederentdeckte – und damit auch wieder zu seiner Bestimmung als Mitglied der europäischen Familie zurückkehrte.

Frankreich, das seine eigenen Gründe hatte, den nationalen Schiffbruch zu überdenken, setzte sich einem ähnlichen Prozeß der nüchternen Prüfung seiner Geschichte aus. Die Historiker lernten, wie Fernand Braudel feststellte, die Realität Frankreichs als «eine unter anderen» zu betrachten. Sie begannen, der Reduktion der Geschichte auf eine «Persönlichkeit» zu mißtrauen. Braudel zitierte das großartige Wort von Marc Bloch, der (zusammen mit Lucien Febvre) die Schule um die Zeitschrift «Annales» gegründet hat: «Es gibt keine französische Geschichte», sagte dieser große Mann, der 1944 von der deutschen Besatzungsmacht füsiliert wurde – «es gibt nur eine europäische Geschichte.»

Das chronische und kritische Examen der eigenen Geschichte ließ, wie wir gesehen haben, nicht viele der überkommenen Mythen intakt. Es ist aufschlußreich, daß in einer Umfrage des Jahres 1996 über die großen historischen Gestalten Frankreichs vor allem die Persönlichkeiten positiv bewertet wurden, die jenseits der nationalistischen Verkrampfung wirkten: der Sozialist Jean Jaurès, der am Vorabend des Ersten Weltkrieges einem Attentat zum Opfer fiel, Jules Ferry, der das moderne Erziehungssystem des Landes schuf, auch der gute König Henri Quatre und – in der Dämmerung der Legende entrückt – der König und Kaiser Charlemagne, den die Deutschen Karl den Großen nennen.

Die Figuren aber, die mit expansiver Gewalt den Willen zur Vorherrschaft Frankreichs in Europa manifestierten, fanden nur noch die Bewunderung einer Minderheit, freilich einer noch immer beträchtlichen von mehr als vierzig Prozent: der Sonnenkönig Ludwig der Vierzehnte, Napoleon und Robespierre, die man allesamt als die Begründer der glorreichen *exception française* bezeichnen darf. Mit anderen Worten: die Geschichte Frankreichs ist im Begriff, europäisiert zu werden.

KAPITEL 10
Antiamerikanismus –
die Weigerung, zu sein wie
die anderen

In Port Madeleine ist es kein Geheimnis, daß der deutsche Mitbürger und seine Frau mehr als fünfzehn Jahre in den Vereinigten
Staaten lebten, ehe sie sich entschlossen, im Midi ihre Heimat zu
suchen.

Nein, wir verschweigen nicht, daß wir mit anhänglicher Liebe
an Washington denken, eine der schönsten Städte der Welt, an unsere Freunde dort drüben, an ihr rasches Lachen und ihre entspannte Offenheit, an die freundliche Ordnung des amerikanischen Alltags, an das Wohlwollen, das den Umgang der Menschen
miteinander so umstandslos glättet, an die Geduld im Straßenver-
kehr, an die soziale Disziplin, die vielleicht die gewinnendste
Errungenschaft der angelsächsischen Zivilisation ist.

Wir kennen auch die Kehrseite der schönen Medaille: die
Stereotype der Vorstadtbürger mit ihren makellos rasierten Ra-
sen, den Konformismus, der das öffentliche Gespräch durch die
Massendroge der «Political Correctness» zu lähmen droht, den
schleichenden Rassismus, der noch immer in den Seelen wuchert
(freilich nicht nur in Amerika), die tägliche Gewalt, die überhand-
zunehmen droht (vor allem in den Ghettos), den puritanischen
Terror der bigotten Rechten (aber auch der radikalen Feministen),
den Kult des Egoismus in der neoliberalen Gesellschaft, die wachsende Verantwortungslosigkeit gegenüber den Schwachen und

135

Armen ..., das alles, wir wissen es wohl, ist auch amerikanische Wirklichkeit.

Und dennoch: wir vermissen die Dynamik der jungen Menschen, den Elan, den jede neue Generation demonstriert, die mit dem Vertrauen ins Leben aufbricht, daß der Erfolg eine Frucht des Mutes, der Entschlossenheit, des Fleißes ist – und das Glück eine Frucht der Bereitschaft, es zu wollen. Manchmal, auch das muß gesagt werden, treibt uns die Sehnsucht nach der kraftvollen Anmut der virginischen Landschaft um, nach dem Rausch des Frühlings, der in einer lauen März- oder Aprilnacht die Blüten der Magnolienbäume aufbrechen läßt, nach dem üppigen Grün der Wälder und Wiesen im frühen Sommer, nach den feucht-heißen Nächten des August, wenn das Konzert der Zikaden zu laut ist, um die Menschen schlafen zu lassen, nach dem kristallenen Blau des hohen Himmels und den prangenden Farben des Herbstes, wenn die Wälder rot und gelb zu leuchten beginnen. Gewiß haben wir die Nähe des Meeres gesucht, weil uns die Landschaft Amerikas ein Verlangen nach Weite vermittelte, die wir in den sanften Hügeln Schwabens, im Schatten der Vogesen, im schönen Herzen Burgunds nicht fänden.

Unser Freund François, der Maurer, nannte uns manchmal spottend «les américains allemands», und oft genug hielt er uns überm Pastis im «Café des Sports» die Sünden des Großen Bruders jenseits des Ozeans vor: die sozialen Brutalitäten, die Ronald Reagan mit seinem gutartigen Kleinstadt-Lachen und seiner öligen Eloquenz so meisterhaft zu tarnen vermochte, das Bombenrasseln der Militärs, den Expansionismus der «Multinationalen», die im Begriff seien, Europa zu unterjochen. Doch anders als viele seiner Landsleute vergaß François nicht, die Amerikaner zu rühmen, wenn von der Libération die Rede war. Sein Vater hatte einst drüben das Glück gesucht. Doch er kam zurück, weil er, wie François sagte, das kleine Glas Rotwein auf der Theke, die Schale mit den

Oliven, den Schwatz mit den Kameraden nicht mehr entbehren wollte. Vielleicht war auch ein Mädchen der Grund, daß ihn das Heimweh überwältigte. Doch François erzählt gern, daß die Augen des Vaters glänzten, wenn er von Amerika sprach. Drüben, habe der Alte gesagt, lerne man zu begreifen, was dies sei: die Freiheit.

Wenn in Port Madeleine am 15. August die Erinnerung an den Tag der Invasion im Jahre 1944 gefeiert wird, marschiert am Ehrenmal stets auch ein kleines Détachement amerikanischer Soldaten auf, mit weißem Koppelzeug, polierten Gewehren und gleißenden Bajonetten. Mancher unserer Bürger legt die Hand aufs Herz, wenn vom Band des Übertragungswagens nach der Marseillaise die Hymne der Vereinigten Staaten übers Tal dröhnt.

Doch nur noch die Alten entsinnen sich der Erregung, die sie wie ein Fieber überkam, als die GIs, unter der Last ihrer Waffen keuchend, von ihren Amphibienbooten an der Plage de Débarquement an Land stapften. Die meisten saßen angstvoll in ihren Häusern, um den erwarteten Sturm vorbeiziehen zu lassen. Die Couragierten betrachteten aus ihren Verstecken in den Hügeln über der Bucht das einschüchternde Schauspiel, das ihre Herzen mit solchem Jubel erfüllte. Kein nennenswerter Widerstand der Deutschen, die sich rasch nach Norden in die Berge zurückzogen. Ihre Offiziere schienen sich der Einsicht zu beugen, daß sie der Übermacht nicht gewachsen waren.

Hernach liefen die Mutigsten zum Strand, um die Fabelwesen aus der Nähe zu betrachten. Die freundlichen Eroberer verteilten Zigaretten und Kaugummi, den Kindern drückten sie die Schokoladenriegel aus ihren Rationen in die Patschhände, die sich ihnen entgegenstreckten. Später verteilten sie die Überreste des Essens aus den Feldküchen. Die Zeit des Hungers, der Entbehrung, der Bedrückung war zu Ende.

Ein paar Brocken von der Sprache der Befreier blieben hängen. Aber am Befreiungstag ist es in der Regel an der Frau des deut-

schen Schreibers, der unter ihnen wohnt, das Amt der Dolmet-
scherin zu übernehmen. Den Bürgermeister erstaunt ihr selbst-
verständlicher Umgang mit dem amerikanischen Englisch nicht: er
ist ein weltläufiger Mann, übrigens auch ein gestählter Athlet, der
sich den Traum erfüllt hat, einmal beim Marathon von New York
mitzurennen. François, der Maurer, aber nennt nach jenen Banket-
ten die Interpretin einige Wochen lang beharrlich «la journaliste
américaine» – voller Respekt, auch ein wenig ironisch. Er wiese es
weit von sich, wenn seine schmetternde Kritik am Nervenkrieg
Präsident Clintons gegen den Diktator in Bagdad oder an den reso-
luten Auftritten der Außenministerin, dieser einschüchternden
Dame, oder an der spitznäsigen Forschheit der First Lady Hillary
Rodham Clinton als antiamerikanisch betrachtet würde.

Das ist ein Vorwurf, den die Franzosen nicht gern auf sich sitzen
lassen. Dennoch scheinen die Vorurteile gegen die Weltmacht stetig zu wachsen. Eine Untersuchung, die im Auftrag der Zeitung
«Le Monde» unternommen wurde, zeigte für das Jahr 1988 noch
eine Mehrheit von vierundfünfzig Prozent der Franzosen an, die
den Vereinigten Staaten mit Sympathie begegneten (gegen achtunddreißig Prozent, die ihre Antipathie bekundeten). Zehn Jahre
später war die Zahl der Sympathisierenden auf fünfunddreißig
Prozent gesunken (während sechsundvierzig Prozent ihre Antipathie bezeugten und siebzehn Prozent ohne Meinung waren).

Es liegt gewiß nicht im Wesen einer Weltmacht, in erster Linie
Gefühle der Freundschaft und Zuneigung auf sich zu ziehen: Kraft
ihres Auftrags ist sie dazu verurteilt, vor allem respektiert, vielleicht auch gefürchtet zu werden. Die Ressentiments, die ihr begegnen, sind der Preis, den sie für ihre weltbeherrschende Rolle
zahlt. Auch die Römer, dessen darf man sicher sein, waren auf der
Höhe ihrer imperialen Macht nicht in allen Winkeln ihres Reiches
und bei den Nachbarn beliebt.

Den Amerikanern wird es freilich schwer, dies zu akzeptieren.

Bis zu einem gewissen Grade sind sie noch immer eine Weltmacht wider Willen. Die Farmer in Kansas, die Werkzeugmacher in Illinois und den kleinen Rentner in Phoenix kümmert es ohnedies kaum, was die hohen Herren im fernen Washington treiben: die Vereinigten Staaten sind ein Subkontinent, dessen Bürger vor allem mit sich selber beschäftigt sind. Doch sofern sie über die Küsten hinüber nach Europa oder nach Ostasien schauen, wundern sie sich immer aufs neue, warum ihnen nicht jenes Wohlwollen zuteil wird, das in ihren eigenen Seelen wohnt, die sie für gutartig halten. Sie fragen sich, warum nicht anerkannt wird, daß Amerika den Völkern mehr Segen als Leid gebracht hat. Bewiesen nicht Niedergang und Fall des sowjetischen Imperiums, daß ihr System das überlegene ist? Und ist die *pax americana* nicht verläßlicher, als es die *pax romana* jemals war?

Die Bürger von Cincinnati, von Springfield oder von Fredericksburg sind um so verletzlicher, da sie wohl wissen, daß die Vereinigten Staaten nicht mit einer imperialen Mission in diese Welt geschickt wurden, sondern mit einem zivilisatorischen Auftrag. Darin vor allem fühlen sie sich ganz als die Erben Roms, das die Idee der lateinischen Zivilisation bis ans Ende der damals bekannten Welt trug. Dies mochte Thomas Mann empfunden haben, als er während des Ersten Weltkriegs (in den «Betrachtungen eines Unpolitischen») ahnungsvoll die kühne Feststellung wagte, Washington sei das neue Rom.

In der Tat durchdringt die amerikanische Zivilisation jeden Winkel der Welt – auch Frankreich. Doch eine wachsende Zahl von Franzosen weist den Anspruch der Vereinigten Staaten, die besseren Lösungen für die großen Probleme der Zeit zu kennen und zu praktizieren, mit erstaunlicher Entschiedenheit zurück. Obwohl in der Neige des Jahres 1996 die Zahl der Arbeitslosen in Frankreich die prekäre Marke von zehn Prozent überschritten hatte und Amerika mit einer Rekordzahl neuer Arbeitsplätze auftrumpfen konnte (bei einer Rate der Unbeschäftigten von weniger als sieben Prozent); obwohl die soziale Realität eindeutig die amerikanischen Erfolge demonstrierte, pochten an die vierzig Prozent der Franzosen darauf, daß die Vereinigten Staaten im Kampf gegen die Arbeitslosigkeit weniger gut abschnitten als ihr eigenes Land (während fünfundzwanzig Prozent dem transatlantischen Partner den Vorzug gaben).

Doch weiter: während das Fernsehen, das Radio und die Zeitungen Tag für Tag die Beunruhigungen der Franzosen durch das Problem der Immigration meldeten und die Konflikte sich häuften, waren dennoch sechsundvierzig Prozent der Meinung, die Vereinigten Staaten kämen mit dieser brennenden Frage schlechter zurecht. Dazu fügte sich, daß an die vierzig Prozent mit Amerika den Begriff des Rassismus verbanden, der dort drüben weiß Gott ein beklagenswertes Phänomen ist. Doch es bliebe zu prüfen, ob die Amerikaner in ihrer Mehrheit den Rassismus nicht eher zu bändigen verstanden als die Franzosen oder die Deutschen, trotz der Revolten (wie in South Central Los Angeles), die immer wiederaufflammen. Wären Deutsche oder Franzosen – Hand aufs Herz! – dazu fähig, ihren Alltag alles in allem schiedlich und friedlich mit einer schwarzen Minderheit von mehr als zehn Prozent zu teilen, wie es Amerika zuwege bringt? Und mit einer ebenso großen Volksgruppe mittel- und südamerikanischer Herkunft?

In der Alten Welt will man nicht zur Kenntnis zu nehmen, daß die Bürgerrechtsbewegung in den Vereinigten Staaten die einzig wahrhaft erfolgreiche Revolution dieses Jahrhunderts war. Niemand scheint bereit zu sein, die mächtigen Fortschritte zur Gleichberechtigung seit dem Ende der Segregation im Jahre 1964 zu registrieren. Obschon Hunderttausende französischer (und deutscher) Touristen die Vereinigten Staaten bereisten und die Koexistenz zwischen den Rassen beobachten konnten, gibt sich fast die Hälfte der französischen (und wohl auch deutschen) Zeitgenossen der Wahnvorstellung hin, daß ein amerikanischer Rassenkrieg täglich blutige Opfer fordere – obwohl es in Frankreich geschah, daß lästige Maghrebiner aus dem fahrenden Zug gestoßen, und obwohl in Deutschland die Häuser der türkischen Nachbarn in Brand gesetzt wurden.

Die Demonstration der Vorurteile setzte sich fort: für annähernd sechzig Prozent der Franzosen war im Herbst 1996 Amerika gleichbedeutend mit Violenz, für fünfundvierzig Prozent ein Synonym für die Ungleichheit – doch nur für achtzehn Prozent die Verkörperung der Freiheit.

Für das verzerrte Bild der Wirklichkeit ist wohl zumeist das Fernsehen verantwortlich, das in der Regel – dies liegt in dem Wesen des Mediums – nur Bilder gröbsten Rasters, Stereotype und millionenfach multiplizierte Klischeevorstellungen vermittelt, durch die Fixierung auf die Optik und das vorgegebene Tempo der Bildfolgen zur Differenzierung kaum fähig. Die «schrecklichen Vereinfacher», von denen der Schweizer Kulturhistoriker Jacob Burckhardt einst sprach: sie regieren in unseren Tagen den elektronischen Journalismus, der mit dem Anspruch in die Welt trat, eine universale Gesellschaft informierter Bürger zu schaffen. In Wahrheit führte er die Völker hinters Licht (im ganzen Sinne des Wortes). Der Radio-Journalismus paßte sich mit der Fragmentierung der Wirklichkeit in seinen Magazinen dieser Entwicklung an. Sie bemächtigte sich der populären Presse, die sich dem Niveau der Television angleichen zu müssen glaubt. So verkündete der Autor des Leitartikels einer bürgerlichen Zeitung Südfrankreichs, die keiner linken Tendenz verdächtig ist, daß in den Straßen des neoliberalen Amerikas Szenen des Elends anzutreffen seien, die den Bildern der Armut, welche der Zusammenbruch der Sowjetunion hinterlassen habe, zum Verwechseln ähnlich seien.

Natürlich gibt es Armut in den Vereinigten Staaten: bittere Armut. Aber ein Blick in die Statistik hätte den französischen Redakteur darüber belehren können, daß – das ist leider die blanke Wahrheit – die Unterstützung, die ein Wohlfahrtsempfänger in den Vereinigten Staaten genießt, dem Realeinkommen eines russischen Hochschulprofessors entspricht. Diese Feststellung hebt die sozialen Mängel des amerikanischen Systems nicht auf. Aber es ist zu fragen, ob die Intellektuellen Frankreichs (und auch Deutschlands) nicht an ihrem Auftrag, Brücken zum Verständnis unserer komplexen Realität zu schlagen, auf bedrückende Weise versagt haben.

In der Epoche des Massentourismus scheinen die Schriftsteller Europas – die französischen wie die deutschen – der Neigung nachzugeben, sich mehr und mehr auf den eigenen Lebenskreis zurückzuziehen. Fast ist es, als würden sie sich die schöne Neugier auf die Welt verbieten. Von unseren Gesellschaften sagt man, sie wüchsen über die Grenzen der Nationen hinaus. Für die Intellektuellen trifft dies offensichtlich in geringerem Maße zu als für ihre Mitbürger, die eine weniger ambitionierte Existenz führen. Ihr Blick ist starr auf den eigenen Nabel gerichtet – kaum, daß er den Nachbarn wahrnimmt, geschweige denn das ferne Amerika. Und manche stellen sich blind wie der alte Maurice Druon, permanenter Sekretär der Académie Française, der mit närrischer Genugtuung erklärte, mit dem amerikanischen Kulturmodell habe es ein Ende, und der internationale Rang des Französischen werde in Rußland und Rumänien eine Renaissance erleben.

In einer bösen Polemik, der er den Titel «La France, victime éternelle?» gab, rief der Schriftsteller Pascal Bruckner, nichts sei symbolischer für die Mentalität des Kolonisierten als das «Ressentiment gegenüber Amerika», das Frankreich nicht davon abhalte, sich zum einen allen seinen Versündigungen hinzugeben, doch zum anderen den «Coca-Cola-Kolonialismus» zu denunzieren, ohne jemals das Beste des Amerikanertums zur Kenntnis zu nehmen: «seine Dynamik, seinen Unternehmergeist, seinen Empiris-

142

mus, seine Mobilität, seine Fähigkeit, Niederlagen nicht als unverrückbare Verdikte zu betrachten, sondern als normale Etappen auf dem Weg, das Ziel zu erreichen». Seinen Landsleuten warf er vor, sie sähen sich – von der extremen Linken bis zur extremen Rechten – gern als die Opfer eines Komplotts, gleichviel ob man eine Verschwörung der «Globalisten», der «Mondialisten», der «Europäer», der «Zionisten», der «Immigranten» vermute. Die Autorin Viviane Forrester, deren Buch «L'Horreur économique» ein solcher Sensationserfolg in Frankreich wie in Deutschland zuteil wurde, beschuldigte er, in ihrer Anklage gegen den «unmenschlichen Kapitalismus» brauchten nur die «Reichen» gegen «Juden» ausgetauscht werden – und man habe «den Prototyp des Antisemitismus, wie er klassischer nicht sein könne». Die Summe seiner Klagen: Frankreich weigere sich, «ein Land wie alle anderen zu werden». Das, in der Tat, ist der Kern des latenten Antiamerikanismus, der in so vielen Kreisen spukt, von links nach rechts und quer durch die Klassen. Seit zwei Jahrhunderten, bemerkte dieser kritische Geist, lebe Frankreich als eine «messianische Nation», die eine Lehrmeisterin der menschlichen Rasse sein wolle, in Konkurrenz zu den Vereinigten Staaten. Das ist für Bruckner die Wurzel des Ressentiments. Freilich ist Amerika eine Weltmacht, und Frankreich ist es nicht. Auch Europa wird nicht die Ersatzweltmacht sein, von der manche Franzosen träumen.

Pascal Bruckners vehemente Beschwörung der guten Geister Amerikas ist in der Tat eine seltene Ausnahme. Weder die französische noch die deutsche Literatur unserer Tage nimmt in der Regel die Welt außerhalb der eigenen Grenzen zur Kenntnis. Es ist nicht gleichgültig, daß die Schriftsteller der Epoche kaum geneigt sind, ihre Welterfahrung – sofern es sie gibt – oder ihre Reiseerlebnisse in Büchern zu sammeln. Vor allem zu Amerika halten sie für gewöhnlich mißtrauische Distanz.

Der Soziologe Jean Baudrillard, der auch in den Vereinigten

Staaten lehrt, ist eine problematische Ausnahme: er zog es vor, seinem Publikum ein Bild Amerikas zu offerieren, das geistreich, originell, irreal und zuletzt völlig unverbindlich ist. Sein «fiktionaler» Westen ist nicht von Menschen bevölkert, sondern von den Symbolen einer «Hyperrealität» besetzt, die nur ein artifizielles Leben kennt: Las Vegas und Disneyland, die Filme des Fernsehens, die Werbung, die Computer, das Internet, die Highways, die Geschwindigkeit – eine Welt, in der sich alles Gegenständliche, Faßbare, Greifbare aufhebt. Amerika: ein virtuelles Traumland. Ein Alptraumland, von dem der muntere Gelehrte sagte, es sei von aller Kultur, die den überkommenen Begriffen Europas entspreche, weit entfernt. Alles in allem: eine Welt, die sich jeder moralischen Wertung entzieht, in der Tat ein Land der unbegrenzten Möglichkeiten, in dem alles denkbar geworden ist und in dem eine vollkommene Willkür herrscht, ein menschenleeres und darum unmenschliches Land.

Mit der Realität des gelebten Lebens dort drüben hat diese Wahrnehmung wenig zu schaffen, wohl aber mit der überbordenden Phantasie des Autors, dem der Westen als eine gigantische Leinwand für die Projektionen seiner eigenen, fiebrig hastenden Intelligenz dient. Sein Amerika ist genauso imaginär, wie es die Vorurteile der Politiker, der Medienleute und Journalisten sind.

«Wir wollen eine Alternative sein», rief, mit einem Gran Ironie, dieser unruhige Geist, «um zu zeigen, daß wenigstens wir Amerika widerstehen, wenn es schon kein anderer mehr tut.» Doch er fügte hinzu, das Problem sei nur, «daß wir nicht sicher sind, welches Modell wir verkörpern wollen – also sind wir einfach geneigt, unsere Untätigkeit zu offerieren». Ein geistreiches Aperçu: Spiegel einer Mentalität, der alles interessant und zuletzt alles gleichgültig ist – wichtig und unwichtig in einem. Alles geht in der Baudrillard-Welt – man kann aber auch alles lassen. Seine Welt ist nur noch virtuell.

144

Intellektuelle wie Baudrillard wirkten am Prozeß der Entfremdung mit, der die komplexen Beziehungen zwischen Frankreich und den Vereinigten Staaten bestimmt. François Mitterrand, der kein Wort Englisch sprach (aus der Zeit seiner Kriegsgefangenschaft verstand er wenigstens einige Brocken Deutsch), begegnete dem transatlantischen Koloß voller Unbehagen und Mißtrauen, obwohl er es während des ersten Golfkrieges für angebracht hielt, ein Kontingent französischer Truppen in den Irak zu entsenden, um die französische Präsenz in den Händeln des Mittleren Ostens zu demonstrieren.

Sein Nachfolger Jacques Chirac hat sich als junger Mann in Amerika umgeschaut, und er meistert die Sprache der Weltmacht auf respektable Weise. Die versprochene Annäherung an den großen Partner aber gelang auch ihm nicht, denn immer wieder drängte sich General de Gaulles Konzept von einem «Dritten Weg» ins Geflecht seiner ehrgeizigen Wünsche. Noch immer übt man sich dann und wann «in der Kunst, sich zu überschätzen», die Charles de Gaulle ins Gemüt seiner Landsleute gepflanzt hatte, wie Pascal Bruckner zornig feststellte. Manche französischen Politiker scheinen es den Demonstrationen ihres Selbstbewußtseins schuldig zu sein, die Amerikaner durch rasche Erregbarkeit, Rechthaberei und eitle Insistenz zu reizen – und sie sehen sich in ihren Vorurteilen nur zu oft durch die aggressive Spießermentalität amerikanischer Senatoren, Kongreßabgeordneter und Journalisten bestätigt: ein unheilvoller *circulus vitiosus* gegenseitiger Entnervung. Die Memoiren des einstigen Ministers Alain Peyrefitte, eines Gefährten der späten Jahre des Generals, wiesen mit schokkierender Deutlichkeit nach, mit welch störrischer Entschlossenheit der Retter Frankreichs die Unabhängigkeit seines Landes vom «neuen Rom» erstrebte. Aus keinem anderen Grund suchte Charles de Gaulle die Allianz mit der Sowjetunion, über deren totalitären Charakter er sich keine Illusionen machte. Er schien dabei zu ver-

145

gessen, daß eine imperiale Diktatur, wie sie Josef Stalin etabliert hatte, in Wahrheit nicht bündnisfähig sein konnte, weil sie ihre eigenen Ziele ohne jede Rücksicht auf Loyalitäten und ohne moralische Skrupel verfolgte. Der Kalte Krieg bestimmte die Realitäten, denen sich auch der willensmächtige General de Gaulle zu beugen hatte.

Von Georges Bidault, dem Außenminister und Regierungschef der ersten Nachkriegsjahre, stammt das Wort, Frankreich brauche die Vereinigten Staaten, um eines Tages ohne sie auszukommen. Zum Glück des Landes und seiner Bürger ließ sich die Generation der großen Diplomaten, die in jener Epoche die Außenpolitik Amerikas lenkten, von solch töricht-naiven, wenn nicht zynischen Konfessionen nicht irritieren. Das Hauptinteresse der politischen Strategen, die den Marshall-Plan entwarfen, galt zwar dem Wiederaufbau West-Deutschlands (dessen Wirtschaft das Startkapital von 1,4 Milliarden Dollar zu nutzen wußte), doch der Löwenanteil fiel Großbritannien (mit 3,2 Milliarden) und Frankreich (mit 2,7 Milliarden) zu.

Das Land atmete auf, und seine Bürger machten sich ans Werk, die graue Armut des Nachkriegs zu verscheuchen. Charles de Gaulle, der sich 1946 abrupt aus der Verantwortung für das Geschick Frankreichs zurückgezogen hatte, beobachtete die Einbindung Frankreichs in die Atlantische Allianz und die *pax Americana* mit kühler Distanz. Nach seiner Rückkehr an die Macht hütete er sich weise davor, das Bündnissystem zu zerstören, doch er löste Frankreichs Streitkräfte aus der militärischen Integration der NATO. Damit gab er zu erkennen, daß er noch immer an seinem Grundziel festhielt: eine Dritte Kraft in Europa oder, noch lieber, Europa als Dritte Kraft zu etablieren – eine Wunschvorstellung, die scheitern mußte, da seine deutschen Partner nicht bereit waren, auf den Schutz der Vereinigten Staaten zu verzichten.

Der deutsch-französische Freundschaftsvertrag, der keineswegs eine «rasch verwelkende Rose» war, wie de Gaulle melancholisch vermutete: er konnte freilich die «Sonderbeziehung» der Bundesrepublik zu Amerika nicht außer Kraft setzen. Die *force de frappe* bot keinen Schutzschild, den die Deutschen gegen die Protektion durch die amerikanische Nuklearmacht auszutauschen bereit waren. Im Gegenteil, die Atomwaffen Frankreichs wurden lange Jahrzehnte als eine zusätzliche Bedrohung empfunden, da die Kurz- und Mittelstreckenraketen auf Ziele in Deutschland gerichtet waren. Wohin auch sonst, da sie von den Bunkern in den Bergen der Provence höchstens bis nach Polen reichten? Es ist François Mitterrands Verdienst, daß er diese unsinnige Strategie schließlich widerrief und die nukleare Abschreckung ganz den atomaren Untersee-Booten und der Luftwaffe übertrug.

So hochfahrend der Wille de Gaulles gewesen sein mag: der General verlor die Realität niemals ganz aus den Augen. In den Tagen der Kuba-Krise, als der Weltfriede in Gefahr war, versicherte er dem Präsidenten der Vereinigten Staaten ohne Zögern, daß Frankreich an seiner Seite stehe. Auch dem Berlin-Ultimatum des jähmütigen Nikita Chruschtschow, das die Abgrenzung der Einflußsphären in Europa auszuheben und damit das Weltgleichgewicht zu erschüttern drohte, setzte er harten Widerstand entgegen. Wenn es um Krieg und Frieden ging, erwies sich Charles de Gaulle als ein zuverlässiger Partner.

Ihm war gegenwärtig, daß Amerika und Frankreich durch historische Gemeinsamkeiten verbunden waren, die zuletzt über alle aktuellen Irritationen triumphierten. In Washington erinnerte man sich stets mit sorgsam kultivierter Sentimentalität, daß die Amerikanische Revolution ohne Frankreichs militärische und finanzielle Hilfe von dem übermächtigen britischen Empire erdrückt, daß die junge Unabhängigkeit der transatlantischen Provinzen rasch erdrosselt worden wäre. Die Minister Ludwigs des Sechzehnten waren gewiß eher von einem antibritischen Kalkül gelenkt als von einem hochherzigen Engagement für die Sache der Amerikaner. Sie nutzten den Krieg an den fernen Küsten, um England, den Erzkonkurrenten im Kampf um die Weltherrschaft, in Schach zu halten, die französische Position auf den Zuckerinseln der Caribe zu stärken, womöglich das Resultat des Siebenjährigen Krieges zu korrigieren.

Der Graf Lafayette aber, ein junger Idealist, ließ sich für die Freiheit Amerikas begeistern. Er brach mit einer Schar von Freiwilligen auf, um George Washington, dem Kommandeur der Patrioten, in seiner Bedrängnis zu Hilfe zu eilen. Der junge Offizier, ein Mann von mitreißendem Elan, sog drüben begierig die Ideen der bürgerlichen Freiheit auf. Sein Enthusiasmus und seine amerikanische Erfahrung bestimmten ihn, eine Schlüsselfigur im Anbruch der Französischen Revolution zu werden: Kommandeur der Nationalgarden, Mittler zwischen den liberalen Aristokraten und dem Dritten Stand, Architekt der konstitutionellen Monarchie.

Der amerikanische Gesandte Thomas Jefferson, Autor der Unabhängigkeitserklärung, lud den Grafen Lafayette in sein Haus, um mit ihm und dessen Freunden über die Deklaration der Menschenrechte zu debattieren, die sich in manchen Wendungen an seinen eigenen Entwurf für eine Erklärung der Grundrechte im Staate Virginia anlehnte. Damit machte sich der Diplomat (streng besehen) der unmittelbaren Einmischung in die Politik seines Gastlandes schuldig, doch darum kümmerte sich in jenen stürmischen Tagen keine Seele.

Frankreich und die Vereinigten Staaten blieben völlig konsequent stets durch einen Grundstrom der Freundschaft miteinander verbunden. Es war der elsässische Bildhauer Bartholdi, der ein Jahrhundert später zum Jubiläum der amerikanischen Unabhängigkeit die Freiheitsstatue schuf: die Freundesgabe der jungen Republik für die transatlantische Demokratie. Eine kleinere Replika des Monumentes prangt gegenüber dem Eiffelturm am Ufer der

Seine. Als sich Tokio, die japanische Metropole, 1998 zur Feier eines «französischen Jahres» rüstete, schickte die Stadt Paris die Skulptur, die eher ein Symbol Amerikas ist, als Zeichen der Freundschaft in den Fernen Osten: ein hübsches Aperçu, das beweist, wie schwierig es für die Franzosen ist, völlig konsequent in ihrem Antiamerikanismus zu verharren. Die Gemeinsamkeit ist in Wahrheit tief in ihrem historischen Bewußtsein verankert.

Als der General John G. Pershing im Jahr 1918 an der Spitze des amerikanischen Expansionskorps französischen Boden betrat, rief er salutierend «Lafayette, nous voilà»: ein Augenblick, dessen Pathos die Herzen der Amerikaner und Franzosen noch heute berührt.

Die Dankbarkeit General de Gaulles für die zweite Rettung Frankreichs mochte von Gefühlen verletzten Stolzes gedämpft sein. Doch er war sich jenseits seines Starrsinnes durchaus bewußt, daß eine amerikanisch-französische Grundverbundenheit existiert, die stark genug zu sein scheint, alle Mißverständnisse und Krisen zu überleben. Sie wird sich zuletzt auch gegen den Geist der Aufsässigkeit behaupten, der die gemeinsame Währung Europas vor allem als das entscheidende Instrument anpreist, das geeignet sei, «die Dollar-Hegemonie zu brechen»: ein eher infantiles Argument, das die schlichteren Gemüter unter den Kongreßabgeordneten in Washington und im Corps der Journalisten (von denen es viele gibt) mitunter vergessen läßt, daß die Einheit Europas stets ein Grundziel der amerikanischen Politik war.

Auch drüben stellt mancher robuste Kommentator die dümmlich-schlaue Erwägung an, ob den Interessen der Weltmacht – *divide et impera!* – nicht besser gedient sei, wenn der Prozeß der europäischen Vereinigung aufgehalten werde. Die schärfsten Kritiker des großen Experimentes der gemeinsamen europäischen Währung malten in düsteren Phantasien aus, daß die unvermeidlichen Spannungen im Lebenskreis der gemeinsamen Währung

149

und der französisch-deutsche Kampf um die Vorherrschaft zu einem neuen Krieg führen könnten. Manch andere gingen, in hartem Widerspruch zu dieser absurden These, noch weiter und prophezeiten, die transatlantische Konkurrenz führe geradewegs in einen amerikanisch-europäischen Krieg.

Die Stimmen der Vernunft werden stärker sein: Die Strategen der amerikanischen Wirtschaft haben die Vorteile eines gemeinsamen Marktes und eines gemeinsamen Währungsbereiches von mehr als dreihundert Millionen Menschen längst begriffen. Zbigniew Brzezinski, einst der außenpolitische Stabschef Präsident Carters, sagte in fester Zuversicht, die europäische Konföderation werde «das größte Abenteuer und die bedeutendste Errungenschaft des zwanzigsten Jahrhunderts» sein. «Weder wird Deutschland dieses Europa dominieren», rief er, «noch wird es ein Instrument der französischen Interessen sein.»

Es ist wahr, daß eines der entscheidenden Motive des Vereinigungsprozesses die deutsche «Einbindung» ist: eine realistische und logische Antwort auf das leidige Grundproblem des Kontinents, das auf die allzu einfache Formel gebracht wurde, daß der Staat im Herzen Europas zu stark sei, sich den Interessen der Nachbarn zu beugen, und zu schwach, den Partnern seinen Willen aufzwingen zu können. In der Tat ist die europäische Vereinigung die einzige Chance, die permanente Gefährdung und die Erschütterungen des inneren Gleichgewichtes, die zwei der schrecklichsten Katastrophen der Weltgeschichte provozierten, durch die Organisation der Gemeinsamkeiten aufzufangen.

Freilich wird oft übersehen, daß die «Einbindung» kein einseitiger Vorgang ist: er gilt auch für Frankreich. Jeder ist Gulliver, der von den liliputanischen Nachbarn festgebunden wird – und jeder ist Liliputaner, der den Riesen einzuschnüren versucht. Die gegenseitige Abhängigkeit wird von Beginn an den Ehrgeiz dämpfen, Europa als «Dritte Kraft» zu etablieren – oder, Gott behüte, als

«Zweite Kraft», da Rußland, obwohl noch immer atomar bis an die Zähne bewaffnet, durch die ruinöse Erbschaft der Sowjetunion für lange Jahre zu geschwächt ist, um als Weltmacht auf den Plan zu treten, und China fürs erste weder über die wirtschaftliche Kraft noch über die militärischen Mittel verfügt, jenen Anspruch zu erfüllen.

In Wahrheit werden die Europäer in mancher Hinsicht die Griechen der neuen Römer bleiben, mit den Regenten im Weißen Haus und dem Kapitol in Washington durch die atlantische Allianz unlösbar verbunden. Das «Abendland» der Jahrtausendwende erstreckt sich vom Bug bis hinüber nach Kalifornien. Es mag wohl sein, daß eines Tages auch Rußland dem großen Westen zugehört, den der amerikanische Historiker Henry Adams – Urenkel und Enkel zweier Präsidenten der Vereinigten Staaten und in jeder Faser europäisch gebildet – bei der Niederschrift seiner Erinnerungen als ein visionäres Konzept skizzierte. Dahin ist es ein weiter Weg.

Europa aber kann nicht antiamerikanisch sein, wenn es seine Einheit nicht aufs Spiel setzen will. Es kann, es soll Amerika ergänzen, korrigieren, es kann, es soll ihm widersprechen, ja es soll ihm widerstehen, wenn es der Arroganz der Macht verfällt: all das ist möglich, und es mag notwendig sein – aber es kann sich von Amerika nicht lösen.

Die Deutschen werden ihre enge Verbindung zu den Vereinigten Staaten nicht aufs Spiel setzen. Die osteuropäischen Staaten, die sich um die Mitgliedschaft in der Europäischen Union bewerben, suchen Schutz vor den Russen (und – auch wenn man darüber nicht viel redet – noch immer vor den Deutschen); sie suchen ihn nicht bei Frankreich, sondern in der NATO, das heißt: bei Amerika. Um so segensreicher, daß durch das «Dreieck von Weimar», das seinen Namen dem Ort der ersten Konferenz verdankt, eine Basis für das permanente Gespräch zwischen den französischen,

deutschen und polnischen Staatsleuten geschaffen wurde. Die törichte Rede, daß des Nachbarn Feind dein Freund sein müsse,
wurde damit endlich außer Kraft gesetzt. Das Gespenst des «Cor-
don Sanitaire» in Osteuropa ist, wenn nicht vieles trügt, ein für
allemal verscheucht.

Die Präsenz der Vereinigten Staaten bleibt, auch im Geflecht der
innereuropäischen Beziehungen, ein objektivierender Faktor. Die
europäische Konföderation wird nicht eine Gegenmacht zu Amerika sein, sondern ein ergänzender Partner. Eine weltpolitische Arbeitsteilung mag sich im Fortgang der Zeit ergeben. Dies setzt die
Bereitschaft der Europäer voraus, den Amerikanern manche ihrer
Lasten abzunehmen – aber auch den Willen, den Großen Bruder
an seine Verantwortung zu erinnern, wenn er durch Anfälle des
Größenwahns oder durch die verkrampfte Egozentrik seiner Pro-
vinzpolitiker (wie des bigotten Senators Helms) von der Erfüllung
seiner internationalen Pflichten ferngehalten wird.

Es braucht eine Frist der Gewöhnung, bis Kongreßabgeordnete,
Senatoren und Minister der Vereinigten Staaten gelernt haben
werden, Europa als eine Einheit zu betrachten. Sie sollten darauf
verzichten, Deutschland als ihren «Festlandsdegen» zu betrachten.
Zum anderen dürfen sie hoffen, daß die französischen Politiker
dazu überredet werden, die Differenz zwischen Anspruch und
Potenz genauer ins Auge zu fassen, als dies manchmal der Fall
war. Frankreich wird seine geopolitischen Passionen zügeln müssen, die sich so oft als kostspieliges Allotria erweisen. Der Traum
von der Grandeur, wenn er sich noch regen sollte, läßt sich nicht
ohne weiteres auf die Europäische Union übertragen, die kein
Weltmacht-Ersatz ist.

Der große Jean Monnet, der es verdient, als Gründervater der
Vereinigung verehrt zu werden, soll am Ende seiner Tage gesagt
haben, wenn er den Prozeß der Europäisierung Europas noch einmal beginnen dürfte, würde er mit der Kultur beginnen (doch es

gibt für diese Äußerung keinen Beleg). Die Wirklichkeit aber besagt, daß die kulturellen und zivilisatorischen Gemeinsamkeiten zwischen den Partnern der Union zu einem guten Teil amerikanisch bestimmt sind. Man mag darin, mit dem Blick auf die deutschen und französischen Neigungen zum arrogant-antiamerikanischen Protest, das Walten des ironischen Prinzips der Geschichte erkennen.

Als sich nach dem Krieg wieder die Türen zur Welt öffneten, wurden die Bücher amerikanischer Schriftsteller und die Stücke amerikanischer Dramatiker in Frankreich wie in Deutschland als die Offenbarung neuer Realitäten willkommen geheißen. Autoren vom Rang William Faulkners erwarben erst durch die staunende Bewunderung, die ihnen in Europa begegnete, den Respekt ihrer Landsleute. Amerikanische Filme bewegten die Phantasie des Publikums bis in die hintersten Winkel des Kontinentes. Der Jazz wurde auch in Europa als das vitalste Element in der Musik des Jahrhunderts empfunden. Die jungen Franzosen eigneten sich, nicht anders als die jungen Deutschen oder Italiener, die Gesten und Merkmale amerikanischer Folklore an, als sei es die eigene. Ob in Deutschland, Frankreich oder anderswo: die Jungen und Mädchen, die von nun an Teenager hießen, tanzten amerikanische Tänze, und die Spatzen pfiffen amerikanische Schlager von allen Dächern. Das Fernsehen trug die Unterhaltungsprogramme, die dramatischen Serien und die *soap operas* Amerikas in nahezu jede europäische Stube. Es vermittelte amerikanische Wirklichkeiten, amerikanische Träume, amerikanische Alpträume. Man könnte sagen, daß es in seinem Wesen grundamerikanisch ist (wie das Internet, das die Welt von morgen in jeder Regung durchdringen wird): eine «Massenkultur», wie die Intellektuellen der Alten Welt verächtlich sagen. Anders: eine Kultur des Volkes und der Völker, eine Kultur aller Stände und Klassen, oft genug von einschüchternder Vulgarität, oft genug von bezwingender Qualität.

Die technische Zivilisation Amerikas veränderte den europäischen Alltag mit einer nahezu revolutionären Vehemenz und zugleich mit einer völligen Selbstverständlichkeit, die so unaufhaltsam war, daß wir sie nur selten registrierten. Daß in jedes Haus ein Telefon, ein Kühlschrank, eine Waschmaschine gehört, lernten wir von den Amerikanern. Die Massenmotorisierung Amerikas war der unseren um Jahrzehnte voraus. Das Flugzeug wurde nach amerikanischem Beispiel ein übliches Verkehrsmittel, dessen wir uns ohne Umstand bedienen. Schließlich begannen wir, Hochhäuser nach amerikanischem Vorbild zu bauen.

Das Militär folgte ohnedies, wie fast überall auf der Welt, dem Vorbild der amerikanischen Streitkräfte: in der Ausrüstung, in der Uniformierung, in der Gestik, sogar beim Haarschnitt. Frankreich bewahrte das traditionelle *képi*, das so steil und steif auf den Köpfen sitzt, in der Armee und bei der Polizei nur für die Offiziere und für feierliche Anlässe. In der Regel wurde es, selbst bei der Polizei, durch das Schiffchen oder die Schildmütze nach amerikanischem Zuschnitt ersetzt. Irgendwann gewöhnten sich selbst die Großväter und Großmütter daran, amerikanische Jeans zu tragen. Die Realitäten und die Symbole des *American way of life* okkupieren alle Kontinente des Erdkreises. In der Tat: es gibt gute Gründe, von einer Weltzivilisation zu reden, doch wir können nicht leugnen, daß sie in weitem Maße amerikanischen Ursprungs ist.

Amerikanische Begriffe und Redewendungen fügten sich – manchmal auf groteske Weise mißverstanden – in die Berufs- und die Alltagssprache der Franzosen wie der Deutschen ein, zum tiefen Mißvergnügen der Puristen, die nicht begreifen wollen, daß sich jede lebendige Sprache permanent wandelt, immer bereit, neue Worte aus fremden Idiomen aufzusaugen. Die Wächter der guten französischen Sitten, die ihre Sprache zelebrieren, rannten voller Erbitterung gegen den Jargon des *franglais* an – am Ende immer vergebens. Der gaullistische Parteifunktionär Jacques Toubon, der einige Jahre das Amt des Kulturministers versehen (und in dem prachtvollen Palais Royal residieren) durfte, machte verzweifelte Anstalten, die sprachliche Überfremdung zu blockieren. Die Nationalversammlung beschloß in der Tat ein Gesetz, das englische Phrasen und *slogans* aus der Werbung, aus den Dokumenten der Ämter und der Handelsorganisationen, aus dem Radio und aus dem Fernsehen verbannen sollte. Es wurde, wie der amerikanische Historiker Richard Pells schrieb, der Gebrauch von nahezu dreitausend Redewendungen untersagt. Eine Kommission bot Richtlinien an, die vorschlugen, *popcorn* durch *maïs soufflé, fast food* durch *restauration rapide, bestseller* durch *succès de librairie, walkman* durch *baladeur, airbag* durch *coussin gonflable de protection* zu ersetzen.

Der eifernde Minister und seine Gehilfen schienen nicht wahrzunehmen, daß sie sich der Lächerlichkeit preisgaben – nicht nur draußen in der Welt, sondern auch im eigenen Lande. Niemand schien sie darauf hinzuweisen, welches Unheil die deutschen Sprachfanatiker gestiftet hatten, die einst eine germanisierte Kunstsprache zu kreieren versucht hatten, in der alle französischen, englischen und lateinischen Worte ausgerottet werden sollten. Zum Unglück hatten sie sogar partiellen Erfolg. Sie brachten es zuwege, *trottoir* durch den Bürgersteig, das Automobil durch das Kraftfahrzeug, die Sekretärin durch die Bezeichnung Schreibkraft zu ersetzen (wie sie überhaupt durch alle Kraftworte fasziniert zu sein schienen). Selbst die Nationalsozialisten verstießen gegen die Regeln der artifiziellen Erstarrung, die der Sprache aufgezwungen wurde. Doch es gab keinen Zweifel, daß sich hier störrisches Hinterwäldlertum mit einem expressiven Nationalismus vermengte.

Das deutsche Beispiel hätte abschreckend wirken müssen. Doch die Franzosen dachten ohnedies nicht daran, den absurden Verordnungen Monsieur Toubons zu gehorchen. Die Peugeot-Händler verkauften ihren Kunden ohne Umstand einige Jahre später keine Autos mit *coussins gonflables de protection*, sondern mit *airbags*.

Man mag sogar fragen, ob sich Frankreich nicht in vieler Hinsicht widerstandsloser amerikanisiert hat als Deutschland, zumal im Süden. Die kalifornische Küste wurde gelegentlich als eine überdimensionierte Côte d'Azur bezeichnet. Umgekehrt stellt sich manchem Amerikaner die Küste des Mittelmeers zwischen Monte Carlo und Hyères, wo selbst die Luft nach der kalifornischen Mischung von Eukalyptus und Benzin schmeckt, als ein Kalifornien *en miniature* dar: *Marinelands, Safari Parks, Adventure Golfs, Commercial, Business, Convention Centers*, postmoderne Apartment-Blocks, die alle Geschmackskatastrophen des Jahrhunderts triumphal in sich vereinen (wie im funkelnagelneuen Port Fréjus), *Vacation Colonies, T-Shirts* und *Baseball*-Mützen, grellbunte Werbung, flackernde Neon-Röhren in Lila, Rosa und Türkis an den Tankstellen-Landschaften, von denen die Einfahrten in die Städte gesäumt sind, McDonald's selbst vor den Toren von Saint-Tropez: es fehlt nichts, was die geballte Gewalt des amerikanischen Massentourismus (angeblich) fordert.

Die *fast-food*-Industrie setzt jährlich sechsunddreißig Milliarden Francs um, McDonald's allein beschäftigt fünfundzwanzigtausend Menschen in seinen sechshundert Abfütterungslokalen (obwohl siebenmal so viele Schinken-Butter-Sandwiches wie Hamburger verzehrt werden). Im Jahre 1977 saßen die Franzosen im Durchschnitt eine Stunde und zwanzig Minuten am Mittagstisch, heute sind es bloß vierzig Minuten. Jeder zweite Franzose betrat noch nie eines der klassischen Cafés.

Doch es hilft nicht das geringste, sich über den Fortschritt der modern-schnittigen Allüren und der massierten Vulgarität zu beklagen. Überdies ist es nicht die Schuld der Amerikaner, daß die Europäer sklavisch jede ihrer Versündigungen nachäffen. Sie selber haben es längst gelernt, die schreienden Reklamen von ihren *park ways* zu verbannen. Sie schützen die alten Städtchen und Dörfer Neuenglands und die historischen Siedlungen im Westen womöglich sorgsamer, als wir unsere Traditionen und die Schauplätze unsere Geschichte zu bewahren verstehen.

Zum anderen: man darf zu Recht vermuten, daß die Amerikanisierung Europas eine Voraussetzung des Prozesses seiner Vereinigung war. Nicht nur der übernationale Charakter der Technik, nicht nur die Elemente einer gemeinsamen Zivilisation, nicht nur die Bedrohung im Kalten Krieg, sondern auch das amerikanische Ideal der offenen Grenzen überredete die Bürger, die Journalisten, die Politiker, das große Experiment der Vereinigung zu wagen – gleichviel ob in einem «Europa der Vaterländer» oder in einer Konföderation. Es hat seine zwingende (und ironische) Schlüssigkeit, daß Jean Monnet die ersten europäischen Konzepte ausgerechnet in Washington entwarf, unterstützt von einem kleinen Stab amerikanischer Gehilfen, die sich bis zum Ende ihrer Tage als leidenschaftliche Europäer betrachteten – unter ihnen George Ball, der in den Kennedy- und Johnson-Jahren als Staatssekretär im State Department der wegweisende Kopf der amerikanischen Diplomatie war (bis er sich wegen des Vietnam-Krieges zurückzog).

Der Gang der Dinge gab Jean Monnet, dem Architekten der Einheit, recht. Mit einem Gran Übertreibung ließe sich sagen, daß er vor der Geschichte über seinen Widersacher Charles de Gaulle gesiegt hat. Die Wirklichkeit ist komplexer. In Wahrheit sind die Visionen und die Energien Jean Monnets und Charles des Gaulles ineinander verschmolzen.

KAPITEL 11
Beschädigte Paradiese

Vielleicht ist Gott nicht mehr Franzose, aber Frankreich birgt in seinen Regionen viele Paradiese: in Burgund und in der Dordogne, an der Loire und in manchen Tälern des Elsaß, am Rand der Pyrenäen, in der Bretagne und in der Provence.

Natürlich ist jedes der Paradiese ein wenig beschädigt und ein bißchen verludert, und dennoch ist jedes die schöne Projektion unseres Heimwehs nach dem Garten Eden, aus dem wir vertrieben wurden, lange vor unserer Kindheit, ja lange bevor wir in den Bauch der Mutter gerieten, lange vor allem Menschengedenken. Auch wenn sie nur noch ein Abglanz des Gartens sein mögen, der sich nahe am Himmel befand: wir betreten keines unserer Paradiese, ohne daß die Furcht an unseren Herzen zerrt, den Zauber zu verlieren. Vielleicht mauern sich darum die Reichen, die Schönen, die Auserwählten ein, wo immer sie sich niederlassen. Sie verstecken sich vor dem Neid und der Neugier hinter hohen Hecken, sie ziehen Zäune, weil sie meinen, ihr Geschmeide, ihre feierlichen Bilder, ihre goldenen Schlüssel und ihre eleganten Karossen vor dem Zugriff gieriger Hände bewahren zu müssen. In Wahrheit schützen sie nur ihre Träume: den Hauch des Paradiesgartens, den sie in den Gehegen des Luxus und den Zitadellen ihrer Sehnsucht einzufangen versuchen – in viktorianischen Villen mit Zinnen und Türmen, rosenfarbenen Schlößchen mit verwunschenen Rokoko-Parks, Filmpalästen aus poliertem Marmor, die von Hollywood über die Ozeane herüberschwebten, in weitgestreckten Landhäusern mit ockergetönten Fassaden, die sich mit betonter Diskretion dem Stil der Landschaft verpflichten, dem Tourismus weit entrückt, der die Nase am Schaufenster der eigenen Torheit platt drückt und zum Beispiel offenen Maules auf die Motoryachten im Hafen von Saint-Tropez starrt, auf denen sich die Snobs gegen elf Uhr den ersten Champagner servieren lassen.

Nach dem 14. Juli, wenn Frankreich für sechs Wochen die Läden, die Bürotüren, die Fabriktore zuschließt und seine Bürger nach Süden schickt, wo sich an den Stränden die europäischen Völker schwitzend vermengen: dann scheint das beschädigte Paradies der Côte d'Azur in einer Orgie der Vulgarität zu versinken.

Doch es braucht nur ein wenig Geduld: eines schönen Morgens Mitte September, wenn der Geruch des Herbstes durch die Gärten zieht, ist der Spuk wieder verschwunden. Das Land beginnt, sich auf seine Natur zu besinnen. Die Dörfer und Städtchen kehren zu sich selber zurück. Die Boutiquen-Besitzer und Patrons der Restaurants zählen ihr Geld, überantworten die Gehilfen dem Sozialstaat, der sie über den Winter bringt, dann reisen sie nach Martinique, Guadeloupe oder zum fernen Tahiti.

Die Zurückbleibenden finden ihr Lachen wieder: Auf den Märkten rollen die Scherze von Stand zu Stand. Die Fremden werden nicht länger als lästige Objekte betrachtet, denen man die Taschen leert, ehe man sie zum Teufel wünscht. Die Gesichter öffnen sich. Vielleicht hat sich Jean Cocteau am Ende doch getäuscht, als er spottete, die Franzosen seien nichts anderes als schlechtgelaunte Italiener.

Übrigens sind die Menschen an der Côte d'Azur und der Côte des Maures zum guten Teil italienischer Herkunft. Die Namen in den Telefonbüchern zeugen davon. Ihre Muttersprache haben sie meist vergessen. Doch neben ihnen behaupten sich einige provenzalische Sprachinseln. Ambitionierte Gemeinden bieten Kurse an,

159

in denen das fast untergegangene lateinische Altidiom des Midi
wieder erlernt werden darf.

Überhaupt wird die Folklore sorgsam gehätschelt wie in Bayern
oder in Österreich. An den Festtagen marschieren die Trachten-
züge unter Böllerknall hinter Trommlern, Pfeifern und der gold-
glänzenden Monstranz, von Priestern geleitet, durch die alten Gassen: ein malerisches Bild, wie man so sagt, belustigend und auch
ein bißchen traurig, weil es von der Wirklichkeit der Landschaft so
weit entrückt ist.

Im Umkreis dieser irrealen Realität ereignet sich manches, das
die Nachbarschaft einer anderen Welt anzeigt. Nur wenige Kilo-
meter von den Yachten der Schönen und Reichen, von den Park-
plätzen der Touristenbusse, von den hunderttausend Menschen
entfernt, die im Sommer Tag für Tag durch Saint-Tropez ziehen,
schoß an einem strahlenden Morgen vergangenen Jahres plötzlich
der brave Joseph A. in einem Anfall schwarzen Zorns die Anver-
wandten seiner entlaufenen Frau, den Freund seines schwulen
Sohnes und zwei Gendarmen über den Haufen, ehe er sich mit der
Wildschweinbüchse selber entleibte: ein Amokläufer, der aus einer
archaischen Welt stammte.

Es gibt ihn noch: den alten, harten Süden, nicht nur drüben in
Korsika. Es gibt die Alten, die in feuchtkalten Winternächten
durch die leeren Gassen zum einzigen Café schlurfen, das noch offen ist, um bei einem Pastis mit einem Kameraden über die Ver-
kommenheit der Politik zu schwatzen. Früher, als die Hotels in den
Sommermonaten geschlossen hatten (weil keiner der englischen,
der russischen, der deutschen Aristokraten oder der Pariser Großbürger daran dachte, sich der Hitze des Juli oder August auszusetzen, die man für mörderisch hielt), starrten sie in der Stille des
Mittags, wenn die Sonne am höchsten stand, aus den Fensterhöh-
len ihrer Steingehöfte den Fremden nach. Manchmal stiegen sie
mit ihren Flinten, dem wichtigsten Ausweis ihrer Männlichkeit, in

die Täler herab, wie es Jean Giono, dieser wortmächtige Dichter
der Provence, in seinem Bericht über den Fall Dominici beschrieben hat (und wie man es aus dem Film mit Jean Gabin kennt,
der nach seiner Erzählung gedreht wurde): das war der Zusam-
menprall eines Archaismus, der aus fernen Epochen in die unsere
herüberragt, mit den rätselhaften Ordnungen unserer fortschreitenden Zivilisation. Das Land war elend arm, ehe die Touristen
kamen, und ist es droben in den entlegenen Dörfern bis heute geblieben. In den steinigen und ausgedörrten Böden gedeiht nichts
als Wein, der fast überall wächst, ein bißchen Obst, kaum Getreide.
Die Früchte der Kastanienwälder mußten, wenn das Brot zur
Neige ging, bis zur nächsten Ernte weiterhelfen. Seit den Zeiten
der Phönizier, der Römer, der Griechen blieb das Volk der Fischer
unter sich. Fremde stiegen selten über die Berge zur Küste hinab,
nur die Sarazenen stellten sich regelmäßig ein, um Tribut zu er-
pressen.

Die Côte d'Azur der Touristen und der alte Süden: sie leben nebeneinander her, und sie scheinen sich kaum zu berühren. Durch
die Stücke von Marcel Pagnol mit ihrem herben und so freundlichen Realismus weht die Fremden manchmal ein Hauch der Erinnerung an, wie es einst gewesen sein mag. Doch herausfordern-
der als «La Femme du Boulanger» begegnet ihnen der Geist des
Midi in den Büchern des großen Jean Giono: in ihnen lebt das Ge-
räusch des Windes, der von den Bergen herabfegt, das Flüstern der
Nächte, das weiße Licht, das sich in der Glut des Nachmittags selber aufhebt, das Mysterium der Landschaft.

Von Port Madeleine hinüber nach Korsika ist es mit dem Schiff nur
eine halbe Tagesreise, und mit dem Flugzeug ist es von Toulon aus
eine halbe Stunde. Die Wälder der Pinien, der Stein- und Kork-
eichen, das Gestrüpp des Maquis, die Formationen der Berge sind
hüben wie drüben die gleichen. Doch die Insel ist wilder. In den

entlegenen Tälern und in den Dörfern, die so abweisend und streng wirken wie nur irgendein Gebirgsnest im Apennin, hat sich der italienische Dialekt behauptet, der noch vor einem Jahrhundert die Insel völlig beherrschte.

Ganz, sagt man, gehört sie auch jetzt noch nicht dem Mutterland zu. Immer wieder gelingt es den Geheimorganisationen der Unabhängigkeitsbewegung – die in Wahrheit keine Bewegung ist, sondern ein Gewebe in sich zerstrittener Clans –, in die Schlagzeilen der Presse und die Informationsprogramme des Fernsehens vorzustoßen. Die Kämpfer im Untergrund (wie sie sich selbst mit infantilem Eifer stilisieren) begnügten sich in der Regel damit, Ferienhäuser in Brand zu stecken, um die Fremden zu vertreiben, Bomben in Polizeilokale oder Stationen der Gendarmerie zu werfen, Brandsätze vor den Türen der Verwaltungsgebäude explodieren zu lassen. Menschenleben blieben in der Regel verschont. Doch dann wurde ein Präfekt auf dem Weg zu einer Kulturveranstaltung nach Mafia-Manier mit einer Reihe von Salven aus Maschinenpistolen erschossen.

Ein Fanal. Die Zentralregierung in Paris hütete sich davor, mit ungezielt harten Repressionen zu antworten, wie es die Täter erhofft haben mochten, die vermutlich eine Verschärfung der Konflikte zu provozieren gedachten. Die Kundgebungen der Solidarität mit dem Opfer, zu denen Zehntausende der Bürger zusammenströmten, dürften die puerilen Partisanen nicht allzu tief beeindruckt haben. Sie sind, wie die Terroristen jeder Couleur, der Wirklichkeit enthoben. Wenn sie nicht in einer Wahnwelt lebten, hätten sie längst zur Kenntnis nehmen müssen, daß die nationalistischen und regionalistischen Vereinigungen bei Wahlen höchstens mit zehn Prozent der Stimmen rechnen können.

Indes, sie beharren auf dem besonderen Schicksal der Insel. Korsika hat im Gang seiner Geschichte so viele fremde Herren gekannt, die an seinen Küsten landeten: Etrusker und Phönizier,

Karthager und Römer, Vandalen und Byzantiner, Goten und Sarazenen, Lombarden, Genueser, schließlich die Franzosen. Vergebens hatte Pascal Paoli in der Neige des achtzehnten Jahrhunderts
versucht, zwischen Genua, England und Frankreich manövrie-
rend, seinem Ländchen die Unabhängigkeit zu sichern. Er starb im
Exil. Der Clan Bonaparte schien die Insel ein für allemal an Frankreich zu binden, doch eine völlige Integration ist niemals geglückt.
Jocelyne Cesari, die am Institut d'études politiques in Aix-en-Provence lehrt, schrieb, das korsische Problem sei mit der *exception
française* verknüpft: der «republikanischen Mystik der Einheit»
von Territorium, Sprache und Kultur. Der Staat präsentiere sich
als «Instanz der universellen Vernunft, der gegenüber jede parti-
kularistische Neigung illegitim» ist. Dank seiner Inselstellung
aber sei Korsika der «Logik der Assimilation» teilweise entkommen.

In den achtziger Jahren hat der sozialistische Innenminister
Pierre Joxe Korsika eine weitgehende Autonomie gewährt. Dem
Parlament der knapp zweihundertfünfzigtausend Einwohner wurden – im Verhältnis zur Bevölkerungszahl – doppelt so viele Abgeordnete zugestanden wie den Regionalvertretungen auf dem Festland. Überdies sind die Steuervergünstigungen beträchtlich. Sie
bestätigen sozusagen offiziell, daß man in Korsika ohnedies nicht
geneigt ist, sein gutes Geld dem Fiskus auszuliefern.

Die Steuerzahler auf dem Festland wiederum könnten, wenn die
Insel in die Unabhängigkeit entlassen würde, viele Subventions-
milliarden sparen, die Jahr für Jahr nach Ajaccio transferiert
werden. Der alte Raymond Barre, einst Premierminister und nun
Bürgermeister von Lyon, bemerkte darum jovial und sarkastisch
zugleich, man solle die Korsen fragen, ob endlich Ruhe bei ihnen
einkehre, wenn ihnen die Unabhängigkeit gewährt würde. Wenn
sie dies bejahten, dann solle man sie in Gottes Namen ziehen lassen: aber das wäre eine Entlassung ins Elend.

Das korsische Einkommen liegt dreißig Prozent unter dem französischen Standard. Daran wird sich so rasch nichts ändern – und nichts an der Mentalität der Korruption und der Diebereien, die alle Unterstützungszahlungen aus Paris plündern, nichts am Gesetz der «Omertà», dem verstockten und furchtsamen Schweigen, das man zu Recht eine Krankheit genannt hat, nichts an der Konformität der Angst, die jede Regung der Gesellschaft lähmt. Mehr als achtzig Prozent der Korsen hielten es immerhin für möglich, daß die Gefolgschaften der militant-separatistischen Clans, der «Cuncolta», der «National-Korsischen Befreiungsfront» und ihres «Historischen Zweigs», des «Fronte Ribellu», ihre Insel eines Tages mit einem Bürgerkrieg überziehen könnten. Zugleich sprachen sich mehr als neunzig Prozent gegen die Unabhängigkeit aus. Um so mehr mußte es die frankreichtreuen Bürger verwirren, daß der gaullistische Innenminister Charles Pasqua, dessen Familie aus Korsika stammt, Geheimverhandlungen mit den Organisatoren des separatistischen Untergrunds aufnahm und sich damit den Vorwurf der Komplizenschaft mit den Terroristen eintrug. Jene Kontakte nutzten sowenig wie das schneidige «Durchgreifen», das die Regierung in Paris von Zeit zu Zeit ankündigt. Doch solche Entschlossenheit – die in der Regel folgenlos bleibt – richtet gegen den Fatalismus, die Resignation, das Gefühl der Hilflosigkeit vor den mafiosen Verstrickungen, von denen die Lokalpolitik beherrscht ist, ohnedies nicht das geringste aus.

Das korsische Problem wird, nach menschlichem Ermessen, unlösbar bleiben. Korsika ist sich selbst eine schwere Last – aber eine drückendere für das Mutterland. Die «eine und unteilbare Republik» kann, selbst wenn sie es wollte, keines ihrer Kinder verstoßen, sei es auch noch so ungebärdig, lästig und teuer. Das gilt auch für die überseeischen Départements Martinique und Guadeloupe in der Caribe, die Insel Réunion im Indischen Ozean, Tahiti, die

Perle des Pazifik, die zwar die köstlichsten tropischen Früchte in unvergleichlicher Frische liefern und die Sonnensehnsucht der wintermüden Touristen erfüllen, doch alles in allem eine chronische Heimsuchung der Sozialkassen sind. Auch in jenen tropischen Gefilden regen sich rebellische Mini-Minoritäten, die in Schach gehalten werden müssen, was wiederum Geld kostet. Lediglich Guayana, die einstige Kolonie auf dem südamerikanischen Festland, wird tatsächlich gebraucht: als Abschußrampe der Weltraum-Raketen, die Satellit um Satellit mit höchstem Erfolg in den Kosmos befördern.

Neukaledonien, vom «metropolischen» Frankreich antipodisch entfernt, besitzt den Status eines «Territoriums»: es ist kein integraler Teil der Republik – ein TOM (territoire outre-mer) im Unterschied zu den DOM (départements outre-mer). Die kanakischen Einwohner, die noch etwa vierzig Prozent der Bevölkerung ausmachen, neigten in der Mehrheit der Unabhängigkeit zu, die der Insel nun stufenweise gewährt wird, obwohl die weißen Siedler, die zugewanderten Vietnamesen und Polynesier aus leicht erkennbaren Gründen die Autonomie vorgezogen hätten.

Tahiti wiederum – ein département outre-mer – und die anderen pazifischen Inseln waren nur unentbehrlich, solange die Präsidenten, Minister und Generäle in Paris nicht auf Nuklearversuche verzichten wollten. Da dieses leidige Kapitel abgeschlossen ist, dient der Tropenzauber jener Inseln vor allem dem touristischen Verlangen nach einem Paradies (so beschädigt es immer sein mag) und der Erinnerung an ein Kolonialreich, in dem die Sonne nicht unterging. Alles in allem stellen die Bürger des Mutterlandes seufzend fest, daß die Reste des stolzen Imperiums der vergangenen Jahrhunderte wahrhaft zur Bürde des weißen Mannes geworden sind.

Korsika trägt den Mohrenkopf, der in Wahrheit ein Maurenkopf ist, in seinem Wappen, das an einen nordafrikanischen Piraten des

Mittelalters erinnert, der sich in den Kriegen mit den italienischen Nachbarn hervorgetan hat. Die Insel liegt vor den Toren
von Marseille und Toulon. Die Mehrzahl der Menschen korsi-
scher Herkunft lebt auf dem Festland. Gelegentlich sprach man,
mit einer kräftigen Portion Ironie, von der Gefahr einer «Korsifi-
zierung» Frankreichs, deren prominentestes Symbol der Kaiser
Napoleon gewesen sei. In neuerer Zeit wäre Charles Pasqua, der
streitbare Hüter des unverfälschten Gaullismus, zu nennen oder
Jean Tiberi, der umstrittene Bürgermeister von Paris, dem seine
Feinde nachsagen, er habe einige Tausend seiner Landsleute
mit Wahlscheinen für seinen Stimmbezirk ausstatten lassen, damit er ohne Gefährdung in die Nationalversammlung einziehen
könne.

Im Midi wuchsen sich die Durchstechereien im Mafia-Stil und
die Brutalisierung der Politik zum offenen Skandal aus. Selbst in
Port Madeleine, das ein friedliches Nest ist, peitschten eines heiteren Morgens Schüsse durch eine stille, etwas entlegene Villen-
straße: auf der Strecke blieb das Mitglied eines Mafia-Clans, der
lange Jahrzehnte die regierende Macht in Toulon, der Hauptstadt
des Départements, war. Zuerst fiel der Chef Jean-Louis Fargette,
der sich hinter die italienische Grenze nach San Remo zurückgezogen hatte. Auch dort kontrollierte er, wie man sich zuraunte,
jede politische Regung und jede profitable Unternehmung in der
Stadt und in ihrem Umkreis. Der Schutzkordon, mit dem er sich
umgab, hat ihm zuletzt nichts genützt. Nach ihm wurde ein halbes Dutzend seiner Gehilfen exekutiert: einer davon in unserem
Dorf.

Indes, von dem dramatischen Ereignis wird nur selten geredet,
denn es wäre kaum geeignet, den Tourismus zu fördern und wohlhabende Pensionäre zur Ansiedlung zu ermutigen. Die Stadt Hyères, nur eine knappe Autostunde von Port Madeleine entfernt,
lebt noch immer, Jahre danach, unter dem Schatten des Mordes an

der Abgeordneten Yann Piat, einer streitbaren Dame, die einst dem Front National zugehört hatte, um dann für die Partei der Republikaner wieder in die Nationalversammlung einzuziehen. Furchtlos hatte sie von Zeit zu Zeit mit dem Finger auf mafiose Machenschaften gezeigt und damit, wie die Eingeweihten berichteten, den Zorn von Jean-Louis Fargette und seinen Getreuen auf sich gezogen. Mit ihrer Hinrichtung wurde schließlich ein kleiner Lokalgangster beauftragt, der den ominösen Namen Gérard Finale trägt.

Nein, es mangelt nicht an Aufregung in unserem Winkel der Welt. Bei der Lektüre des Morgenblattes im «Café des Sports» konnten die Dorfgenossen registrieren, daß der Präsident des Regionalrates nicht lange nach dem Tod seines alten Kameraden Fargette unter Anklage gestellt und verhaftet wurde. Maurice Arreckx, ein älterer Herr von würdiger Erscheinung, der lange Jahre als Bürgermeister die Geschicke der Stadt Toulon verwaltet hatte, wurde wegen Korruption und Mißbrauch seiner Ämter zu einer Gefängnisstrafe verurteilt. Er verlor, das versteht sich, seinen Sitz im Senat und, das kam ihn vermutlich noch bitterer an, die Mitgliedschaft und die Medaille der Ehrenlegion. Dafür hatte er das zweifelhafte Vergnügen, im Hofe der berüchtigten Haftanstalt «Les Beaumettes» in Marseille jenen Baum gedeihen zu sehen, den ein Gefangener gepflanzt hatte, von dem einst alle Welt sprach: der alte Gaston Dominici.

Die Präsidenten der Generalräte sind wichtige Herren, denen im Zeichen der Dezentralisierung Frankreichs Macht und Einfluß zugewachsen sind. Als der einstige Staatspräsident Giscard d'Estaing alle zweiundzwanzig dieser bedeutenden Bürger bei sich im heimatlichen Clermont-Ferrand versammelte, bemerkte einer seiner Gäste, hier schlage das wahre Herz Frankreichs.

Das mag eine freundliche, von guten Weinen und einer delikaten Mahlzeit angeregte Übertreibung gewesen sein. Doch ohne

Beschädigte Paradiese

Zweifel haben die Provinzen und Regionen Frankreichs in den vergangenen Jahren wieder ein Selbstbewußtsein gewonnen, das zuvor in den Jahrhunderten des Zentralismus geschwächt, ja vorsätzlich untergraben worden war.

KAPITEL 12
Die Regionen
oder: Der mühselige Abschied
vom Zentralismus

Die Entmachtung der Provinzen war das Werk des großen Kardinals Richelieu und seiner Nachfolger. Sie wurde mit der Brechung der «Fronde» gegen Ludwig den Vierzehnten vollendet, der die Eigenständigkeit des Großadels beseitigte und den Aristokraten die Rolle der Statisterie an seinem glanzvollen Hofstaate zuwies, der bis zu zehntausend Würdenträger, Schranzen und schlichte Bedienstete zählte. «Jeder Adlige, der nicht am Hofe lebte», schrieb André Maurois in seiner «Geschichte Frankreichs», «schloß sich von den Vergünstigungen, Ämtern, Pensionen und Pfründen aus». Wer am Hofe nicht empfangen und ausgezeichnet wurde, verlor auch rasch das Ansehen unter dem Adel der Provinz seiner Herkunft.

Die Isolation des Zentrums der Macht in den weiträumigen Anlagen des Schlosses von Versailles – das eine Stadt in sich selbst war – mochte ein gewisser Schutz vor den Launen des aufsässigen Volkes von Paris sein. Zugleich förderte sie die Arroganz eines Systems, das im Alltag auf keinerlei Widerstände stieß. Die letzte gefährliche Reibfläche des zentralistischen Regimes in der Epoche Ludwigs des Vierzehnten war die Existenz der protestantischen Minderheit. Die Herrschaftsidee des «allerchristlichen Königs» forderte die religiöse Homogenität seines Landes. Überdies schienen die Protestanten – wie das Beispiel der Stadt La Rochelle in der

169

Epoche Richelieus gezeigt hatte – immer wieder der Versuchung nachzugeben, die Unterstützung auswärtiger Mächte, vor allem Englands, zu suchen. Also widerrief der Sonnenkönig das Toleranz-Edikt von Nantes und ließ seine Dragoner ausschwärmen, um die evangelischen Zentren in Teilen des Südens, wo sie eine Mehrheit behaupteten, mit Feuer und Schwert zu vertilgen.

Man schätzt, daß damals etwa eine halbe Million hugenottischer Untertanen die Freiheit des Bekenntnisses, ihre Sicherheit und den Frieden außerhalb Frankreichs suchten: ein Verlust an Talent, Handwerkerfleiß und Bürgersinn, der sich mit der Vertreibung der Juden aus Deutschland im Dritten Reich vergleichen läßt. Holland, England, selbst Amerika und vor allem das entstehende Preußen hatten Anlaß, die hugenottische Einwanderung als unschätzbaren Gewinn zu betrachten. Man mag sich fragen – auch hier schien die Ironie der Geschichte am Werk zu sein –, ob Preußen ohne seine Bürger französischer Herkunft die Großmacht geworden wäre, die sich im neunzehnten Jahrhundert als der gefährlichste Widersacher der einstigen Heimat erwies.

Die Provinzen und Städte des Landes schienen im Anbruch der Großen Revolution nach so langer Enthaltung endlich ein politisches Eigenleben gewinnen zu können. Das große Fest der Föderation zur ersten Wiederkehr des Tages, an dem die Bastille erstürmt wurde, versammelte auf dem Marsfeld an die fünfzehntausend Repräsentanten ganz Frankreichs, die unter dem Banner der brüderlichen Vereinigung dem König zujubelten, der in einer knappen Rede beschwor, die ihm auferlegte Verfassung zu respektieren. Der elegante Bischof Talleyrand zelebrierte die Messe, und der Graf Lafayette ritt an der Spitze der Nationalgarden auf einem weißen Pferde einher.

Doch schon drei Jahre später wurde der «Föderalismus» ein stigmatisierendes Scheltwort, das man den Deputierten der Gironde anhängte, die im Nationalkonvent vergebens gegen das Übergewicht der Hauptstadt anrannten. Die *Girondins* bestanden darauf, daß Paris keinen größeren Einfluß beanspruchen könne als jedes andere der dreiundachtzig Départements, die gleichberechtigt sein müßten. Robespierre, sein so edler und so grausamer Zögling Saint-Just und die Mehrheit des Ausschusses betrachteten diese Attacke aus der Provinz als eine tödliche Gefahr für den revolutionären Zentralismus. Noch war die Revolte der katholischen Bauern in der Vendée und der Bretagne nicht völlig niedergeschlagen.

Der jakobinische Staat verlangte in der Tat eine straffe zentralistische Organisation, um sich behaupten zu können. Seine Kontrolleure brauchten die Gewißheit, daß ihre Beschlüsse in jedem Dorf und in jeder Stadt den Gehorsam der Bürger erzwangen. Instrumente der Zentralmacht waren die Départements, deren Grenzen viele der historischen Regionen durchschnitten. Napoleon schuf die Institution der Präfekten, die darüber zu wachen hatten, daß die Anordnungen der Regierung in jedem Département sorgfältig respektiert wurden. Sie hatten, dank ihrer Verankerung bei der Pariser Zentralmacht, im Konflikt- und Zweifelsfall das letzte, das entscheidende Wort.

Erst im Fortgang der Epochen gewannen die Bürgermeister und Département-Räte ein gewisses Gegengewicht, als es die prominenten Parlamentarier, Parteipräsidenten und Minister nützlich fanden, die blau-weiß-rote Schärpe des Monsieur le Maire umzulegen, um ihre Verwurzelung im bäuerlichen und bürgerlichen Frankreich zu demonstrieren. Der Präfekt aber, der bei feierlichen Anlässen stets in der eleganten Uniform seines Corps auftrat, blieb die objektivierende Gegenautorität, die schlichtend und ordnend in die Händel der Honoratioren eingriff: Schiedsmann in allen Angelegenheiten der Verwaltung, der die Interessen der Regierung umsichtig zu vertreten hatte. Auch Paris, dem die Wahl eines Bürgermeisters bis zum Jahre 1977 versagt war (da jeder König, jeder Kaiser und jeder Präsident die Konkurrenz einer hauptstädtischen

Gegenfigur zu fürchten schien), wurde von Präfekten regiert, die sein Bild entscheidend prägten, wie dem Baron Haussmann, der mit seiner rigorosen Veränderung des Stadtbildes das moderne Paris schuf, oder jenem bescheideneren Nachfolger Eugène René Poubelle, der durch die Einführung von Mülltonnen (die noch immer nach ihm benannt werden) auch seinem Namen eine Art von Unsterblichkeit verschaffte.

Die zentralistische Ordnung Frankreichs hatte den Vorzug der Logik, der Klarheit, der Rationalität und einer unbestreitbaren Effektivität. Da alle wesentlichen Entscheidungen in Paris fielen, war das Eigenleben der Regionen und der großen Städte dazu verurteilt, langsam zu verlöschen. In der Hauptstadt konzentrierten sich nicht nur alle politischen Prozesse, sie zog überdies nahezu alle künstlerischen, literarischen und wissenschaftlichen Talente an sich, die glaubten, nur in Paris aufblühen und die Geltung finden zu können, die ihnen gebührte. Nirgendwo sonst schien den Malern, den Architekten, den Theaterleuten, den Musikern, den Schriftstellern und den Forschern der Ruhm zuteil zu werden, den sie so leidenschaftlich erhofften. Kein Gelehrter, der auf sich hielt, gab sich mit der Professur an einer Provinzuniversität zufrieden. Die journalistischen Karrieren konnten sich nur in der Metropole erfüllen. Die Städte draußen im Lande waren zu einer kulturellen Versteppung verurteilt.

In der Tat, keinen jungen Menschen von brennendem Ehrgeiz hielt es früher in Lyon oder Bordeaux, in Nîmes, in Nancy oder Marseille. Die Region von Paris wurde überdies zum bedeutendsten Zentrum der modernen Industrien. Es verstand sich, daß die großen Konzerne und die Organisationen des Handels in der Hauptstadt ansässig waren. Alle Verkehrswege gingen von Paris aus, und sie führten nach Paris, das wie ein Stern (oder wie eine Spinne) die Mitte des Eisenbahnsystems und des Straßennetzes bildete.

Jede Regung des Daseins war so sehr auf Paris konzentriert, daß die Großmärkte der Stadt der Umschlagplatz für alle Produkte der Landwirtschaft, ja auch der Fischerei wurden. Es konnte sehr wohl geschehen, daß ein Salatkopf aus der Normandie den Gemüsehändler in Amiens nur auf dem Umweg über den Pariser Großhändler (mit einem entsprechenden Preisaufschlag) erreichte. Die Rationalität der zentralistischen Ordnung schlug – nicht nur in diesem Bereich – ins Absurde um. Die Verlegung der Großmärkte aus der Stadtmitte in die Banlieue nach Rungis sorgte nur vorübergehend für eine Entlastung. Noch heute gibt es keine durchgehende Autobahn von Osten nach Westen, die Nizza und Marseille mit Bordeaux verbände, und es ist nach wie vor ein zeitraubendes Abenteuer, mit der Bahn von Toulon nach Toulouse und womöglich weiter nach Biarritz gelangen zu wollen.

Keine Reform, die Frankreich nach der Befreiung von sich selber forderte, war dringender als ein Programm der Dezentralisierung. Charles de Gaulle bemühte sich vergebens, es ins Werk zu setzen. Vielleicht war das Konzept, das seine Gehilfen vorlegten, zu kompliziert; vielleicht bot es den Bürgern auch nur einen willkommenen Vorwand, ihre schlechte Laune sichtbar werden zu lassen: das Referendum, das über das Dezentralisierungsprogramm entscheiden sollte, wurde im März 1969 von der Mehrheit des Volkes verworfen. Der General nahm die Niederlage zum Anlaß, sich abrupt von den politischen Geschäften zu verabschieden und sich zunächst nach Irland, dann in die Einsamkeit seines lothringischen Schlößchens von Colombey-les-deux-Églises zurückzuziehen.

Erst François Mitterrand wagte es erneut, sich an der großen Aufgabe zu versuchen. Er beauftragte seinen Innenminister Gaston Deferre (übrigens ein südfranzösischer Protestant), der auch den Titel eines Ministers für die Dezentralisierung führte, mit dem Konzept einer umfassenden Reform. Der einstige Bürgermeister von Marseille entwarf innerhalb weniger Monate ein Gesetzeswerk über die «Rechte und Freiheiten der Kommunen, Départements und Regionen», das im März 1982 verabschiedet wurde. Jeweils zwei bis acht Départements wurden in den zweiundzwanzig Regionen des Mutterlandes zusammengefaßt (und vier kamen in Übersee dazu). Freilich entschied der Präsident, daß die Regionalparlamente nach dem proportionellen Wahlsystem zu berufen seien – um zu verhindern, so sagt man, daß sich sein Widersacher Rocard eine Hausmacht in der Region Ile de France schaffe, ganz gewiß, um die klassische Rechte der Gaullisten und Liberalen durch die Stimme des Front National zu schwächen: eine überschlaue Taktik, die sich bitter rächen sollte.

Die Regionalräte, die für jeweils sechs Jahre gewählt werden, wurden mit Vollmachten in den Bereichen der Raumordnung, der Entwicklungsplanung, der Wirtschaftsförderung, der Bildungs- und Kulturpolitik ausgestattet. Sie erhielten das Recht, regionale Steuern zu erheben und an den indirekten Steuern (zum Beispiel für die Automobile) zu partizipieren. In Wirklichkeit blieben die Zuständigkeiten der Départements sehr viel größer. Das Budget der Regionen ist nach wie vor auf ein Drittel des Budgets der Départements beschränkt.

Dennoch formierten sich die Regionen, wie Lothar Albertin in einer wichtigen Studie schrieb, zur «vierten Ebene im französischen System», und an die sechzig Prozent der Franzosen erkennen die Region als die wichtigste Verwaltungsinstanz der Zukunft. Das bezeichnet einen tiefen Wandel der Grundstimmung des Landes. Gleichzeitig ist eine Mehrheit der Bürger davon überzeugt, wie in einem früheren Kapitel dieses Versuchs registriert wurde, daß die wesentlichen Entscheidungen, die ihr Dasein prägen, künftig von den europäischen Institutionen getroffen werden.

Mit anderen Worten: der zentralistische Nationalstaat sieht seine Allzuständigkeit und seine Autorität an zwei Flanken bedroht. Es war nicht zu erwarten, daß das Heer der Beamten und die

Politiker, denen der Zentralismus gleichsam zur Natur geworden ist, der doppelten Gefährdung widerstandslos begegnen würden. Die Resistenz ist eher heimlich, denn es gehört auch in Frankreich nicht mehr zum guten Ton, die Übermacht des Zentralstaates zu verteidigen – es sei denn, man bekenne sich ungeniert zur jakobinischen Tradition wie der Sozialist Jean-Pierre Chevènement, der mit einem Gesetz von rätselhafter Logik die Orts- und Stadtpolizei, die ohnedies nur beschränkte Rechte genoß, entwaffnet und dadurch völlig entmachtet hat – eine Maßnahme, die auf lebhaften Widerspruch stieß, ja Protestmärsche durch Paris provozierte, bei denen die Ordnungshüter dem Minister keck (und ganz vergebens) zuriefen: «Chevènement, t'es foutu – la police est dans la rue.»

Jene Maßnahme, die sich nur als ein stur-starres Bekenntnis zum Prinzip des republikanischen Zentralismus begreifen läßt, wirkte um so fataler, da die Organisation des Polizeiwesens in Frankreich ohnedies verkarstet und der Wirklichkeit längst nicht mehr gewachsen ist. Zwischen der Gendarmerie, die ein Teil der Streitkräfte ist – vom Verteidigungsministerium an das Innenministerium gewissermaßen nur ausgeliehen –, der Nationalpolizei und der Gerichtspolizei gibt es zweifellos eine Arbeitsteilung – dafür sorgten die Bürokraten –, doch die Regulierung der Koexistenz und der Befugnisse ist für den Bürger weder auf den ersten noch auf den zweiten Blick erkennbar. Man wünscht zwar nicht, den Gendarmen oder den Nationalpolizisten, denen oft ein rüder Umgang mit den Verdächtigen nachgesagt wird, in die Hände zu geraten. Doch zum andern wäre ihre vermehrte Präsenz auf den Straßen, in den Dörfern und den schwierigen Quartieren der großen Städte sehr willkommen. Die Furcht vor Gewalt und Rechtlosigkeit ist in den vergangenen Jahren sprunghaft gewachsen – eine der Erklärungen für die Erfolge des Front National –, und es stärkt das Gefühl der Sicherheit nicht, daß die Ortspolizisten noch nicht einmal das Recht haben, Strafzettel für verkehrswidriges Parken auszuschreiben, und der nächste Gendarmerie-Posten zwei Dörfer weit entfernt ist, besetzt von Soldaten der Ordnung, die weiß der Teufel woher stammen und mit den Problemen der Region kaum vertraut sind. Die «zentralistische und etatistische» Manier des Kampfes gegen die Unsicherheit sei unwirksam, klagte ein elsässischer Bürgermeister, da die Sicherheit in der Regel aus dem Lebenskreis der Quartiere selbst bedroht werde.

Chefs der Gendarmerie sind die Präfekten als Vertreter der Zentralmacht. Präsident Mitterrand, schrieb eine Pariser Zeitung mit dem Blick auf die große Reform seines Ministers Deferre, habe «die Départements zu sehr geliebt, um die Regionen zu verstehen», so gern er sich als Landmann gab, wenn er mit dem Knotenstock durch die Kiefernwälder von les Landes wanderte. Das Pariser Mißtrauen gegen die regionale Eigenständigkeit, die eine Zeitung von einer «unaufhörlichen Debatte zwischen Jakobinern und Girondins» schreiben ließ, ist nach wie vor zu tief eingewurzelt, um eine europäische Zusammenarbeit der Landschaften in den «Euro-Regionen» energisch zu ermutigen.

Die Ansätze zu einer regionalen Kooperation über die Landesgrenzen hinaus, die da und dort versucht werden, blieben bisher bescheiden. Zum Beispiel entschlossen sich die Behörden und Bürgervertretungen von Lothringen, Luxemburg und dem Saarland zu gemeinsamen Programmen, die freilich nicht allzu eindrucksvolle Leistungen nachweisen können.

Im Jahre 1975 wurde eine «Rhein-Konferenz» gegründet, und mehr als ein Jahrzehnt später fanden sich die Anrainer bereit, einen «Rheinischen Rat» zu bilden. Elsässische Politiker führten an, vermutlich zu Recht, daß die institutionelle Zusammenarbeit bisher allzu formal sei, ohne zu konkreten Beschlüssen zu gelangen. Die Ursachen der Widerstände, die ein produktives Engagement aufhalten, sind nach einer Enquête von «Le Monde» nicht nur in Paris zu suchen, sondern eher in den deutschen Ländern Baden-Württemberg und Rheinland-Pfalz, deren Bürokratie wenig geneigt zu sein scheint, wirtschaftliche und kulturelle Initiativen mit der Region zu teilen oder gar «Zuständigkeiten» abzutreten, die sie wie ihre Augäpfel hüten. Die «Brüder vom deutschen Kanton», denen der elsässische Lyriker Jean-Paul Dadelsen schon wenige Jahre nach dem Krieg ein herzliches Wort der Zusammengehörigkeit und Verbundenheit über alle Klüfte der Geschichte hinweg zugerufen hatte, scheinen zu selbstbewußt, zu verfestigt in ihrer bürokratischen Macht und zu harthörig für die linksrheinischen Lockrufe geworden zu sein.

Vor allem sei die Zweisprachigkeit sehr einseitig, sagte ein Senator vom Oberrhein mit einer Prise Ironie. Der Französischunterricht gehöre offensichtlich nicht zu den Prioritäten in Baden-Württemberg. Nicht einmal die deutschen «Einwanderer» im Umkreis von Karlsruhe, die ihre Häuschen auf dem Boden Frankreichs bauten, hielten es für nötig, mehr als zehn Sätze der Sprache ihrer Wahlheimat zu lernen. Die Zoll-, die Wirtschafts-, die Finanzgrenzen seien aufgehoben, doch die Sprachgrenze sei eher markanter geworden, da viele der deutschen Bürgermeister, der Landräte, der Gemeinderäte, der Kreisabgeordneten nicht Französisch, viele ihrer französischen Kollegen nicht Deutsch sprächen. Nein, das «Europa der Regionen» sei über die dürrsten Anfänge nicht hinausgewachsen, obwohl die Integration der Nachbarschaften eine natürliche Konsequenz aus der Beseitigung der Grenzschranken in der Europäischen Union sein müßte – und obschon gut sechzigtausend elsässische Grenzgänger, die ihre Arbeitsplätze (je zur Hälfte) in Deutschland und in der Schweiz fanden, für eine natürliche Verbindung hinüber und herüber sorgen müßten.

Es läßt sich freilich nicht leugnen, daß es den Elsässern, die so rasch die Last der bitteren Erfahrungen nicht abschütteln, manchmal vor dem «Koloß» Baden-Württemberg ein wenig unbehaglich ist. Darum legen sie Wert darauf, daß die Schweiz in jenes Kooperationsgeflecht einbezogen wird, das man anspruchsvoll eine alemannische Union nennen könnte.

Das Elsaß bleibt, das ist verständlich genug, ein Problem, das geschärfte Empfindsamkeiten berührt. Das Unbehagen rührt sich allemal, wenn die deutschen Nachbarn Elsaß und Lothringen in einem Atem nennen. Beide Regionen wurden zwar 1871 annektiert, aber der große elsässische Dichter René Schickele – Sohn einer französischsprechenden Mutter – schrieb zu Recht, die Vereinigung des Elsaß und Lothringens sei «eine Zwangsehe» gewesen: «Sie haben nichts, aber auch nicht das Geringste miteinander gemein.» Der Schriftsteller, dessen Romane und Essays eine Wiederentdeckung verdienen, bemerkte mit dem Blick auf die preußische Okkupation, damals hätten sich viele Elsässer gesagt: «Dann schon lieber Franzosen.» Dabei ist es aus guten Gründen geblieben.

Hitler und das Dritte Reich brachten es zuwege, die deutschen Neigungen in jenem gesegneten und so böse heimgesuchten Landstrich zwischen den Vogesen und dem Rhein ein für allemal zu ersticken. Der brutale Versuch der Germanisierung, der an ungute wilhelminische Traditionen anschloß, hat die überwältigende Mehrheit der Elsässer in ihrer moralischen, politischen und kulturellen Entscheidung für Frankreich bestärkt. Tragische Opfer der Annektion waren die mehr als 130 000 elsässischen Männer, die (meist) gegen ihren Willen in deutsche Uniformen gesteckt wurden: die *malgré-nous*, von denen einige 1000 in SS-Verbände eingegliedert worden waren, auch in die Division «Das Reich», die 1944 das barbarische Gemetzel in Oradur-sur-Glane verantwortete. In der Mehrzahl wurden die elsässischen Angehörigen der Wehrmacht an die Ostfront geschickt, da man ihnen im Westen nicht über den Weg traute. Von den 25 000 armen Teufeln, die in sowjetische Gefangenschaft gerieten, kehrten nur 11 000 zurück, von den Chefs im Kreml zögernd entlassen. An die 10 000 gingen allein im Lager Tambov zugrunde.

In Paris aber traute man den Bürgern der umkämpften Region noch allzu lange nicht über den Weg. Der Deutschunterricht wurde ängstlich eingeschränkt und der Gebrauch des Dialektes, der ohnedies nur mühsam überlebt, mit einer Spur von Mißtrauen beobachtet – sosehr man sich zum anderen um die sogenannte Pflege der Folklore mit all ihren Stereotypen bemüht, samt Guglhupf und *choucroute,* schäumendem Bier, Blasmusik und Trachtenmädchen mit dicken blonden Zöpfen.

In der Neige des Jahres 1996 meldete «Le Monde» alarmiert, das Fieber des Regionalismus rege sich im Elsaß von neuem. Anlaß der Aufregung waren die hohen Wahlgewinne des Front National in Straßburg, in Mülhausen und vielen Dörfern des Umlandes. Ein Viertel der elsässischen Stimmen konnte Jean-Marie Le Pen bei den Präsidentschaftswahlen für sich registrieren: ein beunruhigendes Ergebnis und ein groteskes obendrein, denn von Not konnte in jener reichen Region keine Rede sein. Die Arbeitslosigkeit lag (mit etwa siebeneinhalb Prozent) weit unter dem nationalen Durchschnitt. Die Gefahr einer «Überfremdung» durch Maghrebiner und Türken traf, wenn denn überhaupt, nur für die großen Städte zu. Doch der bretonische Trommler kassierte selbst in entlegenen Weilern, in denen sich nicht eine einzige Einwandererfamilie aufhält, dreißig Prozent der Stimmen.

Es ist eine paradoxe Einsicht, daß der regionale Protest ausgerechnet bei einer ultranationalistischen Partei Zuflucht suchte. Mit Vernunft und Logik hatte diese Reaktion nichts zu schaffen. Sie drückte eine Verstimmung aus, in der sich das Ressentiment der Zurückgesetzten, die sich als Franzosen zweiter Klasse behandelt glaubten, mit konkretem Ärger über die lange Verschleppung der TGV-Verbindung zwischen Paris und Straßburg zu einem Gemisch von nahezu explosiver Radikalität vermengte.

179

Die alte Debatte über die «Identität des Elsaß» flammte von neuem auf. Jean-Marie Woehrling, ein hoher Verwaltungsrichter, setzte eine Petition auf, die sich für eine «multikulturelle» Gesellschaft und, das versteht sich, für die Konstruktion Europas und gegen das «Neo-Jakobinertum» und eine «monolithische Konzeption» ins Zeug legte. Zu den Unterzeichnern gehörte Pierre Pflimlin, der letzte Ministerpräsident der Vierten Republik und einstige Bürgermeister von Straßburg, der französische und deutsche Kultur auf höchstem Niveau in seiner Person vereint (und der ein Deutsch von makelloser Schönheit spricht, das vom Horror des Neudeutschen völlig frei ist – übrigens im Unterschied zu seiner Nachfolgerin, der protestantischen Theologin Catherine Trautmann, die des Deutschen nicht mächtig zu sein scheint).

Das Manifest der elsässischen Honoratioren rief eine heftige Reaktion der Zentristen auf den Plan. Joseph Klifa, der liberale Abgeordnete von Mülhausen, warf ihnen vor, sie stellten «das französische Modell» radikal in Frage und verfolgten eine Strategie, die nicht mit den «republikanischen Prinzipien» übereinstimme. Der Chefredakteur der Zeitschrift «Saison d'Alsace» sprach von einem «Neo-Autonomismus», und er gründete einen Gesprächszirkel, der sich auf gut straßburgisch «Le forum du Baggersee» nennt. Der Zirkel setzte sich zum Ziel, «um jeden Preis die Ansätze zu einer *exception alsacienne* zu vermeiden». Eine Politikwissenschaftlerin faßte die Klischees des elsässischen Protestes zusammen, die immer von neuem präsentiert würden: «Ihr könnt nicht verstehen, weil ihr nicht von hier seid», oder: «Das Elsaß wurde von Paris kolonisiert», oder: «In Paris hat man sich gegen uns verschworen».

In der Tat scheint es den Spätjakobinern und vielen Mitgliedern des Corps der Beamten mit ihrem national eingeschliffenen Denken schwer, ja unmöglich zu sein, die doppelte kulturelle Prägung des Elsaß durch französische und deutsche Traditionen zu akzeptieren. Zum anderen verhinderten sie nicht, vermutlich dem Gesetz des wirtschaftlichen Nutzens gehorsam, daß die schöne Region mit Ferien- und Zweithäusern in deutschem Besitz übersät wurde.

Es wäre viel geholfen, wenn sie zweisprachige Klassen in den Schulen zuließen. Dies gäbe ihnen das Recht, darauf zu dringen – was ohnedies nur der Vernunft entspräche –, daß die Teilnahme am französischen Unterricht vor allem in Baden von den Landesbehörden energisch gefördert werde. Es sollte überdies, dies wäre das schönste, die Zahl der deutsch-französischen und französisch-deutschen Gymnasien auf beiden Seiten des Rheines vermehrt werden. Hier wie dort wäre es an der Zeit, den Rhein nicht als Grenze, sondern als Übergang zu begreifen, wie es Lucien Febvre gewünscht hat, der sein Rheinbuch einst unter dem düsteren Vorzeichen der französischen Besetzung des Rheinlandes geschrieben hat. Peter Schöttler, der Herausgeber und Übersetzer der deutschen Ausgabe, sagte in einem Nachwort, das «von Febvre entworfene Konzept einer ‹anderen› Geschichte der Grenzmentalitäten» könne nun «neue Aktualität gewinnen. Denn eine solche Mikro-Geschichte von Grenzräumen ... wäre nicht nur für die weitere Entwicklung der deutsch-französischen Integration, sondern auch für die Anregung in anderen europäischen Grenzbereichen wichtig.»

Die ängstlich-herrischen Anwälte des Nationalstaates reden voller Sorge von der Gefahr, daß der Regionalismus die Einheit der Republik gleichsam ausheben könne, und sie pochen darauf, daß fürs erste nur der Nationalstaat die soziale Solidarität und den inneren Frieden garantiere. In der Tat gibt es genug abschreckende Beispiele für die Fanatisierung separatistischer Wahnvorstellungen, in Korsika und anderswo, bei denen allzu oft ein pueriles Verlangen nach der «Heldengesinnung einsamer Verschwörer» und des Kampfes «im Schweigen der Nacht» ein Gefühl der Inferiorität tarnt. Leicht schlägt die Lächerlichkeit in blutige Herausforderung um. Wenn sich das Streben nach Autonomie oder Unabhängigkeit mit pseudoreligiösen Motiven vermengt, ist allemal der Teufel los, wie man von Irland und aus Bosnien weiß. Nach den unguten Erfahrungen dieses Jahrhunderts haben wir allen Anlaß, auch das geringste Aufflackern der sogenannten Volkstumskämpfe zu scheuen, die nichts als Ressentiments, totschlägerische Vorurteile, mörderische Arroganz und die schiere Dummheit mobilisieren. Warnend weisen die Verteidiger des Nationalstaates auf das Getöse der Liga Nord in Italien, die Piemont, die Lombardei und Venetien aus dem italienischen Nationalverband lösen wollte. Sie zitieren auch das fragwürdige Beispiel der slowakischen Trennung aus der Gemeinschaft mit den Tschechen. Sie machen auf die gefährlichen Friktionen zwischen den Flamen und Wallonen in Belgien aufmerksam.

Aber hat die Schweiz darunter gelitten, daß sie sich den jurassischen Forderungen beugte und den Kanton Bern teilte, um den französischsprechenden Bürgern die Selbstverwaltung zu gewähren? Geht Großbritannien zugrunde, weil Schottland und Wales dank Premierminister Blair über ihre eigenen Parlamente verfügen?

Die Entwicklung zur «Globalisierung», zur «Mondialisierung» und zu einer nahezu universellen technischen Zivilisation begegnet an allen Ecken und Enden Europas, ja des Erdkreises einer Gegenbewegung, die zur kleinen, überschaubaren Einheit drängt. Der Widerstand gegen den Hauptstrom der Entwicklung sucht den wirksamen Schutz der Minderheiten. Die radikalen Geister streben nach einer Entlassung aus dem nationalen oder föderativen Verband wie die Bürger von Québec. Sie verlangen ein selbständiges Staatswesen oder wenigstens einen autonomen Status. In der Tat sind die Wurzeln einer pränationalen Geschichte fast nirgendwo völlig abgestorben. Sie treiben in der Neige dieses Jahrhunderts die wunderlichsten und oft genug überraschend lebensvolle Triebe.

Marginale Minoritäten

Doch vom Sonderfall Korsika abgesehen, ist die Renaissance der Separatismen in Frankreich marginal. In der Bretagne regte sich in den sechziger und siebziger Jahren eine flackernde Unruhe, doch auch dort ist es längst wieder still geworden. Die «verschworene Gemeinschaft», die in Savoyen zur Rebellion gegen die «französische Okkupation» ruft und gar «eine provisorische Regierung» bildet – sie zählt angeblich mehr als eineinhalbtausend Anhänger –, wandelt am Rande der Narrheit durch ihr Gebirgsland. Dennoch ist zu fragen, ob die Savoyarden, die erst seit 1860 zu Frankreich gehören, nicht mit einem gewissen Recht eine Förderung ihrer Kultur und ihrer Sprache verlangen dürfen. Auch sie zählen historisch zu den «Zurückgesetzten». Ihre Vorfahren wurden in Paris während des achtzehnten und neunzehnten Jahrhunderts als eine Unterschicht betrachtet: die Fremdarbeiter und bettelarmen Einwanderer jener Epoche, wegen ihrer kräftigen Statur vor allem als Wasserträger, Kohlenschlepper, Pferdeknechte oder Dienstmädchen gefragt.

Die Würde, die Geltungskraft und die Schönheit der französischen Sprache leiden nicht im geringsten, wenn den regionalen und lokalen Dialekten mehr freundliche Aufmerksamkeit entgegengebracht würde. Die kulturelle Autonomie kann, im Glücksfall, soziale Spannungen mildern und politische Verkrampfungen lösen. Es ist wahr, daß es nicht länger als ein Makel empfunden wird, sich im Alltag baskisch oder bretonisch auszudrücken, was ohnedies, da oder dort, nur noch einige zehntausend Menschen vermögen. Die beiden Sprachen werden auch wieder an den Schulen unterrichtet, als Wahlfach versteht sich, wie das Deutsche im Elsaß, das noch etwa siebzigtausend Jungen und Mädchen lernen. Ein staatliches Radioprogramm strahlt sogar mit einiger Regelmäßigkeit unterhaltende Programme im elsässischen Dialekt aus. Freilich können solche Gesten guten Willens das langsame Verschwinden des Regionalidioms unter den jungen Leuten kaum aufhalten.

Doch mit welchen Vorbehalten die Pariser Regierungen, gleichviel welcher Couleur, dem Problem der sprachlichen Vielfalt innerhalb der nationalen Grenzen noch immer begegnen! Es ist eine deprimierende Tatsache, daß sich Frankreich erst jetzt, an der Schwelle der Jahrhundertwende, bereit findet, die Charta des Europarates zum Schutz der Regional- und Minderheitensprachen zu unterzeichnen. Die zornige Jocelyne Cesari in Aix-en-Provence sah auch hier eine «Exaltation der republikanischen Mystik» am Werk. In der Tat gibt das Zögern Rätsel auf, zumal Präsident Chirac bei einer Reise durch die Bretagne bemerkte, regionale Sprachen und Kulturen seien keine Bedrohung für die Identität der Nation.

Welche Bedenken halten die Kulturminister davon ab, zur Feder zu greifen, um ihre Namen unter das Dokument zu setzen? (Der Gerechtigkeit halber darf nicht verschwiegen werden, daß auch andere Staaten, wie Großbritannien und Italien, bisher zu einer Unterzeichnung nicht bereit waren, während die deutschen und österreichischen Parlamente – mit dem Blick auf die Nachbarn – die Ratifizierung vor sich herschieben.)

Der so vielfach bekundete gute Wille zur Dezentralisierung in Frankreich hat die Gewohnheit der zentralistischen Kontrolle über die Institutionen der Provinzen und Regionen nicht aufgehoben. Die Intendanten von Straßburg und Lyon werden, sofern ihre Anstalten den Charakter von Nationaltheatern besitzen, noch immer vom Kulturminister ernannt. Die Chefin im Palais Royal wacht auch, kraft der Pariser Subventionen, über die personelle Besetzung und Programme der Festspiele draußen im Land.

Die Protestbewegung an den Schulen und Universitäten, die in der Neige des Jahres 1995 Hunderttausende junger Menschen in den Provinzen mobilisierte, zeigte auch eine Rebellion gegen die Pariser Zentralmacht an. Die Unruhe, bemerkte damals ein Beobachter der Szene, erinnere eher an das Jahr 1789 als an die Revolte vom Mai 1968. Draußen im Land, wo man sich am weitesten entfernt von Paris fühle, habe sich der Unmut am kräftigsten gerührt. Ein anderer kritischer Geist sprach vom Protest gegen das intellektuelle Monopol der Hauptstadt. Der Bürgermeister von Roanne deutete die Demonstrationen mit einer schönen Portion Ironie als «das Wiedererwachen der Gironde». Ein gaullistischer Senator äußerte sich kräftiger: man habe die Schnauze voll davon, daß alles in Paris entschieden werde. Einer seiner sozialistischen Kollegen sprach von der «Arroganz der Macht», die sich in der Hauptstadt konzentriere.

Die Auflehnung richtete fürs erste wohl nicht allzuviel aus. Selbst die Ermüdung so vieler Pariser an der eigenen Stadt kommt der Provinz nicht unmittelbar zugute. Zwar ziehen jährlich noch immer etwa einhunderttausend Menschen in die hauptstädtische Region, doch gut einhundertundsiebzigtausend wandern zugleich ab aufs Land: das macht ein Bevölkerungsdefizit von siebzigtausend, Jahr um Jahr. Die elf Millionen Menschen, die in der Hauptstadt und ihrem Umkreis angesiedelt sind, habe ein regelrechtes *mal de vivre* ergriffen, war in einem Bericht über diese schleichende Umstrukturierung des Landes zu lesen – eine Unlust am Dasein, die sich am täglichen Ärger über die Schwierigkeiten des Alltags immer von neuem auflädt: an den Staus im Verkehr, der schlechten Luft, dem Verfall der Umgangsformen und – das vor allem – dem Mangel an Sicherheit. Ein Pariser Blatt sprach von einer wahren *désamour* – einem Liebesentzug für Paris.

Das, sollte man denken, mag auf lange Sicht für einen Vitalitätsschub draußen in den Regionen sorgen. Die langsame Verlagerung wirtschaftlicher Gewichte ist unverkennbar. Doch der Weg zur kulturellen Vielfalt, der die deutschen Länder auszeichnet, ist noch weit. Die Entwicklung einiger Jahrhunderte läßt sich so rasch nicht umkehren, obschon Madame de Staël, die Kaiser Napoleon als eine solch gefährliche Widersacherin betrachtete, mit dem Blick auf Weimar so hellsichtig von den «Vorzügen eines kleinen Lan-

des» geschrieben hatte, denn «ein solcher Staat» bilde «eine besondere Gesellschaft aus, in welcher man durch die innersten Beziehungen zueinandergehört».

Frankreich wird kaum je eine Föderation in sich selber sein wie
die benachbarte Bundesrepublik. Keine Seele denkt daran, den Regionen einen Rang zu verschaffen, der dem der deutschen Länder
entspräche. Kein Volk entkommt seiner geschichtlichen Prägung,
ohne dafür einen Preis zu bezahlen.

Das Heilige Römische Reich Deutscher Nation war in seinen
späten Epochen ein bresthaftes Gebilde, in vielem verknöchert,
gichtbrüchig, schwer beweglich, verzopft, seine Mitglieder nahezu
allesamt in umständlichen Feindschaften zerstritten. Dennoch bewies es eine bemerkenswerte Widerstandsfähigkeit und von Krise
zu Krise eine erstaunliche Überlebenskraft.

Vor allem bescherten die föderativen Strukturen der Mitte Europas ihren unvergleichlichen kulturellen Reichtum, der jeder
mittleren Stadt den Unterhalt eines Theaters und oft genug eines
eigenen Orchesters auferlegt. Seine Spuren sind auch in den
modernen Ländern, die erst nach 1945 von der Besatzungsmacht
geschaffen wurden, unverkennbar. Nordrhein-Westfalen zum Beispiel verfügt über 450 Museen, 125 Theater, mehr als 1000 Biblio-
theken, 43 Orchester und 250 Kunstgalerien – Zahlen, die manchen gutwilligen Bürger der französischen Provinzen, trotz einer
Kampagne der kulturellen Aufrüstung in den vergangenen Jahrzehnten, noch immer mit Wehmut erfüllen.

Es ist nicht überraschend, daß manche Länder der Bundesrepublik eine unmittelbare Vertretung ihrer Interessen bei den europäischen Behörden in Brüssel etablierten. Manche ihrer Vertreter
machten sogar deutlich, daß sie die Mittlerschaft der Bundesregie-
rung nicht bräuchten, ja daß sie ihnen lästig sei.

Für Frankreich ist es nahezu undenkbar, daß sich die Regionen
an der Nationalregierung vorbei mit den Institutionen der Euro-

päischen Union verständigen. Unmittelbare Kontakte sind freilich durch den Regionalfonds der Europäischen Kommission gegeben. Das Beziehungsgeflecht zwischen Brüssel und den Regionen mag sich verdichten.

Der Vertrag von Amsterdam war nicht der letzte, der die Übertragung von Souveränitätsrechten auf Europa fordert. Dennoch wird der Nationalstaat, um es von neuem zu sagen, nicht verschwinden. Doch seine Funktionen werden limitiert sein. Der Glanz wird nicht völlig erlöschen. Aber der Mythos wird blasser.

Am Rand einiger ausgebrannter Wälder auf den Bergen über Port Madeleine gibt es große Tafeln, auf denen geschrieben steht, daß die Programme der Aufforstung mit Geldern der Regionen und mit Hilfe der Europäischen Union finanziert werden. Die Bürger des Dorfes nehmen es mit ruhiger Selbstverständlichkeit zur Kenntnis. Europa: das sind die Sommergäste, die aus allen Himmelsrichtungen des Kontinents kommen; das sind die Deutschen, die Belgier, die Holländer und die Briten, die sich bei ihnen niedergelassen haben.

Klopfte ein Kommissar aus Brüssel zu einem offiziellen Besuch bei der Mairie an, würde kaum das Volk zusammenströmen, um sich den Hals zu recken, Fähnchen zu schwenken oder Vivat zu rufen. Die Europäische Union befindet sich, was den Appell an die öffentliche Phantasie angeht, noch immer in einer Art Niemandsland.

Anders wäre es, träte ein Minister der Pariser Regierung auf, einer der Großen der Assemblée Nationale oder gar der Regierungschef. Zwar lassen unsere Mitbürger in den Debatten im «Café des Sports» an den Politikern in der Regel kein gutes Haar. Zwar diktiert der Geist des Midi ihren Gemütern eine Art chronische Aufsässigkeit. Doch in Wirklichkeit begegnen sie den Mächtigen mit Ehrerbietung, gelegentlich mit Sympathie und oft genug mit einer Aufmerksamkeit, die an Devotion grenzt. Der Respekt vor der Obrigkeit scheint, auch das ist erstaunlich, hierzulande – Revolutionen hin oder her – noch tiefer verwurzelt zu sein als in Deutschland, dem nicht zu Unrecht eine notorische Tradition des Untertanengeistes nachgesagt wird.

Jenseits des Rheins hebt heute für gewöhnlich kaum einer den Kopf, wenn ein Minister in seiner feierlich-schwarzen Limousine mit dem schwarz-rot-goldenen Stander auf dem Kühler vorüberrollt. Die Ministerpräsidenten der Länder können sich getrost «beim Italiener an der Ecke» zu einem Mittagsmahl oder Abendessen niedersetzen, ohne daß ein Auflauf entsteht. Unsere Mitbürger von Port Madeleine aber betrachten es nach wie vor als eine Auszeichnung, wenn sie dem Minister für Erziehungsfragen oder dem Staatssekretär für die Anciens Combattants die Hand drücken dürfen, zumal wenn sie die Hoffnung hegen, daß er ihnen eines Tages das Kreuz der Ehrenlegion ans Revers heften wird.

Zum anderen sind sie nicht im geringsten erstaunt, wenn einer der hohen Herren vor den Untersuchungsrichter zitiert wird, weil sich in einem belastenden Dossier so manche ungeklärten Fragen in Sachen Parteifinanzierung, falscher Rechnungen zugunsten der Wahlkasse oder der Begünstigungen nahestehender Bauunternehmer gesammelt haben. Die Franzosen schwören, auch im hintersten Winkel des Landes, noch immer auf die klassisch-republikanische Trinität Freiheit, Gleichheit und Brüderlichkeit. Doch wenn sich die Handschellen klirrend um die Gelenke der Oberen schließen, pflegt das Verlangen nach Gleichheit das Gefühl der Brüderlichkeit zu besiegen. Dann mag sich ein Hauch von Jakobinertum auch in den behaglichsten Gemütern der Bürger regen.

Das Bild, das sich die Franzosen von ihrer Geschichte machen, ist kritischer geworden, ohne Zweifel, aber es hebt die Geschichte nicht auf.

KAPITEL 13
Elitendämmerung

Ein hübscher junger Mann, der mit wachen und freundlichen Augen in die Welt schaut, hochgewachsen und wohltrainiert, außerdem ein guter Kopf. Den Schulmeistern entgingen seine Talente nicht. Sein Vater, ein braver Handwerker, hätte womöglich gezögert, ihn nach dem Gymnasium auf die Universität zu schicken: das sei nichts für einfache Leute, sagte der redliche und wortkarge Bürger, der morgens Punkt sieben mit seinem klappernden kleinen Lieferwagen zur Arbeit aufbricht, sich Schlag zwölf zu Hause an den Mittagstisch setzt und sechs Uhr abends an der Bartheke des «Café des Sports» steht, um seinen Apéritif zu nehmen, einen und niemals zwei.

Eine generöse Witwe, die dem liebenswürdigen Philippe Bücher aus ihrer Bibliothek lieh und ihn im Gang der Jahre als eine Art Wahlsohn schätzen lernte, spielte Schicksal und arrangierte diskret den Fortgang seiner Ausbildung. Die Noten, die Philippe vorzuweisen hatte, waren glänzend. «Der wird eines Tages Minister», sagte unser Nachbar Julien voller Respekt. Nur wer ihn gut genug kennt, nahm ein winziges und rasches Flackern des Mißtrauens in seinen Augen wahr, wie es sich allemal regt, wenn sich einer der Jungen zu weit aus dem Lebenskreis von Port Madeleine entfernt.

Aber als Philippe schließlich, nach zwei Jahren Vorbereitung in den *classes préparatoires*, die Teilnahme am Auswahlexamen für die École Polytechnique riskierte – die schwerste Prüfung der Welt, wie einer der Leidgeprüften bemerkte, mehr noch: eine Parforce-

189

Jagd durch die Hölle – bangte mit ihm das halbe Dorf. Das hatte es vordem noch nie gegeben: einer der Ihren, der erste in unserem Winkel überhaupt, setzte zum Sprung in die große Karriere an, einem Nachbarkind sollte sich der Zugang zur Elite der Nation öffnen, der schnelle Linksaußen der Jugendmannschaft des Dorfes sollte die Chance gewinnen, künftig in Paris zum Kreis der Auserlesenen zu zählen – und ihm würden die schönsten und einflußreichsten Ämter zufallen.

Er hatte Glück, der hübsche Philippe. Sein Name prangte nicht unter den ersten, die den *concours* passierten, sondern eher am Ende des mittleren Feldes, aber seine Mama wurde mit Blumensträußen überhäuft, und der Vater spendierte am Abend im Café einige Flaschen Champagner. Seitdem weiß man auch in Port Madeleine, daß die École Polytechnique unter Eingeweihten mit dem Buchstaben X bezeichnet wird, einem alten Kürzel für Mathematik, vermutlich aus den Gründungsjahren des Instituts, das ein Geschöpf der Revolution war, die sich für den Kampf gegen die Feinde der Freiheit des Dienstes eines wohlgedrillten Corps von Ingenieuren versicherte.

Am Fernsehschirm sahen wir alle den jungen Mann in seiner adretten Uniform – schwarzes Tuch, rote Biesen, goldene Knöpfe, Zweispitz, weiße Handschuhe und den Degen an die Schulter gelegt – beim Defilee am vierzehnten Juli und ein anderes Mal beim traditionellen Ball der hohen Schule im Vestibül der Pariser Oper, als er eine rotgelockte Dame mit tiefem Dekolleté graziös zur Quadrille an die Hand nahm.

Wenn Philippe für ein paar knappe Urlaubstage nach Hause kommt, manchmal mit einem Kameraden, grüßt er die Freunde und Nachbarn mit dem reizenden Lachen, das er von der Mama geerbt hat, und den freundlich-wachen Augen, mit denen er immer in die Welt schaute, angeblich schon als Knirps in der École Maternelle, wie man sich nun gern erzählt. Oder ist der Blick eine Spur härter geworden? Sind seine Gesten ein wenig gemessener, kontrollierter? Ist die Haltung um einen Hauch distanzierter? Scheint es nur so? Man sagt, Philippe trage sich mit dem Gedanken, den Eintritt in die École Nationale d'Administration zu versuchen: das wäre die höchste Stufe des Bildungsweges, den Frankreich seiner gloriosen Jugend vorzeichnet. Wenn, ja wenn Philippe auch diese Prüfung passierte, dann stünde dem pfeilschnellen Aufstieg in die höchsten Ämter nichts mehr im Wege.

Wir wünschen ihm Glück. Aber seine Gönnerin, die generöse Witwe, und wir, seine Freunde, die nichts mehr aus Port Madeleine fortlocken könnte, fragen uns manchmal, ob die Mitgliedschaft im Corps der *énarques*, die man als die Elite der Eliten betrachtet, wirklich sein Glück wäre. Er könnte es, Gott bewahre, zum Premierminister bringen, wie es bisher immerhin sechs Zöglingen der hohen Verwaltungsschule gelang, die General de Gaulle im Jahre 1945 gegründet hat!

Dem Ehrgeiz der *énarques* ist kein Ziel zu hoch. Die meisten der fünfeinhalbtausend Absolventen, die in ihrer Anstalt auf die hohen Ämter der Regierung und die Schlüsselpositionen in der Wirtschaft vorbereitet wurden, haben bemerkenswerte Karrieren aufzuweisen. Vielleicht sollte Philippe bei dem alerten Alain Juppé anklopfen, der bei seinem Sturz nicht zu hart fiel, denn er verfügt noch immer über einen Sitz in der Nationalversammlung, und er ist, das vor allem, Bürgermeister der großen Stadt Bordeaux, die er mit Umsicht regiert. Doch in seine Züge hat sich – es ist kein Wunder – eine Spur der Melancholie eingegraben, und er wirkt, als denke er dann und wann darüber nach, ob der Aufstieg in das zweitmächtigste Amt der Nation wirklich der schiere Segen für ihn und die Seinen gewesen ist.

Eine Bilderbuch-Karriere, wie man so sagt: Kind schlichter Eltern, in der Provinz aufgewachsen, immer der Erste, immer der Beste in sämtlichen Schulen, ein brillanter Kopf, der fast spielend die Hürden der Examina nahm. Über die École Normale Supérieure und die ENA stieß er zum Corps d'Inspecteurs des Finances. Erster Posten 1975 im Stab des Ministerpräsidenten – eine Schlüsselfunktion in der engsten Umgebung des anderen *énarque* Jacques Chirac, der nach zwei vergeblichen Anläufen schließlich die Präsidentschaft der Republik eroberte – Juppés Weg war von einer bezwingenden, ja geradezu natürlichen Folgerichtigkeit. Für Chirac, achtzehn Jahre lang Bürgermeister von Paris, versah er das Finanzressort. Mit anderen Worten: er bestimmte den Alltag des Stadtwesens.

Sein brillanter Intellekt, der die komplizierteste Materie ohne Zeitverlust meisterte, seine Kompetenz, sein Weitblick und seine Sachlichkeit sicherten ihm auch den Respekt seiner Feinde. Die Allüren der Macht blieben ihm, trotz seiner kühlen Reserviertheit, nicht fremd. Mit völliger Selbstverständlichkeit akquirierte er erst für sich und danach auch für die Verwandtschaft die schönsten Wohnungen aus dem reichen Bestand der Stadt, die neben abertausend bescheidenen Unterkünften, die mit den Geldern des sozialen Wohnungsbaus geschaffen wurden, auch über vierhundert aufwendige Häuser und Apartments verfügt, luxuriös ausgestattet und voll historischer Würde, die an Künstler und Gelehrte, Würdenträger und die Privilegierten unter den Politikern vergeben werden.

Alain Juppé war sich nicht der geringsten Schuld bewußt, als er jenes Gewohnheitsrecht für sich in Anspruch nahm, und seine Empörung, als die Journalisten «Skandal» schrien, war nicht gespielt. In jener Krise, als zum erstenmal ein Schatten auf die makellose Laufbahn fiel, wurde deutlich, daß seine Phantasie nicht ausreichte, über die Attitüden der Kaste hinauszudenken, der er seit seinen jungen Jahren zugehörte. Ihre Mitglieder betrachteten die Ämter, die ihnen zufielen, nicht als ein Lehen des Volkes, und sie empfanden die Macht, die ihnen gegeben war, nicht als ein Gut, das sie treuhänderisch zu versehen hatten, sondern als ihren Besitz. «Der Staat, das bin ich», soll Ludwig der Vierzehnte erklärt haben (das Zitat ist nirgendwo nachzuweisen). Die Elite aber, die von den Hohen Schulen geprägt ist, zumal die *énarques*, könnten sehr wohl von sich sagen: Der Staat, das sind wir.

Die Karrieren dieser Elite sind in der Regel nur zu geradlinig, und sie sind vor allem zu eilig. Juppé zum Beispiel hatte sich auf seinem Weg nach oben niemals die Zeit genommen, Frankreich wenigstens ein paar Monate lang von draußen zu betrachten. Er ließ sich nicht für ein halbes Jahr oder ein ganzes einfach durch die Welt treiben, um anderes zu erleben und Fremdes zu sehen. Er übte niemals einen Beruf außerhalb der öffentlichen Ämter aus. Dennoch war er, auch das muß gesagt werden, ein glänzender Außenminister (in der Regierung Balladur): nicht nur ein souveräner Kenner der Dossiers, sondern – wie ihm seine Kollegen gern bestätigten – umsichtig und weitschauend, überdies ein zuverlässiger Europäer. Er konnte sich, dank seiner bescheidenen Herkunft, sehr wohl ein Kind des Volkes nennen, und auf geradezu exemplarische Weise entsprach er dem Ideal, das Charles de Gaulle für die ENA umrissen hatte: daß sie auch für die Söhne und Töchter unvermögender Eltern zugänglich sein müsse – ein Instrument der inneren Demokratisierung der Staatsämter. Aber vielleicht machen sich die Geschöpfe einfacher Verhältnisse (wie man so sagt), für die der Weg nach oben ein wenig weiter und mühsamer ist als für die Kameraden aus den bürgerlichen, den großbürgerlichen Schichten und der Aristokratie –, vielleicht machen gerade sie sich den Geist der Elite mit besonderer Intensität zu eigen? Vielleicht erliegen sie rascher der Versuchung, die Sprache, die Gesten, die Manierismen, die Denkstrukturen ohne allen Vorbehalt zu übernehmen? Vielleicht sind sie nur allzu bereit, die Erinnerung an ihre Herkunft bis zur Unkenntlichkeit verwischen zu lassen? Vielleicht sind sie besonders anfällig für eine Konformität des Stiles, der mit der Persönlichkeit am Ende völlig identisch ist?

Solche Formung der Persönlichkeit mag die Aufgabe der Elitenbildung sein – sie ist auch ihre Gefahr. Pierre Mendès France, vielleicht die bedeutendste intellektuelle Figur unter den französischen Regierungschefs seit Léon Blum, sprach mit dem Blick auf
das einstige Hauptquartier der ENA in der Rue des Saints-Pères
nicht ohne Anlaß ein wenig mokant von «les jeunes messieurs» –
von «jenen jungen Herren».

Alain Juppé, nach der Wahl des Jahres 1995 von Präsident Chirac unverzüglich zum Premierminister berufen, legte ein Programm der Sozialreform vor, das genau durchdacht und von frappierender Logik war: alles in allem ein Konzept nach den Geboten
der Vernunft. Es hatte nur einen Nachteil: es wollte alles auf einmal, und das zu schnell. Juppé glaubte es in Rekordgeschwindig-
keit durchpeitschen zu müssen. Für eine behutsame Vorbereitung
ließ er sich keine Zeit. Die Mobilisierung der Gewerkschaften gegen die Bedrohung sozialstaatlicher Sicherheiten schien den Premierminister zu überraschen. Er meinte, von seiner historischen
Mission überzeugt, die Streiks und Revolten durchstehen zu können. Als er sich endlich zu Konsultationen entschloß, war es zu
spät. Sein Ansehen fiel ins Bodenlose. Dieser Sohn des Volkes
hatte sich, wie er schmerzlich erfuhr, zu lange vom Volk entfernt.
Präsident Chirac schrieb in einem Augenblick der Verblendung
Neuwahlen aus. Erst als die Umfragen ein verheerendes Resultat
für die Regierungsparteien ankündigten, fand er sich bereit, den
getreuen Juppé zu opfern: auch dieser Entschluß kam zu spät. Die
Niederlage war bitter.

Unser junger Freund Philippe, der sich in seinen Ambitionen nicht
beirren läßt, könnte darauf pochen, daß auch der Nachfolger Jospin
seine große Laufbahn in den Hohen Schulen begann, ja daß die
Mehrheit seiner Minister den letzten Schliff ihrer Bildung durch
die ENA empfing, übrigens auch die Frauen (die insgesamt nicht

mehr als zwanzig Prozent der Absolventen ausmachen), zum Beispiel die blitzgescheite und attraktive Justizministerin Élisabeth Guigou, die eindrucksvolle Sozialministerin Martine Aubry und die Schulministerin Ségolène Royal, die dem gleichen Jahrgang der ENA zugehörte wie ihr Mann François Hollande, der Generalsekretär der Sozialistischen Partei: der Promotion «Voltaire». Auf dem Gruppenbild ihrer Klasse lassen sich die beiden, nur durch zwei Köpfe voneinander getrennt, an einem fast geschwisterlich wirkenden Lachen erkennen. Sie brachten es wie dreiundzwanzig andere Mitglieder ihrer Promotion (von insgesamt 150) zu Prominenz und Einfluß: ob sie nun Mitglieder des Stabes beim Premierminister, Abgeordnete, Generaldirektoren bedeutender Industrieunternehmen sind oder an wichtigen Schreibtischen in der Führungsetage des Fernsehens und von Nachrichtenagenturen sitzen.

Übrigens können sie, was die Politik angeht, keineswegs allesamt der gleichen *couleur* zugerechnet werden. Das war niemals so. Die politischen Differenzen, die oft in leidenschaftlichen Debatten aufbrachen, wurden zu Anfang der Ausbildung stets durch das Spiel der Namensgebung (die den Eleven überlassen ist) aufs amüsanteste sichtbar. Seit dem Ende der siebziger Jahre zieht sich die Promotion für den Wahlakt in eine Station des Wintersports in den Alpen oder in den Pyrenäen zurück. Am letzten Abend versammelt sie sich zum Taufakt. Die ersten sieben Jahrgänge begnügten sich mit generellen Bekenntnissen: zum «Kämpfenden Frankreich» zum «Kreuz von Lothringen», zu den «Vereinten Nationen», zu dem Widerstandskämpfer Jean Moulin oder zu «Europa».

Mit Jean Giraudoux, der in seinem bürgerlichen Leben ein prominenter Diplomat war, meldete zum erstenmal die Literatur ihre Ansprüche an, die in späteren Jahren mit Albert Camus, Stendhal, mit Montesquieu und Marcel Proust, mit Rabelais und André Mal-

195

raux, mit Denis Diderot und Michel de Montaigne, mit Victor Hugo, Saint-Exupéry und René Char ein Übergewicht gewann, das in Frankreich nicht überrascht. 1965 freilich wäre es fast zu einem Eklat gekommen, als sich eine Mehrheit für den Schriftsteller Boris Vian entschied, den aufsässigen Chansonnier, Poeten und Jazzmusiker, eine Kultfigur der fünfziger Jahre, der seinem ersten Prosaband (im Jahre 1946) den herausfordernden Titel «J'irai cracher sur vos tombes» («Ich werde auf eure Gräber spucken») gegeben hatte. Erst als der Direktor mit seinem Rücktritt drohte, fanden sich die Studenten bereit, die Wahl noch einmal zu überdenken. Neben dem stigmatisierten Vian standen auch Léon Blum, der Regierungschef der Volksfront, Kardinal Richelieu, der autoritäre Gründervater des modernen Frankreich, und der Mathematiker Évariste Galois zur Debatte. Die Wahl fiel schließlich auf Marcel Proust.

Linksrepublikanische Passionen unter den Zöglingen der ENA äußerten sich in den Entscheidungen für Saint-Just, den Todesengel der Revolution, für Robespierre, diesen mörderischen Anwalt der Tugend, für «Liberté, Égalité, Fraternité», für Victor Schoelcher, den Befreier der Sklaven, und für Louise Michel, die Kommunardin – die einzige Frau, der bisher die Ehre zuteil wurde, eine Promotion mit ihrem Namen zu schmücken. Dieses Votum war um so erstaunlicher, da nur elf Jahre zuvor der Chef der Schule ein anderes Mal mit dem Rücktritt gedroht hatte, als die Eleven darauf bestehen wollten, ihren Jahrgang auf die «Kommune von Paris» zu taufen. Félix Eboué, der schwarze Gouverneur von Guadeloupe und später der afrikanischen Kolonie Tschad, war die exotischste Figur unter den Persönlichkeiten, die bei den *énarques* zur Ehre der Altäre gelangten, und Leonardo da Vinci der einzige Nicht-Franzose. Im Jahre 1994 standen Erasmus, Winston Churchill und Willy Brandt zur Debatte. Die Redeschlacht tobte bis um fünf Uhr in der Frühe. Den Zuschlag bekam schließlich der Dichter René Char.

Die Wirklichkeit der Welt jenseits der Grenzen Frankreichs bricht in der Tat selten in das Lehr- und Denkgefüge der Hohen Schule ein, obwohl einige Gaststudenten aus anderen Ländern zu ihnen gehören. Natürlich werden in der ENA auch Sprachen, die Konstruktion der europäischen Institutionen und die Probleme der internationalen Zusammenarbeit gelehrt. Praktische Erfahrungen können teilweise im diplomatischen Dienst gesammelt werden, doch nicht jeder der Absolventen hat das Glück, dabei auf einen klugen Botschafter zu treffen, der ihm rät, die kostbaren Tage um Gottes willen nicht in einem vermufften Büro abzusitzen, sondern sich unter Land und Leuten umzusehen, wie es der Journalist René Girard denn auch tat, der später aus Anlaß des fünfzigsten Jubiläums der ENA seine Eindrücke mit Witz und kritischer Ironie geschildert hat. Jeder der künftigen Funktionäre des Staates und der Wirtschaft, schrieb dieser gescheite Bürger, kenne am Ende der zwei Lehrjahre in der ENA seinen Rang, der für die Karriere ein Lebtag lang bestimmend sei.

Von sich selber sagte der «Grand Reporteur» des «Figaro», daß er beim Eintritt in die ENA dem «intellektuellen Cocon» der École Normale Supérieure entschlüpft sei, dieser klassischen Bildungsanstalt der geistigen Elite, die seit ihrer Gründung im Revolutionsjahr 1794 (ehe das Schreckensregiment des *terreur* vom gemäßigten *directoire* abgelöst wurde) durch die Ausbildung der sogenannten höheren Lehrkräfte sämtliche Schulen und Universitäten des Landes prägt. In der École Normale gehen die Studenten auf einem recht hohen Kothurn. René Girard bekennt, daß er immerhin dank der ENA «die Welt der Bananenschalen, der Zankereien um den gesellschaftlichen oder beruflichen Vorrang, der geheuchelten Vertraulichkeiten, der nicht gehaltenen Versprechen, der heimlichen Querverbindungen, kurz, das wahre Leben» kennengelernt habe. Sarkastisch fügte er hinzu, die Sitzungs- und Konferenzmanie sei die Schwäche der französischen Administration, auf die man bei der ENA sehr bewußt vorbereitet wurde, überdies könne man sich in der Kunst der Anpassung üben. Zum Beispiel begreife man schnell, daß es bei der mündlichen Prüfung im Arbeitsrecht ratsam sei, in einem abgetragenen dunkelbraunen Anzug zu erscheinen, während es bei einer Konferenz mit Diplomaten angebracht sei, im makellosen nachtblauen Blazer aufzutreten: «Wir verstanden, daß der intelligente Konformismus und die rasche Adaptation des jeweiligen Stils der Schlüssel des Erfolgs war.»

In Deutschland sprach man stets voller Neid von den Vorzügen der französischen Elitenbildung, die dafür garantiere, daß der Staat, die öffentlichen Einrichtungen, die Botschaften und die nationalen Missionen, aber auch die großen Wirtschafts- und Industrieunternehmen, die Banken, die Versicherungen, ja selbst die kulturellen Institutionen von Beamten und Managern des höchsten intellektuellen und gesellschaftlichen Schliffes besetzt seien. Das aber ist das Problem dieser Bildungsform: der gleiche Schliff, den sie allen Zöglingen verpaßt.

Aus den Eleven der Hohen Schulen, vor allem dem Institut National des Études Politiques und der ENA, rekrutiert sich das Corps der Präfekten, die auch im Zeichen der Dezentralisierung und der regionalen Verantwortung über die Interessen der Zentralmacht wachen, die lokalen Händel schlichten und in ihrer Allzuständigkeit die Vielfalt der Interessen ausbalancieren. Die Absolventen der ENA haben die Wahl, ob sie ihre Karriere als Inspecteurs des Finances (die crème de la crème) oder als Mitglieder des Rechnungshofes oder des diplomatischen Dienstes fortzusetzen gedenken.

So oder so: sie können nahezu gewiß sein, daß sich ihnen die höchsten Positionen öffnen. Sie mögen sich ideologisch bei der Linken oder der Rechten verankern, sich den Sozialisten, den Gaullisten oder den Liberalen zuschlagen, ihr Schicksal in der Politik suchen oder die besser bezahlten Direktorensessel in den großen Unternehmen vorziehen: die ENA bleibt die gemeinsame Heimat. Es ist nicht bedeutungslos, daß Jahrgangskameraden wie der Gaullistenchef Jacques Chirac und der Sozialdemokrat Michel Rocard durch ein freundschaftliches Du miteinander verbunden sind. Trotz aller Differenzen: sie sind vom Formationsprozeß ihrer Schule geprägt, und ihnen allen ist gemeinsam, daß sie einer großen Laufbahn gewiß sein können, daß ihre Wege vorgezeichnet sind, daß sich ihre Pfade überdies immer wieder kreuzen. Niemals sind sie unsicher, wie das Leben mit ihnen verfahren werde. Mit dieser Privilegierung aber werden sie auch der Wirklichkeit bis zu einem gewissen Grade enthoben.

Es gibt keinen Anlaß, die *énarques* als «Staat im Staate» zu dämonisieren. Sie sind keine verschworene Gemeinschaft, und sie sind auch kein omnipräsenter Orden, wie es einst den Jesuiten nachgesagt wurde. Großbritannien bildet seine Eliten seit Menschengedenken in den Schulen à la Eton und den klassischen Universitäten Cambridge und Oxford aus. In Amerika braucht sich keiner allzu große Sorgen um sein Geschick im beruflichen Leben zu machen, der ein Diplom von Harvard oder von Yale, von Princeton oder Georgetown, von Stanford oder Berkeley vorweisen kann.

In England mag man mit einigem Recht von einer Kaste reden, die in «Oxbridge» geformt wird, aber Amerika duldet keine geschlossene Gesellschaft. Längst konkurrieren dort drüben die staatlichen Universitäten mit den traditionsreichen privaten Hochschulen der *ivy league,* deren Mauern oft so dekorativ mit dem sprichwörtlichen Efeu umrankt sind. Die politischen Hierarchien der Vereinigten Staaten sind durchlässig, nach wie vor, und die Außenseiter – ein amerikanisches Paradox – eher typisch als atypisch. Man braucht kein Absolvent von Harvard zu sein, um Minister zu werden (auch wenn das des öfteren der Fall war), und man muß keine der großen *business schools* passiert haben, um zur Präsidentschaft eines der großen Konzerne vorzustoßen. Die Regierung und die Verwaltung, der Kongreß und die einflußreichen Stiftungen, die eine bedeutende Macht im öffentlichen Leben sind, verdanken ihre Vitalität einem steten Wechsel zwischen Wirtschaft, Universitäten und Staat, wie es ihn weder in Frankreich noch in Deutschland gibt.

Die Merkwürdigkeiten der französischen Politik aber lassen sich kaum verstehen, wenn der Beobachter aus dem Auge verliert, daß an die vierzig Prozent der Kabinettsmitglieder in der Regierung Jospin aus der ENA stammen, deren Einfluß seit fünf Jahrzehnten stetig expandiert. Die beiden großen Automobilkonzerne – staatlich der eine, privat der andere – werden meist von *énarques* dirigiert. ENA-Kameraden lenken die mächtigsten Versicherungsgesellschaften und Banken.

Es fragt sich, ob sie dafür stets die besten Voraussetzungen besitzen. In der Regel gelangen sie gleich zu Anfang ihrer Laufbahn in die Führungskader – wenn sie nicht als «Fallschirmspringer» sofort an der Spitze plaziert werden. Jean-Yves Haberer zum Beispiel, der seine Karriere als Inspecteur des Finances begonnen hatte, unternahm als Chef des «Crédit Lyonnais» den unglückseligen Versuch, die Bank auf Biegen und Brechen zu einem der großen Finanzinstitute der Welt zu machen. Vielleicht handelte er unter politischen Pressionen. Vielleicht durchbrach der eigene Ehrgeiz alle Schranken der Vorsicht und Vernunft. Das düstere Ergebnis waren Milliardenverluste, für die – wer sonst? – die französischen Steuerzahler aufzukommen hatten. Dennoch bestritt Monsieur Haberer seinem Nachfolger in einem öffentlichen Verhör hochgemut alle Kompetenz, weil er nicht zur ENA-Elite gehört, sondern nur die École Polytechnique durchlaufen hat. Das Selbstbewußtsein eines rechten *énarque* ist in der Tat kaum zu brechen.

Anders als in Frankreich haben sich in Amerika und auch in Deutschland die meisten Großmanager in den Unternehmen hochgedient, über die sie später das Kommando führen. Sie kennen die Betriebe bis in ihre verborgensten Winkel. In Frankreich aber wird ein «Außenseiter» wie der Generaldirektor des Medienunternehmens HAVAS, der weder über Diplome noch über familiäre Verbindungen verfügte, wie ein Wunder gefeiert.

Nach einer Übersicht aus der Mitte der neunziger Jahre hielten sich fünfzig Prozent der französischen Topmanager nur vier Jahre in den Unternehmen auf, die sie leiten, und nur sechzehn Prozent gehörten zwanzig Jahre oder länger dazu. Sechsunddreißig Prozent der Generaldirektoren stammten aus einem der Grands Corps, vierzehn Prozent rekrutierten sich aus den Reihen der ENA und der École Polytechnique. Noch nicht einmal fünf Prozent waren Absolventen der normalen Universitäten. Nur sechs bis sieben Prozent verfügten über ein ausländisches Diplom, und sechzehn Prozent gaben an, daß sie ihre Funktion durch die Arbeit im Beruf gelernt hätten. Eine andere Statistik wies nach, daß von den zweihundert wichtigsten Unternehmen Frankreichs mehr als achtzig von den Zöglingen der Großen Schulen geleitet werden und nur etwa vierzig von Managern, die im Betrieb selber aufgestiegen sind.

Immer wieder überraschte die Selbstverständlichkeit, mit der die Geschöpfe der Kaderschmieden von einem Feld ins andere wechselten. Wer die Weihen der ENA empfing, meint in der Tat, alles zu können. So finden sich Mitglieder jener Kaste selbstverständlich auch an der Spitze kultureller Organisationen, zum Beispiel in der Verwaltung der Comédie Française und der Opéra de la Bastille. Natürlich zeigen sich viele Mitglieder der Elite ihren Aufgaben gewachsen. Manche bewähren sich brillant. Wer scheitert, fällt freilich selten ins Nichts. Fast immer findet sich, dank des Netzwerkes der Kameraden, der rechten politischen Verbindungen und hoher Protektionen, ein reizvoller, womöglich lukrativer, im Zweifelsfalle auch nur bequemer Posten in einem anderen Bezirk der Verwaltung oder in einem Staatsunternehmen. Die Gefahr der Inzucht läßt sich nicht von der Hand weisen.

Der Sturz von Alain Juppé aber war das Signal für eine publizistische Revolte gegen die Vorherrschaft der ENA und der anderen Hohen Schulen, denen vorgeworfen wurde, daß sie Frankreich zu lange dominiert hatten. Man sprach von einem Bruch zwischen der Bevölkerung und ihrer Führung, zwischen der Gesellschaft und der Macht. Der Soziologe Pierre Bourdieu ereiferte sich gegen die Eliten und Technokraten – «jenen Staats-Adel, der die Überzeugung von seiner Legitimität aus seinen Diplomen» bezieht. Frankreich, schrieben die Zeitungen, sei jener Eliten müde geworden, und fast siebzig Prozent der Franzosen warf ihnen ihre Abschottung nach außen vor. Der rechtsliberale Ex-Minister Alain Madelin spottete: «Irland hat seine IRA, Spanien seine ETA, Italien seine Mafia und Frankreich seine ENA.»

Prompt wurden auch Reformvorschläge vorgelegt. Joseph Rovan, der einst an den Vorbereitungen zur Gründung der ENA beteiligt war, gab zu bedenken, daß es an den notwendigen Erfahrungen und Erkundigungen der Realitäten gemangelt habe, wie die Geschichte der Schule zeige. Er regte an, daß dem Eintrittsexamen fünf Jahre praktische Arbeit vorausgehen müßten, gleichviel ob im öffentlichen oder im privaten Bereich. Ein anderer Autor, der eine Studie unter dem Titel «Die ENA – Spiegel des Staates» vorlegte, forderte die Demokratisierung, die Professionalisierung, die Öffnung der Schule. Die Eleven müßten lernen, im Team zu arbeiten und Projekte von Grund auf zu entwickeln, statt sogleich an den Entscheidungsprozessen beteiligt zu werden.

Die Premierministerin Édith Cresson, die das Problem mit überraschender Kühnheit ins Auge faßte, befahl in ihrer knappen Regierungszeit kurzerhand den Umzug der ENA nach Straßburg, um das «intellektuelle Monopol» der Hauptstadt zu brechen: eine Entscheidung, die Paris für einen Augenblick beben ließ. Das Experiment kostete den Staat wenigstens einhundertfünfzig Millionen Franc, und es gingen einige Jahre ins Land, bis in Straßburg das alte Gebäude der «Commanderie Saint-Jean» umgebaut war, das in den achtziger Jahren als Frauengefängnis gedient hatte (was zu manch naheliegenden Scherzen billigen Anlaß gab).

Die jungen *énarques* sollten mit der Verpflanzung an den Rhein nicht nur den Willen der Regierung zur Dezentralisierung demonstrieren, sondern auch die Nachbarschaft der europäischen Institutionen nutzen. Doch die Zöglinge schienen den Charme der Provinz nur wenig zu schätzen, sondern zogen es vor, an jedem Wochenende prompt nach Paris zu fliehen. Das Münster und seine Rosette, die man die schönste Blume des Abendlandes genannt hat, die gotischen Gassen, die Butzenscheiben, die behäbigen Restaurants mit den Gebirgen von *choucroute* und Würsten, die Rheinromantik, die Straßburger Schanz, auf der einst das Trauern der armen Schweizer Söldner anfing (wie das Volkslied weiß), die Erinnerung an den jungen Goethe und seinen umschwärmten Schatz Friederike Brion, die Pfarrerstochter (der im nahen Sesenheim ein so rührendes Museum gewidmet ist), das jakobinische Strasbourg, in dem der Artillerieoffizier Rouget de Lisle die Marseillaise komponierte, die ersten Takte einem Klavierkonzert Mozarts entleihend – die so üppig blühenden Reize des schönen Elsaß schienen die jungen Damen und Herren der Hohen Schule nicht allzu tief zu beeindrucken. Schließlich wurde Madame Cressons hochherzige Entscheidung korrigiert: ein Teil der Kurse wurde in die Hauptstadt zurückverlegt (was die Angelegenheit nicht billiger macht).

Reformen hin, Reformen her: Macht und Einfluß der *Grandes Écoles* – siehe die Zusammensetzung der Regierung Jospin – haben trotz der massiven Kritik nicht gelitten. Obwohl der Sinn der Franzosen eher auf die Gleichheit gerichtet sein mag als jener der Deutschen, scheinen sie niemals daran gezweifelt zu haben, daß jede produktive Gesellschaft ihre Eliten braucht – während die Nachbarn jenseits des Rheines, die auf das Ideal einer vielschichtigen und vielgesichtigen, bunten und geradezu polyphonen Gesellschaft schwören (wenn sie nicht mit ihrer Gleichschaltung und Uniformierung beschäftigt sind), sich immer wieder einem lastenden Argwohn gegen die Elitenbildung hingeben, zumal im Anhang der Sozialdemokraten, der Gewerkschaften und der sogenannten «linken Szene». Die deutschen Erfahrungen, das muß eingeräumt werden, mit der Aristokratie, aus der die preußische Militärkaste hervorging, wirkten lange nach, und die wilhelminische Mésalliance zwischen dem ländlichen Junkertum und dem neureichen Geldadel ließ die dominierende Klasse nicht liebenswerter erscheinen. Die Rebellion gegen den plebejisch-kleinbürgerlichen Diktator, die unter der Führung des Obersten von Stauffenberg am 20. Juli 1944 unter der deutschen Aristokratie erschreckende Blutopfer forderte, konnte dieses problematische Bild nicht völlig korrigieren. Überdies wurde der Elitegedanke durch die kriminellen Narrheiten des nazistischen Führungsclans, der eine Herrenrasse zu züchten versuchte, für eine lange Frist diskreditiert.

Das Dritte Reich, auch das muß bedacht werden, hatte auf seinen Trümmern ein nahezu klassenloses Volk hinterlassen: die großen Ländereien im Osten, bis in die Mitte unseres Jahrhunderts die wirtschaftliche Basis der Aristokratie, waren dahin, die Industrie zerstört, die nahezu zwanzig Millionen Menschen, die ihre Habe durch Flucht und Vertreibung eingebüßt oder im Bombenkrieg verloren hatten, waren allesamt – man vergißt es leicht – eine besitzlose Masse geworden. Der wirtschaftliche Aufstieg bescherte der alten Klassengesellschaft keine Renaissance. Vereinfachend läßt sich sagen, daß die Deutschen eine Gesellschaft der umfassenden und dominierenden Kleinbürgerlichkeit wurden – eines Kleinbürgertums, zu dem auch die einstige Arbeiterschaft zählt und das selbst die Reste des Bürgertums tief durchdringt. Am Rande mag eine neue großbürgerliche Schicht in der Führung der Industrien, der Banken, auch der Medien erkennbar sein. Doch das mittlere Management der Betriebe, die Beamtenschaft, die Heerschar der Angestellten des öffentlichen Dienstes, das Offizier-Corps der Bundeswehr: sie sind allesamt kleinbürgerlich geprägt, die Minister und Parlamentarier nicht ausgenommen.

Das gesellschaftliche Ideal der Deutschen ist längst nicht mehr der General Dr. von Staat. Er ist zur Schießbudenfigur geworden, und er wurde durch den Professor Meier und durch den Oberst Müller ersetzt. Dies mag überraschend sein: doch die Ergebnisse der gesellschaftlichen Umschichtung im kapitalistischen Westen Deutschlands und «realsozialistischen» Osten des Landes unterschieden sich im Ergebnis kaum, denn auch der kommunistische Staat, angeblich eine «Diktatur des Proletariats» unter volksdemokratischen Vorzeichen, war vom Partei- und Staatschef Honecker über die Apparatschiks sämtlicher Etagen bis zum letzten Hauswart kleinbürgerlich in jeder Lebensregung.

Auch Frankreich entzog sich dem prägenden Anspruch des Kleinbürgertums nicht, das alle Demokratien des Westens eroberte – aber er hat dieses Land nicht bis in die letzten Winkel besetzt, wie es für Deutschland festgestellt werden kann. Trotz der bitteren Verluste in Krieg und Nachkrieg blieb Frankreich von einer materiellen Katastrophe verschont, wie sie die Nachbarn heimgesucht hat. Es entledigte sich darum auch der Klassengesellschaft nicht mit gleicher Radikalität. Zwar kommt dem Adel nicht viel mehr als eine dekorative Funktion zu, doch die *haute bourgeoisie* behauptete, samt vielen der alten Familien, einen beträchtlichen Einfluß.

Frankreich ist, es wurde oft festgestellt, in vieler Hinsicht ein konservatives Land. Seine Revolutionen haben ihm erlaubt, sich langsamer und womöglich weniger tiefgreifend zu verändern als das Nachbarland jenseits des Rheines, das nach langen Perioden des Verharrens eine radikale Konvulsion erlebte, in der das Unterste zuoberst gekehrt wurde.

Die Unruhen, die Revolten, die Revolutionen, die Frankreich immer aufs neue erschütterten, wurden von manchen Historikern und Soziologen als Entlastungen von einem gefährlichen Überdruck erklärt. Selbst die Große Revolution, die nicht vom Jahre 1789, sondern – wie François Furet und andere beobachteten – vom Sturz des Königs im Jahre 1792 datiert, mutete dem Land nicht eine Umwertung aller Werte zu. Zwar wurden die Aristokraten geköpft, aber das Ideal der Eliten wurde keineswegs außer Kraft gesetzt. Man hat die Fabrikation der Eliten nur verlagert: siehe die Gründung der Hohen Schulen, die zwei Jahrhunderte lang jene Klasse formten, von der Frankreich regiert wurde – eine Garantie der Kontinuität über alle Krisen, Kriege, über Kaiser- und Königreiche, über fünf Republiken hinweg.

Es entsprach lange einer guten Gewohnheit der administrativen Elite, den Repräsentanten der Parteien bei der Besetzung der höchsten Ämter des Staates und der Ministersessel den Vortritt zu lassen. Das hat sich geändert. Die Eliten herrschen seit geraumer Zeit unmittelbar über die Parteien, ausgenommen die Kommunisten und den Front National (obwohl Bruno Mégret, der Vertreter und vermutliche Erbe des Plebejer-Tribuns Jean-Marie Le Pen, zu den Absolventen der École Polytechnique zählt). Die Elite stellt nun die Präsidenten und Premierminister aus ihren Reihen. Sie begnügt sich nicht mehr damit, die Ministerien als *éminences grises* oder *directeurs de cabinet* in diskreter Unscheinbarkeit zu lenken. Ihre Mitglieder treten nun selber als Minister und Ministerin auf den Plan. Ihre Macht ist sichtbarer, damit aber auch angreifbarer und verletzlicher geworden. Sie mag fürs erste noch ungebrochen sein, aber durch die öffentlichen Debakel, die sie erlitten hat – siehe den Fall Juppé – ist nun auch dieser Mythos versehrt. Anders: der Prozeß der Entmythisierung hat begonnen – auch hier.

Und Philippe, der Sohn unserer braven Nachbarn? Was wird mit ihm, dem eleganten jungen Mann mit dem hübschen Gesicht und den freundlich-kühnen Augen, den jedermann in Port Madeleine einen Glückspilz nennt, gleichviel, ob ihm der Sprung in die École Nationale de l'Administration gelingt und er sich damit der «Elite der Eliten» zugesellen darf?

Ist er noch immer so sicher, daß er damit das große Los zieht? Als ihn seine generöse und gebildete Gönnerin – das ist ein Jahrzehnt her – auf die Romane von Stendhal aufmerksam machte, sagte der aufgeweckte junge Mann mit einem schönen Lachen, jetzt wisse er, worauf es im Leben ankomme: er wolle zu den «happy few» Stendhals gehören, die Mozart hörten, Shakespeare lasen, von der Lust auf die Freiheit und vor Ehrgeiz glühten, ein Leben hohen Stiles führten, wie es der Bürgersohn aus Grenoble, der die Klarheit seiner Sprache angeblich an der Lektüre des Code Napoléon geübt hat, für sich selber erträumte.

Wäre Philippe diesem Glück näher, wenn er eines Tages in der Uniform des Präfekten in der Hauptstadt unseres Départements auf der Tribüne der Ehrengäste stünde, um dem Aufmarsch der Anciens Combattants am 11. November, dem Tag des Waffenstillstands von 1918, zu salutieren? Ach, beinahe hätte er vergessen, daß die Präfekten prinzipiell nicht in der heimatlichen Region dienen dürfen: Vertraulichkeiten und Familiaritäten sind nicht erwünscht. Vermutlich würde er eher ins Pas-de-Calais oder in die Bretagne beordert. Da oder dort: er bezöge ein stattliches Gehalt, wäre auf Lebenszeit versorgt, und er würde eine schöne Partie mit einer adretten Fabrikantentochter, der er beim Abschlußball seines Jahrgangs begegnen durfte, nach verantwortungsbewußter Erwägung nicht ausschlagen. Oder?

Mit seinem raschen und fast zu höflichen Lächeln deutete Philippe in unserer letzten Unterhaltung an, daß er die Ausbildung – wenn er denn die Prüfung bestände – dafür nutzen wolle, Deutsch

207

zu lernen. Das sei naheliegend, da sich die Beziehungen hinüber und herüber im Zeichen Europas verdichten würden. Vielleicht bewerbe er sich obendrein noch um ein Praktikum bei der Europäischen Kommission in Brüssel.

Ob er in den Ferien gelegentlich für eine Privatstunde anklopfen dürfe, fragte er mit einer Prise Spott. Wer Deutschland begreifen wolle, sagte er weiter, müsse sich wohl in seine Philosophie vertiefen – seien die Deutschen nicht das philosophische Volk schlechthin? – Das möge einst so gewesen sein, sagte ich, vielleicht ein wenig mürrisch. Es sei überdies nicht sicher, ob die Deutschen damit glücklich geworden seien. – Was er lesen müsse, fragte der junge Mensch: Hegel? – Da sei Gott vor, rief ich unbedacht. Anatole France, fügte ich hinzu, habe sich – so berichtet eine Anekdote – vergebens bemüht, den großen schwäbisch-preußischen Denker zu verstehen: drei Bände habe er gelesen, wie er angeblich einem Freund bekannte, und dennoch nichts begriffen, denn das Verb stehe erst im vierten. Mit anderen Worten: die deutsche Sprache sei auch ohne Hegel schwierig genug. Er möge lieber den «Werther» lesen, das einzige deutsche Buch, das die Franzosen jemals erschüttert habe – neben dem Kommunistischen Manifest. Die Mischung sei nicht reizlos, und er könne aus ihr viel über uns lernen.

Manchmal, gestand Philippe später bei einem Glas Wein, sei er die Tretmühle des Lernens müde, von einem Examen zum nächsten, immer zitternd, von ehrgeizigen Hoffnungen vorangetrieben, von Ängsten aufgerieben. Was den Prüfungsterror angehe, sei Frankreich noch immer das Japan des Westens. Dennoch zeigten seine Kameradinnen und Kameraden eine bemerkenswerte Resistenz: anders als japanische Studenten, die in einem lebensentscheidenden Test versagten, legten sie so gut wie niemals Hand an sich selber, auch wenn sie durchfielen.

Er schwieg eine Weile. Dann sagte er, ihm stehe der Sinn

manchmal nach Flucht: es wäre so einfach, sich als Ingenieur in einem kleinen Unternehmen unten hier im Süden zu verdingen. Er träume davon, Pilot zu werden. Oder er könnte sich im Weinbau versuchen, auch davon verstünde er genug. Oder er könnte Geld aufnehmen, um ein Fischerboot zu kaufen, obwohl das Mittelmeer schon so ziemlich leer gefischt sei. Die große Welt in Paris habe ihre Reize, doch anstrengend sei sie auch.

Anderntags las ich in der Zeitung eine Betrachtung von Bertrand Poirot-Delpech, der Mitglied der Académie Française ist, in der er berichtete, Albert Camus sei eines Tages vom Staatspräsidenten Auriol zum Mittagessen eingeladen worden. Als er seiner Mutter von der Auszeichnung berichtete, habe ihm die alte Frau, die in einem armen Viertel von Oran in Algerien zu Hause war, dringend geraten, er solle lieber nicht hingehen: «Das sind keine Leute für uns!» habe sie gerufen.

Aber sind sie es für Philippe? Die reiche und so großzügige Witwe, die seine Ausbildung finanzierte, und seine braven Eltern sind stolz auf den großartigen Burschen. Aber sie bangen heimlich um seine Seele. Natürlich sagen sie davon kein Wort.

KAPITEL 14
Salz der Erde –
ein Exkurs

Wie oft war ich achtlos durch die kleine Straße vor dem Markt gefahren, ohne die Fassade wahrzunehmen, die sich unscheinbar in die Reihe der grauen Häuser fügte. Nur ein schlichter Bogen über dem Portal zeigte an, daß es sich um ein Gotteshaus handeln könnte. Die Inschrift «Temple protestant» fiel mir erst ins Auge, als ich die Hand auf die Klinke legte.

Der Einfachheit des äußeren Bildes entsprach die nüchterne Kargheit des Innern: ein Holztisch diente als Altar, ein Pult als Kanzel. Am Harmonium eine Dame, deren Züge von den ersten Zeichen einer zarten Resignation geprägt waren. Die Hände übten stumm die Akkorde und Melodiebögen des Bachschen Choralvorspiels, das sie auf einen Wink des Pastors ein wenig später erklingen ließ.

Auf den geflochtenen provenzalischen Stühlen und in den harten Bänken saß die bescheidene Gemeinde: sieben Menschen, wohlgekleidete Bürger allesamt, die hernach den Gast mit verhaltener Herzlichkeit begrüßten. Mit brüchigen Stimmen sangen sie ein Lied zum Lobe des Herrn, das Nicolais schmetternder Choralmelodie «Wachet auf, ruft uns die Stimme!» folgte. Der Pastor, ein Herr von etwas nasaler Gescheitheit, stützte seine Auslegung des Evangeliums auf eine Betrachtung von Dietrich Bonhoeffer, dem deutschen Theologen, der für seinen Widerstand gegen das Reich des Bösen noch in den letzten Tagen des Krieges mit seinem Leben gebüßt hatte.

Vertraute Klänge, vertraute Namen: der nüchtern-unfeierliche Gottesdienst in der reformierten Gemeinde des Nachbarstädtchens erwies sich als eine schmale Brücke zur Welt des schwäbischen Pfarrhauses, aus der ich kam. Später erinnerte ich mich einer Passage in Madame de Staëls Betrachtungen über Deutschland, und ich schlug die liebevolle Schilderung nach: «Ich befand mich vor einiger Zeit in einer Landkirche, die von allem Schmuck entblößt war; kein Gemälde zierte die weißen Wände; die Kirche war seit kurzem erbaut, und kein Gedanke an eine lange Vergangenheit machte sie ehrwürdig; sogar die Musik, welche die strengsten Heiligen als einen Genuß der Seligen in den Himmel versetzt haben – sogar die Musik ließ sich kaum vernehmen ...» Was die große Dame in Deutschland notierte, konnte – nahezu zwei Jahrhunderte danach – ihr ferner Verehrer in Frankreich bestätigen.

Wie seltsam, daß sich während der vergangenen Jahrzehnte kaum jemand die Mühe machte, das gemeinsame Erbe der Reformation zu einem intensiven Gespräch mit den Protestanten Frankreichs zu nutzen. Nur am Rande nahm man in der rheinischen Hauptstadt zur Kenntnis, daß der eine oder andere der Botschafter, die Frankreich in Bonn vertraten, evangelischen Bekenntnisses war: der Pastorensohn Couve de Murville, der hernach Präsident de Gaulle als Außenminister und Premierminister gedient hat, nach ihm François Seydoux de Claussone und schließlich François Scheer. Warum fiel es keinem der evangelischen Bischöfe Deutschlands ein, Michel Rocard in seine Gemeinde einzuladen, den bedeutendsten Regierungschef der Ära Mitterrand, der freilich selten den Weg zu jener Kirche im fünften Pariser Arrondissement findet, in der er getauft und konfirmiert worden war (in seinen jung-sozialistischen Jahren mochte er sich weit vom Bekenntnis der Väter entfernt haben)? Unternahm einer der deutschen Politiker und Diplomaten jemals den Versuch, sich mit dem Ministerpräsidenten Jospin über die protestantische Tradition zu unterhalten, aus der er stammt? Wurde die Kulturministerin Catherine Trautmann, Straßburger Pastorentochter und studierte Theologin, jemals gefragt, ob der Protestantismus Ansätze zu gemeinsamen Anstrengungen im Austausch der beiden Länder böte? Suchte man das Gespräch mit Pierre Joxe, Präsident des mächtigen Rechnungshofes, einst Innenminister und in jungen Jahren parlamentarischer Chef der Sozialisten, der zu Beginn der Präsidentschaft Mitterrands noch mit etwas skurrilem Humor verlangt hatte, die ehrwürdigen Greise des Staatsrates so rasch wie möglich aus dem Palais Royal zu verjagen? Auf einer Konferenz zur vierhundertsten Wiederkehr des Ediktes von Nantes regte dieser geistreiche und nachdenkliche Kopf ein neues Edikt an, um das Zusammenleben der christlichen Mehrheit mit den drei Millionen Kindern des Islam, die Frankreich als ihre Heimat betrachten, unter dem Toleranzangebot der laizistischen Republik zu ordnen.

Ist es die deutsche Gleichgültigkeit gegenüber den Fragen der Religiosität, die niemand daran denken ließ, daß man mit den Protestanten des Nachbarlandes einen intensiven Dialog beginnen sollte? Es gäbe manches von ihnen zu lernen: zum Beispiel über den heilsamen Verzicht auf eine Kirchensteuer, die das Gesetz des Laizismus und die strikte Trennung von Kirche und Staat in Frankreich nicht erlauben. So finanzieren sich die Gemeinden – in der Regel mehr schlecht als recht – aus den Beiträgen und Spenden ihrer Mitglieder. Die Freiwilligkeit des Engagements aber bewirkt eine enge Bindung an die Kirchen – übrigens nicht nur für die Protestanten (ob Reformierte oder Lutheraner, Methodisten oder Baptisten), sondern auch für die Katholiken, die sich unter das gleiche Gebot der Bescheidung zu beugen hatten. Vielleicht sind die französischen Glaubensbrüder darum «weniger pessimistisch» gestimmt als die Mitglieder und Geistlichen der deutschen Kirchen, wie eine genau beobachtende Reporterin der «Frankfurter Allgemeinen Zeitung» auf einer Versammlung der «Fédération Protestante de France» feststellte. Sie zitierte den Präsidenten der elsässischen Lutheraner, der bemerkte, sie hätten sich längst daran gewöhnt, daß ein Christ laut Martin Luther ein seltener Vogel sei.

Übrigens ließe sich mit einem Gran Übertreibung sagen, daß sich der Katholizismus Frankreichs im Gang der Jahrhunderte der einst so ruchlos verfolgten protestantischen Minorität bis zu einem gewissen Grade angepaßt hat: ein Aperçu der Geschichte, mit dem sich – wie so oft – die Ironie des lieben Gottes annonciert. Friedrich Sieburg bemerkte einst, der Katholizismus sei «in Frankreich zu einem Kronreif umgehämmert worden», doch wenn es so war, dann wurde er spätestens mit der Hinrichtung Ludwigs des Sechzehnten gesprengt. Überdies hätte sich vom deutschen Kaisertum und seiner Beziehung zur Kirche – zumindest mit dem Blick auf die Habsburger – ähnliches behaupten lassen.

Die Französische Revolution beraubte die *ecclesia triumphans et militans* ihres weltlichen Besitzes. Das Grundgesetz des Laizismus aus dem Jahre 1905 machte ihrem unmittelbaren Einfluß auf die Schulen und Universitäten ein Ende. Die übergroße Mehrheit der katholischen Christen des Landes zweifelt den Segen dieser Regelung nicht mehr an. Sie hat verstanden, daß die einstige Majorität der Katholiken in Wahrheit längst eine Minorität geworden ist.

Nur zwölf Prozent der Bevölkerung bekennen sich als praktizierende Christen. Zwar gehören noch immer vier von fünf Franzosen nominell der katholischen Kirche an, doch unterdessen wird nur noch jeder zweite Säugling zur Taufe getragen. Die Zahl der Pfarreien verminderte sich in den vergangenen eineinhalb Jahrzehnten um fünftausend, und die Zahl der Gemeindepfarrer nahm um ein Drittel ab. Viele Gotteshäuser stehen leer, mehr als zweitausend insgesamt, die niemals mehr für einen Gottesdienst genutzt werden: melancholische Monumente einer versinkenden Welt. Es mehren sich die Überlegungen, ob man nicht gut beraten wäre, sie als Konzertsäle, Museen, Theater und als Versammlungsorte für alle möglichen kulturellen Veranstaltungen zu beleben.

Jeder vierte Franzose erklärt, daß er sich keiner Religion zugehörig fühle; bei den Fünfzehn- bis Fünfundzwanzigjährigen ist es fast jeder zweite. Nur dreiundzwanzig Prozent der Franzosen sind sich der Existenz Gottes bewußt; sechsunddreißig Prozent halten sie immerhin für möglich. Selbst von den Katholiken glauben nur dreiundvierzig Prozent an ein ewiges Leben – aber nicht einmal dreißig Prozent an die Hölle.

Nein, Frankreich empfindet sich nicht länger als der «Gottesstaat», von dem noch Sieburg sprechen zu müssen glaubte, und der Katholizismus hat sich in den Jahrzehnten, die seit der Niederschrift des Essays «Gott in Frankreich?» über uns hinweggegangen sind, als politische Macht aufgelöst. Seine gesellschaftliche Macht ist reduziert. Die nominell katholische Mehrheit bildet lediglich noch den Rahmen für den praktizierten Glauben einer getreuen Minderheit.

Den protestantischen Kirchen gehören nur achthundert- bis neunhunderttausend Menschen an, doch es ist aufschlußreich, daß darüber hinaus vier bis fünf Millionen der Franzosen erklären, daß sie sich dem Protestantismus nahe fühlten – auch wenn sie nach dem Taufschein katholischer Konfession sind. Der fordernde Anspruch des biblischen Wortes vom «Salz der Erde» bezeichnet in der Tat noch immer das Selbstgefühl der Minderheiten, auch der jüdischen, deren Geschick mit jenem des Protestantismus auf vielfältige Weise verknüpft ist. Ein Blick in die Geschichte weist beklemmende Parallelen auf.

Die historischen Abhandlungen zum vierhundertsten Jahrestag des Ediktes von Nantes machten deutlich, daß am Ende von dreieinhalb Jahrzehnten blutiger Religionskriege sich immer noch ein Viertel der Franzosen zum protestantischen Glauben bekannte. In der Tat hatten die Lehren Luthers und Calvins im ersten Ansturm halb Frankreich erobert. Nach der Schlächterei in der Bartholomäusnacht vom 23. auf den 24. August 1574, bei der drei- bis viertausend protestantische Bürger und Aristokraten den Tod gefunden hatten, rief ein Zeuge entsetzt: «Sie haben Frankreich geköpft!» Die Religionskriege, die das Land länger als drei Jahrzehnte erschütterten, hatten «Ströme von Blut» gekostet, wie es von Johannes Calvin warnend vorhergesagt worden war.

Das Toleranz-Edikt Heinrichs des Vierten bescherte den Protestanten nicht die volle Glaubensfreiheit. Vielmehr stärkte es – dies war dem guten König wichtiger – das Machtgefüge der Monarchie gegen die Provinzen. Es war, mit anderen Worten, ein entscheidender Schritt zur Festigung der Zentralgewalt, die Frankreichs Geschick von nun an bestimmte. Der wachsende Zentralismus der Königsherrschaft und der Prozeß der Rekatholisierung des Landes blieben aufs engste miteinander verwoben. Die schmerzlichste Zäsur dieser Entwicklung war das Edikt von Fontainebleau, mit dem Ludwig der Vierzehnte den Religionsfrieden und das Toleranzgebot des Ediktes von Nantes am 18. Oktober 1685 aufhob. Diese Wendung hatte sich in Wahrheit lang zuvor durch eine Serie der Schikanen und Demütigungen angekündigt. Man kann Ludwig dem Vierzehnten und seinen Beratern manches vorwerfen, doch keinen Mangel an Konsequenz. In den Jahren vor Fontainebleau wurde – nach einer Studie von François Bayrou, dem liberal-konservativen Erziehungsminister in den Regierungen von Édouard Balladur und Alain Juppé – dem protestantischen Adel verboten, in seinen Gotteshäusern das Lilien-Wappen des Königs zu tragen. Man schränkte das Läuten der Glocken ein. Es wurde untersagt, die Psalmen auf offener Straße oder in der Öffentlichkeit zu singen, weil sie die Ohren der Katholiken beleidigten. Protestantische Leichenzüge durften nicht während des Tageslichts durch die Städte ziehen.

Zugleich mehrten sich von 1860 an die Berufsverbote: Protestanten war es nicht mehr erlaubt, die Funktionen von Gerichts-

schreibern, Kanzleibeamten, Notaren, Steuerverwaltern auszuüben. Sie konnten nicht länger als Staatsanwälte, Gerichtsvollzie-
her und Polizeibeamte fungieren. Sie durften keine Apotheken,
keine Läden für den täglichen Bedarf, keine Druckerei und keine
Buchhandlungen betreiben. Protestantischen Handwerkern wurde
verwehrt, Lehrlinge auszubilden. Die Frauen durften keine Heb-
ammen und bald auch keine Weißnäherinnen mehr sein.

Die Ausübung der Religion war den Anhängern der Reformation schließlich nur noch in der Gegenwart von Pastoren gestattet:
damit sollte das Laienpredigertum unterdrückt werden. Den Pfar-
rern wurde verboten, Vikare auszubilden. Sie sollten sich nicht
länger als drei Jahre an einem Ort aufhalten. Schließlich wurde
jede Konversion zum protestantischen Glauben untersagt. Wenn
ein Pastor gegen diese Anordnung verstieß, konnte seine Kirche
zerstört werden. Laut Bayrou genügte eine Denunziation, um jeden Tempel ohne jegliches Verfahren in Trümmer zu legen.

Es fällt schwer, angesichts dieses fortschreitenden Prozesses der
Entrechtung nicht an die nazistischen Maßnahmen nach 1933 zu
denken, die dem Ziel dienten, die jüdischen Mitglieder der deutschen Gesellschaft zu schikanieren, zu entwürdigen, zu isolieren
und schließlich aus der Gemeinschaft auszuschließen. Freilich war
es im Dritten Reich keinem deutschen Juden möglich, sein Juden-
tum durch den Übertritt zum christlichen Glauben abzustreifen.
Die französischen Protestanten dagegen konnten den Pressionen
durch die Absage an ihren Glauben jederzeit entgehen.

Von Jahr zu Jahr wuchs der Druck, zumal auf die jungen Menschen. Zunächst wurde das Konversionsalter auf sechzehn Jahre
festgelegt, dann für die Jungen auf vierzehn und für die Mädchen
auf dreizehn gesenkt. Von 1681 an war es sogar Siebenjährigen erlaubt, den Glauben zu wechseln. Den «Neuen Katholiken», für die
das Kürzel «NC» galt, boten sich materielle Anreize und gesellschaftliche Vergünstigungen genug. Manche «Ketzer» unterlagen

216

der Versuchung, doch im geheimen hingen sie dem Glauben der Reformation nach wie vor an – getarnte Protestanten, ähnlich wie sich in Spanien manche Juden den Brandgerichten der Inquisition durch eine Scheinkonversion zu entziehen vermochten. In die Städte und Dörfer, die der Konfession Calvins anhingen, schickte der König seine Dragoner, eine Besatzungsmacht im eigenen Land, der jede Willkür erlaubt war. Die *dragonnades* waren in der Tat die härteste Strafe, die eine Landschaft heimsuchen konnte.

Das Edikt von Fontainebleau war nichts anderes als die Summierung eines Zustandes der progressiven Rechtlosigkeit. Es ordnete die sofortige Zerstörung aller protestantischen Gotteshäuser an. Es unterdrückte die Ausübung des reformierten Kultes in der Öffentlichkeit und im privaten Bereich: Verstöße sollten durch «Strafen am Leibe und Wohlbefinden» geahndet werden, in klaren Worten: nicht nur durch Haft, sondern auch durch die Tortur. Pastoren, die eine Konversion verweigerten, wurden des Landes verwiesen. Protestantische Schulen wurden verboten. Sämtliche Neugeborenen mußten katholisch getauft werden. Protestantischen Flüchtlingen wurde eine Frist von vier Monaten für die Rückkehr gesetzt. Wurde sie überschritten, verfiel ihr Besitz der Beschlagnahmung. Schließlich untersagte der Artikel zehn des Ediktes die Emigration – bei Galeerenstrafe für die Männer und Haftstrafe für die Frauen.

Dennoch verließen etwa zweihunderttausend Hugenotten ihr Vaterland: das zählte viel bei einer Bevölkerung, die auf achtzehn bis zwanzig Millionen geschätzt wurde. Jeweils mehr als sechzigtausend der Emigranten wurden von den Niederlanden und von England aufgenommen, gut dreißigtausend fanden in Deutschland eine Heimat, zumal in Brandenburg und Hessen, mehr als zwanzigtausend blieben in der benachbarten Schweiz. Viele von ihnen waren qualifizierte Handwerker, die im Asyl Ansehen und Wohlstand erlangten. Ihr Beitrag zur Entwicklung rückständiger Länder wie Brandenburg, das man die Streusandbüchse des Heiligen Römischen Reiches nannte, wurde von den Fürsten hoch genug geschätzt. Die Hugenotten leisteten in der Tat Beträchtliches, um aus dem armseligen Berlin eine moderne Stadt zu machen. Man sagt, um 1700 sei jeder dritte Bürger Berlins französischer Herkunft gewesen.

Vergeblich hatte Marschall Vauban, der Festungsbauer, Chefingenieur und Kolonisator Frankreichs, angesichts des Exodus der Hugenotten – das Wort leitet sich vermutlich von einer Verballhornung des Begriffs Eidgenossen her – Ludwig den Vierzehnten vor dem Aderlaß gewarnt und ihm tapfer zugerufen, daß die Könige zwar Herren über das Leben ihrer Untertanen seien, doch das Wohl ihrer Seelen bleibe ihrer Macht entzogen. Jules Michelet, der große Historiker der Revolution, selbst protestantischer Herkunft und Übersetzer einer Auswahl der Schriften Martin Luthers, sagte von den evangelischen Emigranten (Rudolf von Thadden zitierte den Satz in seinem Buch über die Hugenotten): «Es ist ein Ruhmestitel für das menschliche Geschlecht, daß eine so große Zahl von Menschen in den gefahrenreichen Abenteuern einer überaus schwierigen Flucht alles geopfert, Bettelarmut auf sich genommen, das Leben aufs Spiel gesetzt und die eigene Familie gefährdet hat, um nicht lügen zu müssen.»

Mit dem Beginn des neuen Jahrhunderts wurde der protestantische Widerstand härter, vor allem in den entlegenen und wilden Regionen des Südwestens, die nahezu zweieinhalb Jahrhunderte später wieder ein Zentrum der Résistance gegen die deutsche Besatzung und Vichy werden sollten. Den Expeditionen der Dragoner des Königs gelang es niemals, die Revolte der *camisards* völlig niederzuschlagen, die die Truppen des Monarchen mit einer unkontrollierbaren Partisanentechnik aufrieben. Der Resistenz dieser Freischärler war es, nach dem Urteil von François Bayrou, zu verdanken, daß sich der Druck langsam lockerte.

Der Sonnenkönig starb im Jahre 1715. Sein Nachfolger, den Freundlichkeiten des Lebens zugeneigt, trieb die ruchlosen Verfolgungen nicht mit gleicher Härte weiter. Dennoch hatte Marie Durand achtunddreißig Jahre lang im Kerker von Aigues-Mortes auszuharren, der Stadt mit den abweisenden Mauern und den einschüchternden Türmen am Rande der Camargue, in der das Mittelalter und die Geschichte erstarrt zu sein scheinen. Diese unbeugsame Frau hat, wenn man der Legende vertrauen darf, in die Mauer ihres Verlieses im «Tour de Constance» das Wort «résister» eingekratzt (wenngleich nicht in korrekter Orthographie). Als sie die Freiheit erlangte, hatte Diderot seine Komödie «Der natürliche Sohn», Lessing sein «Miss Sara Sampson», Voltaire seinen «Versuch über Sitten und Geist der Völker» und David Hume seine «Naturgeschichte der Religion» publiziert. Längst schritt das *siècle des lumières* seinem Höhepunkt entgegen. Doch die Aufklärung hatte *la France profonde* keineswegs überall erreicht. Nur zögernd kehrte die *église invisible du désert* aus den Wäldern und aus dem Gebirge wieder in die Dörfer und die Städte des Südwestens zurück.

So folgenschwer wie die Abwanderung der Hugenotten war das Verbot für die Protestanten, sich in den überseeischen Kolonien niederzulassen. Man mag in dieser verblendeten Anordnung eine der tieferen Ursachen für den Verlust Nordamerikas an die Briten sehen, die den Siebenjährigen Krieg an den transatlantischen Küsten nicht nur durch die Stärke ihrer Armeen, sondern mehr noch durch die Überlegenheit ihrer zivilisatorischen Energien gewannen.

Der einfältige (und auf seine Weise so schlaue) König Ludwig der Sechzehnte fand sich im Jahre 1787, zwei Jahre vor der Revolution, auf den Rat seiner Minister endlich bereit, den Protestanten die Bürgerrechte zu verleihen – gegen den Einspruch des katholischen Klerus, wie sich versteht: auch dies eine Konzession an das gewandelte Selbstgefühl der Epoche, die zu spät kam. Sie konnte den Sturm, der heraufzog, nicht aufhalten.

Der britische Historiker Thomas Carlyle urteilte ein Jahrhundert später, die Französische Revolution sei die Rache der Geschichte für die Unterdrückung der Reformation gewesen. François Bayrou fragte in seinem Buch, ob die Revolution «eine Tochter des Protestantismus» gewesen sei. Zweifellos sind die historischen Zusammenhänge zu komplex, um eine einfache Antwort zu erlauben. Doch Bayrou verwies zu Recht auf den hugenottischen Anteil an der Entwicklung der antiabsolutistischen Ideen. Der Schweizer Historiker Herbert Lüthy erinnerte daran, daß Robespierre und Saint-Just ihren Rousseau gründlich gelesen hatten. Soviel ist gewiß: die Protestanten hießen die Revolution als ihre Befreiung jubelnd willkommen. In den Städten des Südens wie Nîmes rissen sie entschlossen die Macht an sich. Und im Jahre 1790 durften die Reformierten zum erstenmal wieder – in der Kirche Saint-Thomas-du-Louvre – einen öffentlichen Gottesdienst in der Hauptstadt feiern.

Die Aufklärung und ihr Ideal der Toleranz hatten dem König und seiner Regierung schon zwei Jahre vor der Revolution die Gleichstellung der Protestanten nahegelegt. Doch vielleicht lenkte ihn auch der Respekt vor Monsieur Jacques Necker, dem Bankier aus Genf, der bis 1781 die Staatsfinanzen verwaltet hatte und 1788 noch einmal in die Verantwortung für den Haushalt des Landes zurückgerufen wurde, um den drohenden Bankrott des Königreiches abzuwenden. Der französisch-schweizerische Geldmann – Vater der Madame de Staël – war der prominenteste Repräsentant jener mächtigen Institution, die man die *banque protestante* nannte. Ihre beherrschende Stellung im Finanzwesen war, wie Max Weber in seinem klassischen Essay über die «Protestantische Ethik und den Geist des Kapitalismus» aufgezeigt hat, eine schöne, wenn auch etwas überraschende Frucht der strengen calvinistischen Gnadenlehre, die (nach allzu banalisiertem Verständnis) den tüchtigen Kindern Gottes sichtbaren Lohn schon auf dieser Erde versprach.

In der Tat unterhielt der Genfer Reformator eine eher unbefangene Beziehung zum Geld. Herbert Lüthy bemerkte, Calvin habe «im Einklang mit dem Wahrheits-Impuls der Revolution» das Verdammungsurteil der Scholastiker, aber auch Martin Luthers «über alles, was Geld und Geldgeschäft» war, trotz vieler Bedenken aufgehoben. Nicolas Seydoux, Präsident der Filmgesellschaft Gaumont, drückte diese Einsicht mit einer Portion Selbstironie etwas kräftiger aus, als er bemerkte: «Anders als die Katholiken, die finden, daß das Geld den Geruch der Sünde trage, meinen wir Protestanten keineswegs – vielleicht dank des tröstenden Gleichnisses von den Pfunden, mit denen wir wuchern sollen –, daß das Geld schmutzig, notwendig korrumpierend und ein Hindernis für unseren Eingang in das Paradies sei.»

Dies hätte auch einer der Rothschilds mit gleicher Redlichkeit feststellen können. Für die Hinwendung der Protestanten und der Juden zum Geldwesen mag es, zumal in Frankreich, gemeinsame Motive gegeben haben: der Umgang mit der klingenden Münze konnte für beide der Ersatz für die gleichberechtigte Teilnahme am Leben der Gesellschaft und für den Anteil an der Macht gewesen sein, die ihnen zu lange vorenthalten blieben. Beiden Konfessionen wurde erst mit der Konstitution von 1791 die völlige Freiheit des Glaubens zugestanden.

So gedieh im Gang der Jahrhunderte zwischen den beiden Gemeinschaften ein Gefühl der Nachbarschaft, das als die Solidarität der Minderheiten bezeichnet werden könnte. Seine starken Wurzeln beschrieb Herbert Lüthy mit der schönen Feststellung, «das calvinistisch-puritanische Selbstgefühl» sei einer «leidenschaftlichen Identifizierung mit dem historischen Volk Gottes der alten Bücher» entsprungen, die «tägliche Lektüre und liebste geistige

Nahrung» der Protestanten waren. Der Historiker fuhr fort, «mit dieser Identifizierung» sei «ein Stück jenes altjüdischen prophetischen Geistes, der nicht auf Jenseits und Innerlichkeit, sondern auf Recht und Gerechtigkeit in dieser Welt gerichtet war, machtvoll in die Neuzeit eingedrungen, ein Ferment politischen Wollens und Handelns, das seinen Stempel allen Kämpfen um den Verfassungs- und Rechtsstaat der modernen Welt aufgeprägt hat».

In der Tat gehören Protestanten und Juden – das beweist jeder Blick auf das gegenwärtige Frankreich – miteinander zu der großen Partei der Menschenrechte, von der sich mit der gebotenen Behutsamkeit sagen läßt, daß sie eher in den freiheitlich-linken Bezirken der Politik zu Hause ist als in den rechts-konservativen Zirkeln, die zur reaktionären Erstarrung neigen. Vielleicht erklärt es sich daher, daß die protestantische Minderheit sich zu mehr als einem Drittel politisch der sozialistischen Partei verbunden fühlt. Mit überraschender Konsequenz gilt das auch für die reichen Bürger des reformierten und lutherischen Bekenntnisses. Der elsässische Clan der Schlumberger (der mit der Familie Seydoux verschwägert ist) finanzierte einst die «Humanité», damals das Blatt des großen Sozialisten-Führers Jean Jaurès, später die Hauszeitung der Kommunisten. Jean Riboud, der lange Jahre den Konzern der Schlumberger dirigierte, griff immer wieder der unabhängigen Links-Zeitung «Libération» unter die Arme, und man darf annehmen, daß er sich auch für die Bedürfnisse der sozialistischen Partei aufgeschlossen zeigte. Selbst Jérôme Monod, einst Generalsekretär der gaullistischen Partei, wies mit einigem Stolz darauf hin, daß sein Vorfahr, der Pastor Adolphe Monod, auf die «Humanité» abonniert gewesen sei: «Die Protestanten sind republikanisch, sie sind aufs tiefste laizistisch», bekannte dieser konservative Großbürger, der dem Aufsichtsrat der mächtigen Kapitalgesellschaft «Suez Lyonnaise des Eaux» vorsteht, mit einer Portion Stolz.

Es versteht sich, daß die Mehrzahl der Protestanten im Konflikt um den Kapitän Dreyfus, der die Gesellschaft Frankreichs um die Jahrhundertwende so tief gespalten hat, sich leidenschaftlich gegen das nationalistische und antisemitische Ressentiment auflehnte, von dem das Land überschwemmt wurde. Ein schwelendes Mißtrauen des konservativen Bürgertums hat sie darum bis tief in den Ersten Weltkrieg begleitet. Verstockte Chauvinisten vermuteten, daß die Kinder der Reformation der deutschen Sache durch heimliche Bindungen verpflichtet seien.

Von den sechshundertfünfzig protestantischen Theologen aber, die in den Armeen Frankreichs dienten, ließen über neunzig im Felde ihr Leben: eine Feststellung, die merkwürdig an die eindrucksvollen Statistiken über das Blutopfer der deutschen Juden im Ersten Weltkrieg erinnert. Das hielt die Agitatoren der Action Française nicht davon ab, mit düsteren Gerüchten über ein gemeinsames Komplott der Juden, der Freimaurer, der Sozialisten, der Protestanten hausieren zu gehen: austauschbare Mythen des Hasses. Es beschwichtigte die Finsterlinge keineswegs, daß im Jahre 1900 zehn evangelische Präfekte amtiert hatten und an die hundert protestantische Abgeordnete in die Kammer gewählt worden waren.

Als sich vier Jahrzehnte später unter dem Mantel der deutschen Besatzungsmacht das Regime von Vichy etablierte, schlossen sich die Mitglieder der Action Française für gewöhnlich nicht dem Widerstand an; im Gegenteil: viele fanden sich im Anhang des Marschall Pétain. Es war zum anderen von einer exemplarischen Folgerichtigkeit, daß die Mitglieder der protestantischen Minderheit – von neuem darauf bedacht, sich als die treuesten Söhne und Töchter Frankreichs auszuzeichnen – während des Zweiten Weltkrieges der deutschen Besatzungsmacht und dem Regime von Vichy härteren Widerstand entgegensetzten als jede andere Gruppe der Gesellschaft.

Marc Boegner, der Präsident des Bundes der Reformierten Kirchen und der eindrucksvollste Repräsentant des französischen Protestantismus in dieser Epoche, schickte am 21. März 1941 dem Großrabbiner Jesaja Schwarz einen Brief, der mit ruhiger Bestimmtheit sagte: «Zwischen Ihren Gemeinden und den Kirchen der Reformation gibt es ein Band, das die Menschen nicht brechen können: die Bibel der Patriarchen, der Propheten und der Psalmisten, das Alte Testament, aus dem Jesus von Nazareth seine Seele und seine Gedanken nährte und in dem seine Jünger durch alle Jahrhunderte das Wort Gottes hörten.»

Nein, es gab in Deutschland kein evangelisches und auch kein katholisches Bischofswort, das mit gleicher Klarheit und ebenso brüderlicher Herzlichkeit die Verbundenheit mit dem Geschick der Juden bekundet hätte. Mit Beschämung lesen wir den Protest, den Pastor Boegner nach dem Erlaß der Rassengesetze an den Innenminister des Vichy-Regimes, den Admiral Darlan adressierte: «Wir sind als Franzosen und Christen tief aufgerührt durch ein Gesetz, das in unser Rechtswesen das Prinzip des Rassismus einführt ... In Wirklichkeit wird eine religiöse Minderheit hart geschlagen. Unsere Kirche, die alle Leiden der Verfolgung erfahren hat, verfehlte ihren ursprünglichen Auftrag, wenn sie nicht ihre Stimme erhöbe.»

Als bei den Razzien des Sommers 1942 Tausende von Juden im «Vélodrome d'hiver» von Paris für den Abtransport in den Osten zusammengetrieben wurden, schrieb Pastor Boegner an Marschall Pétain: «Die Wahrheit ist, daß Männer und Frauen an Deutschland ausgeliefert werden, die Zuflucht und Schutz in Frankreich gesucht haben ... und dies unter unmenschlichen Bedingungen, die auch das Gewissen der Verhärtetsten erschütterten und alle Zeugen dieser Maßnahmen zu Tränen bewegten ... Ich flehe Sie an, Herr Marschall, die unerläßlichen Maßnahmen zu treffen, die es Frankreich ersparen, sich selbst eine moralische Niederlage zu bereiten ...»

Im Gespräch mit dem Premierminister Pierre Laval fragte Boegner, mit dem Blick auf die Juden Frankreichs: «Sie lassen Jagd auf Menschen machen?» Laval: «Man wird sie überall suchen, wo immer sie sich verstecken.» Boegner: «Erlauben Sie uns, daß wir die Kinder retten?» Laval: «Kinder müssen bei ihren Eltern bleiben.» Boegner: «Aber Sie müssen doch wissen, daß sie (in den Lagern) von ihnen getrennt werden.» Laval: «Nein.» Boegner: «Aber ich sage Ihnen, daß es so ist!» Laval: «Was wollen Sie mit den Kindern machen?» Boegner: «Französische Familien werden sie adoptieren.» Der Premierminister: «Ich will das nicht: Nicht eines darf in Frankreich bleiben ...»

Es bleibt hinzuzufügen, daß Marc Boegner nach der Befreiung, als Pierre Laval der Prozeß gemacht wurde, voller Empörung dagegen protestierte, daß dem Angeklagten nach seiner Einsicht das Recht auf ein unparteiisches Gericht und die Freiheit der Verteidigung verweigert wurde. Von dem tapferen Boegner, der 1962, acht Jahre vor seinem Tod, in die Académie Française gewählt wurde, darf man sagen, daß er die Prüfungen unseres schrecklichen Jahrhunderts in vorbildlicher Haltung bestanden hat.

Aber dies kann von der protestantischen Minorität in Frankreich insgesamt festgestellt werden: in den Tälern der Cevennenberge mit ihren uralten, oft verwitterten Dörfern und Städtchen, die einst den Dragonern des Sonnenkönigs solch unbeugsamen Widerstand entgegengesetzt hatten, wurden in den Jahren der Okkupation Tausende von Juden und politischen Flüchtlingen vor den Häschern der Miliz und der Gestapo verborgen. Der Pastor André Trocmé und seine italienische Frau Magda Grilli, sein Freund Édouard Théis und dessen Frau, eine Amerikanerin, versorgten in Le Chambon-sur-Lignon die Verfolgten mit gefälschten Taufscheinen oder, noch besser, mit gefälschten Personalausweisen. Solange es anging, sicherten sie und ihre Helfer Fluchtwege in die Schweiz oder nach Spanien, bis 1942 in enger Kooperation mit den

225

Beamten des amerikanischen Konsulats in Marseille. Die Protestanten dieser weltverlorenen Landschaft hatten schon 1938 zweitausend spanischen Republikanern Unterkunft geboten. Im Kriege kümmerten sie sich auch um die Flüchtlinge aus Deutschland, und manchem haben sie das Leben gerettet. Man darf von einer Rebellion der Humanität, ja von einem «Aufstand der Menschlichkeit» reden. Doch, seltsam genug: die Geschichte der protestantischen Résistance im Zweiten Weltkrieg, die dem düsteren Bild der Epoche einen Schimmer der Hoffnung verleiht, wurde noch immer nicht geschrieben.

Sie wäre für das Selbstverständnis Frankreichs so wichtig wie die Rettung der jüdischen Kinder, die in katholischen Kirchen und Heimen Zuflucht fanden, so tröstend wie das Zeugnis des Erzbischofs von Paris, Kardinal Lustiger, dessen Eltern polnisch-jüdische Einwanderer waren, so bedeutsam wie die Buß-Erklärung der katholischen Kirche vom 30. September 1997, die so viel präziser, mutiger und menschlicher formuliert ist als die umständlich-verlegene Verlautbarung des Vatikans über das historische Verhältnis von Christen und Juden. Einsicht in eine gemeinsame Verantwortung ließ die Katholiken und Protestanten Frankreichs eng aneinanderrücken. Beide haben Anlaß, sich als Minderheiten zu betrachten, auch wenn die eine sehr viel größer ist als die andere.

Die wechselnden Verfassungen – seit der Revolution wohl ein gutes Dutzend – garantierten den reformierten und den lutherischen Christen die Freiheit der Ausübung des Glaubens. In ihrem Schutz zeigten sich die Mitglieder der protestantischen Aristokratie und des Bürgertums immer wieder mit besonderem Eifer und strengem Pflichtbewußtsein bestrebt, dem Staat und der Gesellschaft zu dienen. Sie errangen bedeutenden Einfluß in der Verwaltung und der Diplomatie. Sie gewannen prominente Stellungen im Kommerz und in den Künsten. Die Begriffe der *haute société protestante* und der *haute bourgeoisie protestante* bezeichneten eine

Elite, der nachgesagt wurde, daß sie ihre Berufe und ihre Berufungen mit puritanischer Unbeirrtheit, diszipliniert und unkorrumpiert erfüllte. Victor Hugo trieb die Bewunderung freilich ein wenig zu weit, als er sagte: «Wäre Frankreich protestantisch geworden, würde es noch immer die große Nation Europas sein ...» Die Gebrüder Goncourt berichteten von Ernest Renan, er habe die Überlegenheit der Deutschen im Krieg von 1870 ihrer protestantischen Prägung zugeschrieben. Sein Freund und Kollege Hippolyte Taine bestimmte in seinem Testament, daß er nach protestantischem Ritus begraben zu werden wünsche.

François Bayrou stellte fest, alle Gruppierungen der französischen Gesellschaft seien durch die Erschütterungen der Reformation und der Glaubenskämpfe berührt worden, alle hätten sich durch sie verändert, die katholische Kirche nicht ausgenommen, die auf ihre Weise eine Reform erlebte. Der Protestantismus blieb in gewisser Hinsicht eine Hefe, die in allen Gliedern der Gesellschaft Frankreichs und in allen Phasen seiner Geschichte gärte. Eine Nation gibt sich stets auch in ihren Minderheiten zu erkennen. Und ihre moralische Qualität zeigt sich darin, wie sie die Minderheiten behandelt.

Jérôme Monod, zu dessen Sippe immerhin zwei Nobelpreisträger zählen, räumt gern ein, daß es auch in unseren Tagen Protestanten von großem Einfluß gebe, doch sie hätten zuwenig gemeinsam, um eine Gesellschaft in der Gesellschaft zu bilden. Aber als es das Edikt von Nantes zu feiern galt, traten (laut «Figaro») die Tituläre des «protestantischen Gotha» denn doch gemeinsam auf: Michel Rocard, der ehemalige Premier, und Catherine Trautmann, die Kulturministerin, Georgina Dufois, die Sozialministerin der ersten Regierung Mitterrands, und Pierre Joxe, der Präsident des Rechnungshofes, Alain Duhamel, ein Star unter den politischen Journalisten, Jean-Louis Dumas, der Präsident von Hermes, und neben ihm Jérôme Monod, der Gaullist.

Salz der Erde – ein Exkurs

Ob Sozialisten oder Konservative: sie alle waren, wie Monod sagte, «unter der Lehre von der Freiheit des Gewissens» aufgewachsen – und, wie er hinzufügte, mit einem gründlichen «Mißtrauen gegen die zentralistische Macht», dafür voller «Respekt für die Minoritäten». Der Bankier versäumte nicht, darauf hinzuweisen, wie wichtig für sie die Musik sei: in der Verehrung Johann Sebastian Bachs allesamt Kinder Albert Schweitzers. Viele der deutschen Choralmelodien fanden Eingang in die Gesangbücher. Die deutsche Theologie blieb stets präsent – nicht nur in der lutherischen Kirche. Ohne Übertreibung läßt sich feststellen, daß André Gides Sensibilität für die deutsche Literatur und vor allem für das Werk Goethes sich auch aus seiner protestantischen Herkunft erklärt. War es der schiere Zufall, daß er zusammen mit einem Co-Protestanten, dem Elsässer Jean Schlumberger, die «Nouvelle Revue Française» gegründet hat, von der man mit gutem Recht sagte, sie sei die Wiege der modernen Literatur Frankreichs gewesen?

Womöglich wichtiger als die Macht und der Einfluß des reformatorischen Geistes in den oberen Rängen der Gesellschaft ist die unsichtbare Präsenz protestantischer Spuren in den Regionen Frankreichs. Im Süden des Landes, wo man sich in den ersten Jahrzehnten nach der Reformation nahezu einhellig zu der neuen Konfession bekannt hatte, war ihr Anhang schließlich mit Feuer und Schwert vertilgt worden. Die katholische Kirche aber hat das verlorene Terrain der Seelen niemals völlig zurückgewonnen. Friedrich Sieburg beobachtete mit genauem Blick, daß der Midi das «Sammelbecken der demokratischen, antiklerikalen Tendenzen» geworden sei. Daran hat sich wenig geändert. Eine Trotzhaltung gegenüber der Zentralmacht und ein unerschütterlicher Republikanismus vermengen sich auf seltsame Weise mit einer fast stumpfen religiösen Indifferenz.

Es ist wohl wahr, wenn die Büste des Schutzheiligen in der Prozession durch die Gassen der Städtchen getragen wird, marschie-

228

ren die Männer mit Böllerschüssen und geschwenkten Fahnen hinterher. Doch wenn eine Totenmesse zu feiern ist, verharrt die Mehrzahl der Handwerker und Arbeiter draußen vor der Kirchentür, schweigend und rauchend, gelegentlich ein leises Wort wechselnd, während die Frauen drinnen singen und beten. Die Szene hat ihre eigene Würde; sie ist zugleich melancholisch und ein wenig bedrückend – wie es die Begräbnisse sind, wenn die Verstorbenen, die der Kirche fern waren, ohne Gebet, ohne Gesang, ohne Rede ins Grab gelegt werden, womöglich auch ohne *hommage républicain*: die Ehrenbezeugung, die zur säkularen Religion der Republik gehört. In der Stummheit der Szene drückt sich eine trotzige Trauer aus, die in vergangene Epochen zurückweist. In Wahrheit ist das Vergangene niemals völlig vergangen. Das Schweigen mag Verletzungen anzeigen, die nicht völlig verheilten. Auch darin ist uns dieses Land brüderlich nahe.

Frankreich, das sich so gern in der Sonne seiner Geschichte spiegelt, kämpft zugleich unablässig mit ihrem Schatten.

KAPITEL 15

Der kleine Frühling
von Taizé

«Wenn Sie von der Welt eine Weile genug haben», hatte Bruder Wolfgang gesagt, «wenn Sie die Arbeit überwältigt, wenn Sie müde sind, wenn Sie Stille brauchen – dann kommen Sie für eine Woche zu uns. Wir haben Platz für ein paar Gäste. Die Zimmer sind schlicht, das Essen einfach, der Tag ist klar geregelt. Aber Sie werden Ihren Atem wiederfinden.»

Es kam nicht dazu, obwohl dann und wann die Versuchung groß war, sich für eine Weile in die Abgeschiedenheit der Hügel von Burgund zurückzuziehen. Manchmal aber mache ich auf dem Weg nach Paris oder nach Deutschland in der hübschen «Hostellerie Bressane» nicht weit von Tournus am Rande eines verwitterten Dorfes Station. Wenn es nicht zu spät am Tag ist, fahre ich über die engen Straßen, die sich durch anmutige Täler winden, an grauen, verwunschenen Schlössern, einsamen Gehöften und verschlafenen Städtchen vorbei, hinauf nach Taizé, setze mich in die Kirche, lausche der Liturgie der Mönche, schaue den jungen Leuten zu, die aus so vieler Herren Länder stammen, und manchmal lasse ich den Bruder Wolfgang auf ein Schwätzchen rufen. Er ist längst ein Mann in guten Jahren geworden, doch sein Gesicht trägt noch immer die Spur des Jünglings, der sich einst der ökumenischen Gemeinschaft von Roger Schutz angeschlossen hat. Er blieb in ihrer Geborgenheit jung – auch in der liebenswürdigen Freude, mit der er von seinen Erfahrungen seit unserer letzten Begegnung berichtet. Der Abend dort droben ist allemal eine kleine Heimkehr.

Die Brüder von Taizé nennen den Ort ihrer Gemeinschaft gern den «Hügel». Doch der Bergrücken, auf den das Nest gebaut ist, ragt eher wie der Bug eines Schiffes über die Täler, zumal im frühen Sommer oder im Herbst, wenn sich unten über den Bächen und in den Wiesen ein sanfter Nebel fängt. Die kleine romanische Kirche mag man für die Schiffskanzel halten, das schlichte Herrenhaus, in dem die Brüder wohnen, für die Brücke.

Das Bild darf nicht zu majestätischen Phantasien einladen. Das Haus der Mönche erinnert kaum an die Pracht des achtzehnten Jahrhunderts, in dem es gebaut wurde. Die Landschaft mag man nicht großartig nennen. Sie hat nichts von der prangenden Fülle, mit der das burgundische Weinland gesegnet ist. Die Böden sind karg. Über den stumpfen Bergen, den Hochflächen, den weicheren Talmulden liegt auch im Sommer ein Schatten der Melancholie. Die Dörfer sind geduckt und grau. Über Cluny, dem nächstgelegenen Städtchen, wacht ein Geist der Strenge. In der Großen Revolution wurden die gewaltigen Anlagen der Benediktinerabtei zerstört. Der Sturm des Volkes hat die Kernbastion dieses einst mächtigen Ordens der Kirche gesprengt.

Suchte der junge Schweizer Theologe Roger Schutz den Ursprung der großen Reformbewegung des Mittelalters, als er 1940 nach einem Ort der Stille Ausschau hielt? Vielleicht lenkte den hellwachen Protestanten aus Neuchâtel ein historischer Magnetismus, vielleicht auch nur die familiäre Erinnerung: seine mütterliche Familie stammt aus dem Burgundischen. Die rationalen Motive waren anderer Art, und den Rest entschied der Zufall: Er wollte eine Herberge in der Nähe der Demarkationslinie zwischen dem besetzten und unbesetzten Frankreich schaffen, um Verfolgten in die Freiheit zu helfen, vor allem Juden.

Auf seiner Erkundungsfahrt mit dem Fahrrad geriet er nach Taizé, einer armseligen Ansammlung von halbverrotteten Bauerngehöften. Das Herrenhaus stand seit Jahren leer. Die Kirche hatte seit der Revolution keinen Priester mehr. Roger Schutz kaufte das Schlößchen, für das dieser Name zu aufwendig ist, und er half damit der Besitzerin aus der Not. Es bot Raum genug, Flüchtlingen aus dem Norden für ein paar Tage oder Wochen Unterkunft zu bieten.

Der merkwürdige Gottsucher aus der friedlichen Schweiz, der schon früh, während seines Studiums, über die monastische Existenz nachzudenken begonnen hatte, unterstellte seinen Alltag von Beginn an der alten Ordnung klösterlichen Lebens, die seit jeher gebietet, Kontemplation und Tätigkeit zu verbinden. Er bestellte den Garten und hielt sich eine Kuh. Die Bauern billigten seine Rettungsarbeit. 1942, als die Deutschen auch die Kontrolle im bisher unbesetzten Teil Frankreichs übernahmen, durchsuchte die Gestapo das Herrenhaus, und sie verhaftete, wen immer sie vorfand.

Roger Schutz entging dem Zugriff. Er kehrte im Sommer 1944 nach der Befreiung mit zwei Freunden zurück. Nun waren es die deutschen Kriegsgefangenen in den Lagern der Umgebung, die Hilfe brauchten. Roger versuchte, sie vor dem Haß zu schützen. Er lud sie in sein Haus und gab ihnen zu essen. Zum Beten zog er sich zurück. Er wollte niemanden zu frommer Dankbarkeit verpflichten.

Im Gang der Jahre kamen vier neue Freunde hinzu, Protestanten wie der Pastorensohn Schutz. Zu Ostern 1949 legten sie die klassischen Gelübde mönchischen Lebens ab: des Dienstes an Gott, des Verzichtes auf Eigentum, des Zölibats und des Gehorsams, der freilich in der Profeß so harsch nicht genannt, sondern als die Bereitschaft bezeichnet wird, Entscheidungen anzunehmen, die in der Gemeinschaft getroffen und durch den Prior zum Ausdruck gebracht werden.

Damit wurde die Communauté von Taizé gegründet. Mehr als vier Jahrhunderte nach Martin Luthers Absage an das Mönchstum

232

trat – zunächst fast unbemerkt – ein evangelischer Orden in die Welt. Orthodoxe Lutheraner und hartköpfige Calvinisten waren schockiert vom Bruch mit dem protestantischen Erbe. Roger Schutz und seine Gemeinschaft rechtfertigten ihren Entschluß eher durch das Beispiel als durch theologische Begründungen. Sie erinnerten daran, daß es gut sei, wenn Menschen sich aus Konventionen und Bindungen lösen, um frei für das zu sein, was sie als Arbeit am Reich Gottes betrachten. Durch ihre Lebensform wollen sie ein Beispiel für die Einheit der Christen geben, die das innige Ziel ihres Wirkens ist.

Keiner widerrief die Zugehörigkeit zu seiner Kirche, seiner Sprache, seinem Volk, seiner Kultur. Doch die Grenzen hoben sich in der Gemeinschaft auf. Die Brüder kamen aus der Schweiz, aus Frankreich, aus Deutschland, Belgien, Holland, England. Da sie ihren Aufenthalt in Frankreich nahmen, wurde das Französische ihre Umgangssprache. In der Liturgie, in der Elemente der römisch-katholischen Messe mit evangelischen und ostkirchlichen Formen der Andacht verschmolzen sind, haben alle Sprachen Raum. Auch das Latein behielt sein Recht.

Durch die Vermittlung des Bischofs von Autun erlangten die Brüder vom päpstlichen Nuntius in Paris, der Angelo Roncalli hieß, die Erlaubnis, ihre Gottesdienste in der alten romanischen Kirche von Taizé zu feiern. Der hohe Klerus freilich, zumal der vatikanische Hofstaat Pius' des Zwölften, begegnete diesen protestantischen Sonderlingen mit kühler Zurückhaltung. Rom hatte in jener Epoche Mühe genug, seine rebellischen jungen Priester zu zügeln, die sich als Arbeiter ans Fließband stellten und bei den Demonstrationen unter den Fahnen kommunistischer Gewerkschaften mitmarschierten.

Die Communauté von Taizé entsandte zwei junge Brüder in die Bergwerke von Montceau-Les-Mines. Auch sie machten die Sache der Arbeiter zu der ihren. Sie wurden von der Werksleitung da-

233

vongejagt. Einige Brüder verdingten sich als Hafenarbeiter nach Marseille. Andere dienten als Krankenpfleger im algerischen Krieg. Zu Hause betrieben sie ihre Landwirtschaft. Sie halfen den Bauern der Umgebung, die sich von einem Monopolunternehmen die Preise diktieren lassen mußten, bei der Begründung einer Molkerei-Genossenschaft. In den sechziger Jahren brachte die Gemeinschaft ihren Besitz gemeinsam mit fünf Bauern in eine Kooperative ein, die manchen sozialistischen Experimenten das eine voraus hatte: sie funktionierte.

Die Reformen vollzogen sich ohne Lärm. Der Weiler Taizé und die Dörfer der Umgebung begannen langsam aufzublühen. Die Communauté aber hat sich allen Besitzes entledigt, ausgenommen die Unterkünfte und das unmittelbar anliegende Land. Sie nimmt keine Spenden an und macht keine Rücklagen. Ihren Unterhalt bestreitet sie aus dem Ertrag der handwerklichen und künstlerischen Werkstätten, aus dem Druck und dem Vertrieb ihrer Bücher und Platten, aus den Einkünften der Brüder, die einem profanen Beruf nachgehen. Keiner kasteit sich, doch auch nicht einer der Brüder hat ein Gramm Fett zuviel am Leib.

Die Autorität der Gemeinschaft gründet sich auf ihre Bescheidung. Die Brüder wollen sein, nicht scheinen. Gerade darum wuchs ihrem Prior eine geistliche Macht zu, die sich auf keine Institution und keinen verbrieften Anspruch stützt. Die ökumenische Sehnsucht, aus der die Dynamik der Gemeinschaft rührt, war niemals unbestritten, auch nicht bei den Kirchen der Reformation. Der Holländer Visser t'Hooft, Generalsekretär des Weltrats der Kirchen, begegnete Taizé mit kaum verborgener Feindseligkeit. Die Türen des Weltrats öffneten sich erst mit dem Amtsantritt seines Nachfolgers, des Amerikaners Eugene Blake. Die Tore in Rom aber sprangen mit der Wahl des Kardinals Roncalli zum Heiligen Vater auf. Als Johannes der Dreiundzwanzigste Frère Roger im Vatikan begrüßte, prägte der gute Papst mit seiner unverstellten

234

Herzlichkeit das schönste Wort, das über die Gemeinschaft gesagt wurde: «Ah, Taizé – dieser kleine Frühling ...»

Beim zweiten vatikanischen Konzil wurde der Rat der Brüder aufmerksam gehört. Kardinal Bea hatte sie als «Offizielle Beobachter» eingeladen. Für Monate war ihre kleine Wohnung unweit des Forum Romanum ein Zentrum vertrauter und vertraulicher Gespräche. Die Brüder verstanden sehr wohl, daß der Weg zur Einheit der Christen weit und beschwerlich sei, doch Taizé rückte dem Ziel um einen entscheidenden Schritt näher: 1969 trat der erste Katholik der Communauté bei. Kardinal Marty, der Erzbischof von Paris, billigte seinen Schritt. Ein gutes Jahrzehnt danach war mehr als die Hälfte der Brüder katholischer Konfession, einige Priester unter ihnen. Unterdessen gesellten sich auch orthodoxe Christen zu der Gemeinschaft. Im Nachbarort am nördlichen Bug des Hügels ließen sich Nonnen des belgischen St.-Andreas-Ordens nieder, um in Taizé zu helfen: sie wiederum nahmen evangelische Schwestern auf, die sich von ihrer Konfession nicht lossagen mußten. So wurden einfach ökumenische Realitäten geschaffen. Sie bestehen, und sie wirken fort, obwohl das Klima in Rom unter dem polnischen Papst und der Phalanx seiner konservativen Theologen, der deutsche Kardinal Ratzinger vor den andern, der «una sancta ecclesia» eher ein wenig ferner gerückt ist – trotz des Besuches von Papst Johannes Paul dem Zweiten in Taizé, durch den er der Gemeinschaft eine Art offizieller Anerkennung zuteil werden ließ.

Die Mitgliedschaft in der Kirche, in der die Brüder aufgewachsen sind, erlischt nicht. Katholiken und Protestanten können das Abendmahl nach dem Ritus feiern, der ihnen vorgeschrieben ist. Indessen verzichtete der Prior für sich selbst auf die Eucharistie, denn für ihn ist es ein Skandal, daß jenes Sakrament, in dem sich die Einheit der Christen vollenden sollte, bis heute ein Ausweis der Trennung geblieben ist.

Die jungen Menschen, die Jahr für Jahr zwischen Ostern und

Allerheiligen zu Zehntausenden nach Taizé pilgern, setzen die Einheit voraus. Theologische Traditionen interessieren sie kaum. Historische Befangenheiten kümmern sie nicht. Sie unterscheiden höchstens beiläufig zwischen Lutheranern und Katholiken, Griechisch-Orthodoxen und Reformierten. Niemand vermag exakt zu sagen, wie es zuging, daß die kleine Gemeinschaft in ihrem burgundischen Winkel über Nacht eine magische Anziehung gewann. Was lockt die jungen Leute an, die zu Haus oft niemals den Fuß über die Schwelle einer Kirche setzen? Ist es der Zauber der schlichten Liturgie, deren Melodien sich ohne Schwierigkeiten mitsingen lassen? Ist es die Bereitschaft der Mönche, ihnen zuzuhören? Ist es das fröhliche Gemenge der Kinder vieler Nationen, die dort droben so selbstverständlich für ein paar Tage oder ein paar Wochen zusammenleben? Ist es die Ahnung von Werten, die draußen in ihrem Alltag kaum sichtbar werden? Ist es die Neugier? Ist es das Lüftchen der Freiheit, das im vergangenen Jahrzehnt Abertausende aus den Ländern Osteuropas herbeirief, die sich per Anhalter durchschlugen oder nach zwei Tagen und zwei Nächten in holpernden Omnibussen erschöpft auf die Matratzen in den Wohnzelten sanken?

Junge Deutsche der «Aktion Sühnezeichen» errichteten zwischen 1960 und 1962 nach den Plänen der Brüder die «Kirche der Versöhnung». Auch mit liebevoller Nachsicht ist das Bauwerk nicht schön zu nennen. Der rohe graue Beton, die unregelmäßigen Fronten, der Anbau neuer Flügel – von einer künstlerisch überhöhten Architektur kann keine Rede sein. Niemanden stört das. In der Dunkelheit des Raumes heben sich die ästhetischen Bedenken auf. Wenn die Sonne freundlich ist, drängt ein Schimmer sanften Lichtes durch die bemalten Fenster, die keine künstlerische Offenbarung sind.

Doch die Dunkelheit erzwingt Stille. Auch wenn Tausende sich auf den Böden und den Stufen vom Hauptschiff zu den Seitenflügeln zusammendrängen, nur durch Zeltplanen von der klammen Kälte des Fundamentes abgeschirmt, ist kaum mehr als ein Flüstern oder ein Rascheln der Jeans und Lederjacken zu hören. Es brauchte die Bachschen Choralvorspiele der Orgel kaum, um vor den Gebetsgottesdiensten Andacht zu erzwingen. Dann allerdings formt sich das Mysterium im liturgischen Wort und in der Musik intensiver aus, als es das feierlichste Hochamt in der prächtigsten Kathedrale vermöchte. Die Brüder in den weißen Kutten ziehen pünktlich ein, ohne betontes Zeremoniell, doch niemals unbemerkt: Frère Roger ist einer der ersten. Sein Platz ist stets in der letzten Reihe, am weitesten vom Altar entfernt.

Nach einigen Minuten des Schweigens stimmt einer der Mönche das gregorianische Kyrie an. In den Responsorien der Litanei wechseln die Sprachen. Die Worte der Evangelisten werden auf französisch, englisch, deutsch, italienisch, spanisch, auch in osteuropäischen, afrikanischen, asiatischen Sprachen gelesen, der Zusammensetzung der Gemeinde gemäß. Verbindung schaffen die lateinischen Hymnen und die Kanons, für die Jacques Berthier Melodien von einfacher und eingänglicher Schönheit fand. Jede neue Gruppe vermag sie nach kurzer Übung aufzunehmen. Die knappen musikalischen Phrasen sind zur Wiederholung bestimmt, und es ist wahr: Niemand scheint an ihnen zu ermüden. Eine Predigt gibt es nicht.

Oft bleiben Hunderte nach dem Ende des Gottesdienstes in der Kirche, um die liturgischen Melodien vor sich hin zu singen. Erst nach Stunden lösen sie sich aus der heiteren Trance.

Das Geheimnis von Taizé, falls man davon reden kann, lernte ich an einem Ort begreifen, der von dem burgundischen Weiler um einen Ozean entfernt ist: in der 48. Straße von Manhattan. Man kennt dieses Quartier als *hell's kitchen*. Dort drängen sich in den schmalen Häusern aus braunrotem Backstein die Ärmsten der Armen zusammen, vor allem Puertoricaner. Die Bürgersteige werden hier kaum je gefegt. In verdorrten Vorgärten verrottet der Müll. Aus den Kanalschächten quillt Gestank.

Unter dem Flachdach eines halbwegs intakten Gebäudes hausten die Brüder von Taizé. Pedro führte mich über eine enge Stiege und durch eine Luke hinauf. Hinter dem Wald von geschwärzten Kaminen ragte in der Sonne des späten Nachmittags gleißend die Skyline auf – die Türme der Macht und des Reichtums, ein Gebirge unermeßlicher Energien. Triumph dramatischer Vitalität, an dem der Blick nie ermüdet. Pedro deutete auf die schäbigen Hinterhöfe. Über sein Gesicht ging die Spur eines Lächelns, in dem sich Wärme, Skepsis und ein Anflug von Selbstironie mischten. «Ein Ort der Widersprüche», wie Frère Roger sagte.

So schreibt es der Geist von Taizé vor. Die Brüder, die hinausgeschickt werden, sollen in den Zonen der schärfsten Konflikte, der härtesten Kontraste, der unversöhnlichsten Differenzen ihre vorübergehende Heimat suchen. So findet man sie in den Slums von Nairobi, in den Elendsvierteln von Chittagong in Bangladesh, in einer Grenzsiedlung am Rande des chinesischen Imperiums, unter den Arbeitern und Studenten der südkoreanischen Hauptstadt Seoul, den Bettlern von Kalkutta, dem nordbrasilianischen Landproletariat von Alaquinas, bei den Hungernden in Haiti. Sie versuchen, hier wie dort, nach ihren Fähigkeiten ein wenig zu helfen. Viel richten sie nicht aus: Sie sind nur zu zweit, zu dritt, zu viert – und die Not, die sie umgibt, ist unermeßlich.

Sie weichen keinem der Dienste aus, die das Neue Testament als Christenpflicht beschreibt: Hungrige zu speisen, Kranke zu pflegen, Sterbende zu trösten; aber sie begreifen sich nicht als Sozialarbeiter und erst recht nicht als Missionare. Sie wollen das Einfachste und das Schwierigste: einfach dasein. Sie begründen, wenn es angeht, die Gemeinschaft der «Kleinen Kirchen», von denen der heilige Johannes Chrysostomos sprach. Sie machen sich nützlich, auch in Manhattan.

David kannte alle Tricks, die man braucht, um verlassene und halbverfallene Häuser wieder bewohnbar zu machen. Pedro kümmerte sich in einem benachbarten Heim um streunende Kinder, die in diesem Revier der großen Stadt zu Tausenden herumlungern: Diebstahl, Prostitution, Rauschgift. Eric, der Älteste, oft in Aufträgen des Priors unterwegs, saß auch in Manhattan, wenn er Zeit dazu fand, vor der Staffelei: er hatte in der Gemeinschaft seinen Beruf als Maler gefunden. Von ihm stammte das Altarbild, vor dem sich die Brüder zum Abendgebet sammelten. Neben ihm kauerten die Gäste auf dem Fußboden: junge Männer und Frauen aus Frankreich, die ein Pilgertreffen in der St.-Patricks-Kathedrale an der Fifth Avenue vorbereiteten, ein hübscher, junger Puertoricaner, der die dürftige Wohnung der Brüder teilte, ein jüdischer Freund. Die lastende Hitze des Augusttages hatte sie ausgelaugt, es gab kein Air-conditioning. Durch die Fenster kam keine Kühlung. Einer sprach die Eingangsformeln aus der Liturgie von Taizé. Der Puertoricaner las aus der Schrift. Es wurde schüchtern gesungen. In den langen Pausen blieb jeder für sich. Keine Bewegung brach die Ruhe. Manche schlossen die Augen.

Für ein paar Minuten bedrückte mich das Schweigen. Dann begann ich wahrzunehmen, daß die Stille nicht stumm war. In den Fenstern finden sich die Geräusche der Stadt, Motoren, kreischende Bremsen, heulende Polizeisirenen. Später schoben menschliche Stimmen den akustischen Vorhang des Verkehrslärms beiseite: Kinder beim Spiel, antreibende Zurufe in hartem Spanisch, Scherzworte im gutturalen Englisch der Schwarzen, im Haus nebenan ein greinender Säugling.

Ich vergaß die Zeit. Der Schweiß, der mir wie den anderen über die Schläfen rann, störte mich nicht. Ich fühlte mich leicht. Mit Versenkung hatte mein Zustand nichts zu schaffen. Ich horchte nicht nach innen, sondern nach draußen. Das eigene Schweigen und das der Gemeinschaft verwoben mich mit dem Leben der

Nachbarn und der Existenz der Stadt, die mir selten in solcher Intensität begegnet war. Das, dachte ich, habe ich in den Wochen des Umgangs mit den Menschen von Taizé gelernt: Stimmen in der Stille zu erkennen, den Reichtum des Schweigens zu ahnen, das Ohr für das Gespräch der Dinge zu öffnen. Die Einsicht machte mich heiter.

Einer der Brüder sprach eine Fürbitte. Die anderen nannten, wie es in Taizé üblich ist, Adressen ihres Gebetes: die Freunde zu Hause, die haitianischen Flüchtlinge, die Freiheitskämpfer in Mittelamerika, die politischen Gefangenen, die Leidenden, die Menschen, die in dieser Stunde starben.

Frère Roger zählt nun mehr als achtzig Jahre. Sein Haar ist weiß geworden, aber die dunklen Augen haben nichts von ihrer leidenschaftlichen Kraft verloren. In seinem Gesicht wohnt eine Art von Unschuld, die einer realistischen Weltvernunft, ja einer gewissen List nicht widerspricht. Ausgeprägte Intellektualität steht ihm auf die Stirn geschrieben. Oft gelingen ihm Formulierungen von klassischer Klarheit, vor allem in seinen «Briefen», die er nach apostolischem Beispiel in die Welt schickt. Seine Andachten, seine Anrufe, seine Episteln, seine Bücher sind von der Sprache religiöser Visionen bestimmt. Sie sind kritisch, nennen das Unrecht beim Namen, geben vernünftigen Rat, bestimmen konkrete Ziele, doch vor allem sind sie poetische Himmelfahrt.

Die Brüder von Taizé sprechen lieber von einer «Spiritualität», die sie aufblühen lassen wollen, als von einem Mystizismus, der sich im Ungefähren verliert. Doch die suggestive Ruhe in ihren Gottesdiensten oder das Geheimnis der Dunkelheit, aus der ihre weißen Kutten leuchten, sind starke Appelle an das Gefühl. Puristische Protestanten, Kanzelmoralisten, theologische Aufklärer runzeln darüber die Stirn. Auch junge Leute melden gelegentlich ihre Vorbehalte gegen die Überwältigung des Gemütes an, die sie,

wie es neudeutsch heißt, «rational nicht nachvollziehen» können.
Die Mehrheit indes beugt sich dem «Erlebnis» dieser Gottesdienste.

Die Gefühlsenergien, die in Taizé präsent sind, berühren junge
Leute, die seit Jahr und Tag keine Kirche mehr von innen sahen
und um jedes christliche Kränzchen einen weiten Bogen schlugen.
Dem Magnetismus erliegen gewiß am eiligsten die behenden Sektierer, die eifernden Sucher, die egomanischen Neurotiker, doch
das Erbarmen der Christen taugte wenig, wenn diesen zerfahrenen
Zeitgenossen die Tür verschlossen bliebe. Es mangelt auch nicht an
Emsigen, den frommen «groupies» beiderlei Geschlechts, die sich
bei den Gottesdiensten gern in die engste Nähe der Brüder drängen.

Frère Roger rief niemals die Massen herbei. In Wahrheit rief
Taizé überhaupt nicht. Die Gemeinschaft ließ lediglich wissen, sie
sei da. Durch Europa aber ging das Wort, daß in dem burgundischen Dörfchen jedermann willkommen sei, daß man dort ohne
Zwang – auch ohne jeden Komfort – einige Tage oder Wochen mit
Menschen jeder Konfession und jeder Nationalität Berührung und
Austausch finde, daß dort keiner auf die Jugend herabrede, sondern immer nur jeder mit jedem von gleich zu gleich spreche.

Das Jahr 1968 wurde zur großen Zäsur. Der politische und soziale Aufbruch der studentischen Jugend in Frankreich und in
Deutschland erschütterte für einen Augenblick das Gefüge der Gesellschaft. Dann zerbrach und zerrann er in Resignation. Die linke
Elite flüchtete sich nicht nach Taizé. Doch viele aus dem zweiten
Glied wandten sich, vielleicht nur für eine kritische Inspektion,
dieser Gemeinschaft zu. Die Brüder hörten sie an. Ihre Antworten
präzisierten die eine entscheidende Differenz: Sie befürworteten
auch im Kampf gegen das Unrecht keinesfalls die Gewalt. Frère
Roger prägte die Formel von der Violenz der Friedfertigkeit.

Ostern 1970 lagerten in den Baracken und in Armeezelten auf

der schmalen Hochfläche des Hügels von Taizé zwanzigtausend
Menschen. Damals wurde die Vorbereitung eines Konzils der Jugend beschlossen, das im August 1974 stattfand: vierzigtausend
nahmen an ihm teil. Sturzregen verwandelte die Weiden und Äk-
ker in einen deprimierenden Morast. Die Nässe und die Kälte, der
Dreck und die sanitären Mängel schienen nicht viele der Teilneh-
mer zu verdrießen. Doch mißmutige Beobachter nannten das Ereignis ein «religiöses Woodstock». Manche Bilder mochten damals
in der Tat Woodstock oder einer Love parade gleichen: die Jeans
und die langen Haare, die Unbefangenheit, die vielen hundert Gi-
tarren, der fröhliche Enthusiasmus.

Die Schriften der Gemeinschaft wurden nicht in einer Sprache der
Rebellion verfaßt, aber auch nicht im Jargon der Besänftigung. Die
Philosophie der kleinen Schritte bezieht sich in Taizé auf den einzelnen und oft auf das einzelne. Da der Teufel im Detail steckt,
trifft man – nach den Erfahrungen der Communauté – dort wohl
auch den lieben Gott an. Nein, die Texte waren niemals das Programm einer christlichen Revolutionierung der Welt, aber sie ent-
hielten die klare Forderung einer neuen Gerechtigkeit in West und
Ost, Süd und Nord. Sie dokumentierten die Auflehnung gegen den
inneren und äußeren Kolonialismus, gegen kapitalistische Wuche-
rungen, gegen die Militanz der autoritären Staaten, gegen Folter
und Verfolgung, gegen die Knebelung der Freiheit in der Welt und
in den Kirchen.

Roger Schutz, vermutlich ein Heiliger unserer Tage, kämpft
trotz der Bewunderung, die ihm zugetragen wird, trotz der offiziellen Bestätigung, die seiner Gemeinschaft zuteil wurde (vielleicht auch gegen sie), weiter um die Bereitschaft und den Willen
zur Einheit der Christen, zart und unaufdringlich, von Tag zu Tag
improvisierend, reich in der Armut, kraftvoll in der Schwäche.
Was er und seine Brüder dort droben in dem burgundischen Nest

geschaffen haben, ist ein kleiner Hort des Friedens – des Friedens, der sein könnte.

Die Gemeinschaft ist ein Ort der Heimkehr für viele geworden, auch unabhängige und kirchenferne Geister. Sie tauchen gern in die Wärme der Abendgottesdienste ein, wenn ein Meer von Gesichtern in einem Meer von flackernden Kerzen aufleuchtet: Menschengesichter, die sich singend jedes Schutzes und jeder Tarnung zu entledigen scheinen, weit geöffnete Züge, verletzlich, fast roh in ihrer Nacktheit, und zugleich von einer Schönheit, die man in den Maskierungen des Alltags draußen so oft vergeblich sucht. Hände wölben sich bergend um die Lichter, während die Stimmen den schlichten Vers «Bleib mit deinem Segen bei mir, du treuer Gott» im Kanon singen und summen.

Die Mönche in ihren weißen Kutten beugen sich den Menschen entgegen, die es nach einem Wort des Trostes oder der Klärung verlangt. Die Dunkelheit wächst. Kerzen erlöschen. Die Kavalkade der Gesichter strebt dem Ausgang zu. Manche Augen lachen. In anderen stehen Tränen. Ein junges Paar bleibt singend, in ruhiger Umarmung zurück. Taizé – dieser kleine Frühling, der lebt und blüht – auch wenn der Winter über der Welt heraufzieht.

KAPITEL 16

Ein Brief nach Paris

Madame La Ministre de la Justice
Garde des Sceaux
Elisabeth Guigou
Paris

Madame La Ministre,

mit dieser Anrede werde ich ohne Zweifel den Zorn von Monsieur Druon, dem permanenten Sekretär der Académie Française, erregen, falls er diese Zeilen je zu Gesicht bekommen sollte (was nicht anzunehmen ist). Ihrer Zustimmung darf ich sicher sein (vorausgesetzt, daß meine Zeilen jemals zu Ihnen vordringen), zumal Regierung und Parlament unterdessen die Feminisierung der Anrede beschlossen haben.

Nein, es ist nicht einzusehen, warum jene prächtigen Titel, die – zum Unglück der Menschheit – so lange ein männliches Prärogativ gewesen sind, ein für allemal mit einem maskulinen Artikel behaftet sein sollen, auch wenn sich die Ämter in der Hand von Frauen befinden. Ich wäre der letzte, der sich nicht von ehrwürdigen Traditionen beeindrucken ließe. Die Akademie erfüllt einen schönen Dienst an der französischen Nation, ja an der Menschheit, wenn sie eine gute Ordnung in der Sprache zu schaffen und ihre Verwilderung aufzuhalten versucht (was vermutlich und leider Gottes eine vergebliche Liebesmühe sein dürfte, auch in Ihrem so sprachbewußten Land). Aber sind die Herren in den grünen Fräcken nicht in Gefahr, sich der Lächerlichkeit preiszugeben, wenn sie sich mit solch eiferndem Starrsinn gegen die Einsicht auflehnen, daß sich mit unserer Welt auch die Sprache bis zu einem gewissen Grade verweiblicht? Man muß nicht so weit gehen, den lieben Gott zur Regentin des Universums zu ernennen, obwohl es eines Tages auch dahin kommen mag. Ohnedies scheint im Kosmos eine gewisse Unsicherheit zu herrschen, was die Geschlechter angeht. Die Sonne ist, wie Sie wissen, in unserer Sprache weiblich, und der Mond ist männlich. Bei Ihnen verhält es sich umgekehrt.

Daran könnten die tiefsinnigsten Betrachtungen über das unterschiedliche Verhältnis unserer Völker zum All und zur Natur geknüpft werden, doch dies führte uns vom Wege ab.

Noch einmal: es kann für die Sprache nicht folgenlos bleiben, daß Frauen in unseren Tagen mit völliger Selbstverständlichkeit Positionen im öffentlichen Leben besetzen, zu denen ihnen während der dunklen Jahrhunderte unserer Geschichte der Zugang verwehrt war. Warum wollen sich die Akademiker dieser Einsicht nicht beugen, da sie immerhin selber zwei Damen in ihre Reihen beriefen, wenngleich zögernd und mit manch heimlichen Seufzern? Es werden, so ist zu fürchten, noch einmal zwei oder drei Generationen dahingehen, bis ein Drittel oder gar die Hälfte der Sitze unter den vierzig «Unsterblichen» von Frauen eingenommen werden, wie es angesichts der wachsenden Macht Ihres Geschlechtes und der Präsenz so vieler bedeutender Frauen in der Literatur, in den Künsten, in den Wissenschaften, in der Gesellschaft, in der Politik schon heute sein sollte. Der Austausch und Wechsel würde jenem Gremium vielleicht den Zustrom an Vitalität verschaffen, den manche kritische Beobachter in seiner Arbeit schon lange vermissen. Dem steht, das weiß ich wohl, die zähe Langlebigkeit der Mitglieder entgegen, die wir jedem einzelnen von Herzen gönnen.

245

War dies übrigens immer so? War die Akademie stets eine Versammlung von Greisen? Stammt daher die Bezeichnung «Les Immortelles»? Oder war es der Ruhm, auf den sich der Anspruch der Unsterblichkeit stützte? Ich werde mich bemühen, mir ein kluges Buch zu verschaffen, das mich über die Herkunft jener Formel informiert, da auch meine französischen Enzyklopädien keine befriedigende Auskunft geben. Was freilich den Ruhm angeht ... Bei der Prüfung der Namensliste suchten mich manche Zweifel heim. Das mag sich durch die argen Beschränkungen meiner Bildung erklären, doch auch meine beschlagensten Freunde kennen keineswegs alle amtierenden Mitglieder. Sie können sich des Eindrucks nicht erwehren, daß dann und wann eine gewisse Mittelmäßigkeit in die Reihen der erlauchten Gesellschaft Einlaß gefunden haben könnte.

Hätte, so fragen wir uns, Albert Camus die Chance gehabt, in die Akademie gewählt zu werden, wäre ihm ein längeres Leben beschieden gewesen? Dachte man jemals daran, seinen Freund-Feind Jean-Paul Sartre zu berufen, der doch ein stattliches Alter erreichte? Selbst der grüne Guide Michelin zitiert mit einem Anflug perversen Vergnügens eine Liste der Nichtgewählten, große Namen darunter wie Descartes, Pascal und Molière, La Rochefoucauld, Rousseau und Diderot, Beaumarchais, Balzac, Maupassant, Zola und Proust: in gewisser Hinsicht die Essenz des französischen Geistes. Andere Namen ließen sich hinzufügen. Es drängt sich in der Tat der Verdacht auf, daß die Unsterblichkeit nicht notwendig einen grünen Frack trug.

Auch das könnte Anlaß zu einer angeregten, ja geistreichen Diskussion sein, denn nichts ist amüsanter als das Spiel mit Namen und Figuren. Sie, Madame La Ministre, haben anderes und Wichtigeres im Kopf. Nur soviel: ich kann mich des Gedankens nicht erwehren, daß eine Steigerung der weiblichen Präsenz unter der berühmten Kuppel am Quai Conti der Akademie wohl anstünde, die Debatten erfrischte und dem Ansehen (in jeder Hinsicht) bekömmlich wäre. Vielleicht, vielleicht findet sich eines Tages Ihr Name unter den Erwählten? Für Politiker hat sich der hehre Kreis immer wieder geöffnet, in den vergangenen Jahrzehnten zum Beispiel für Edgar Faure und Maurice Schumann, die alle beide Ministerämter verwalteten, auch wenn es andere Ressorts als das Ihrige waren.

Die Uniform mit den goldenen Stickereien würde Sie – bitte erlauben Sie diese Bemerkung – auf das köstlichste kleiden (die männliche Version à la Chérubine fast noch reizvoller als die weibliche), obwohl Ihre Farbe eher blau als grün ist, vermutlich Ihrer Augen wegen.

Ich weiß, ich weiß: das feminine Selbstbewußtsein unserer Tage reagiert auf Artigkeiten – zumal wenn sie einer Politikerin gesagt werden – überaus empfindlich. Doch alle Behutsamkeit kann mich nicht davon abhalten, Ihnen zu sagen, daß die öffentliche Tätigkeit und Ihre ganz gewiß harte Arbeit weder Ihre Eleganz noch Ihren Charme, weder Ihre Attraktivität noch die Vorzüge beschädigt haben, mit denen Sie eine freundliche Natur beschenkt hat. Nein, Ihre Lippen sind nicht schmaler geworden, wie wir es bei so vielen Männern in der Politik beobachten (und, leider, auch bei manchen Frauen), deren Münder sich im Gang der Jahre in wahre Sparbüchsen verwandelten. Ihr Lächeln ist nicht ins Verkrampfte, Ihre Stimme nicht ins Schrille geraten, wie es so oft geschieht.

Das ist erstaunlich genug. Sie werden, was dies angeht, wohl eher selten von stimulierender Konkurrenz angeregt, selbst nicht in Ihrem gesegneten Lande, das in der ganzen Welt um des sprichwörtlichen Charmes seiner Frauen wegen bewundert oder auch beneidet wird. In den hohen Rängen der Politik Frankreichs waren immerhin so brillante und schöne Damen wie Françoise Giroud, die nun unermüdlich Buch um Buch auf den Markt wirft, und Simone Veil anzutreffen, die einstige Sozialministerin und Präsidentin des Europäischen Parlamentes.

Ein Brief nach Paris

Als Premierminister Jospin sein Kabinett besetzte, erwartete ich durchaus, daß auch Sie mit einem Ministerium versehen würden, denn Sie verfügten über eine beträchtliche politische Erfahrung: lange Jahre hatten Sie in der engsten Umgebung von Präsident Mitterrand im Élysée-Palast gearbeitet, Sie waren seine Ministerin für europäische Fragen, danach Deputierte im Europäischen Parlament und mit der Vorbereitung des Vertrages von Amsterdam befaßt. Sie hatten unter schwierigen Bedingungen und gegen eine formidable Gegnerin Ihren Wahlkreis in der Vaucluse erobert, hatten im Führungsgremium der sozialistischen Partei einen wichtigen Platz eingenommen – kurz, Sie besaßen alle Voraussetzungen, in der Linksregierung an hervorragender Stelle tätig zu sein.

Aber warum betraute Sie Monsieur Jospin mit dem Justizressort? Ihre Bildungsgeschichte ist eindrucksvoll, doch die Rechtswissenschaften gehörten nicht zu Ihren Studienfächern. Ihre Verehrer in der Provinz erwarteten eher, daß Ihnen das Außenministerium zuteil werde, denn Sie kannten die Materie genau genug, Sie waren den europäischen Kollegen, den prominenten Diplomaten, den Parlamentariern in entscheidenden Positionen oft genug begegnet, verfügten über ein weitgespanntes Netz persönlicher Verbindungen. Mit anderen Worten: niemand schien für den Chefposten am Quai d'Orsay geeigneter zu sein als Sie.

Was hielt den Premierminister davon ab, Sie ins Außenamt zu berufen? Fürchtete er am Ende, Sie könnten seine eigenen Ambitionen im Feld der Außenpolitik überschatten? Zog er darum einen farbloseren, wenngleich tüchtigen Funktionär vor? Oder sorgte er sich darum, Sie könnten zuviel Aufmerksamkeit und zuviel Ruhm auf sich ziehen? Warnte ihn davor der protestantische Puritanismus, der ihn von Kindertagen an begleitet? Oder witterte er die Gefahr, daß Ihr europäischer Enthusiasmus überhandnehmen könnte? Denn dies hatten Sie aufs eindrucksvollste bewiesen: Europa ist für Sie nicht nur ein Auftrag der Vernunft, sondern eine Passion.

Dies mag bei einem Menschen überraschen, der – wie Sie – außerhalb der Grenzen unseres Kontinentes, nämlich in Nordafrika zur Welt kam. Vielleicht sehen Sie darum die Notwendigkeit des Zusammenschlusses unserer Völker und Staaten zu einer unauflöslichen Union um so klarer? Sie hatten den Mut, davon zu sprechen, daß es an der Zeit sei, einen europäischen Patriotismus zu entwickeln, der über den antiquierten nationalen oder gar nationalistischen Patriotismus (von dem so viel Unglück über uns kam) endlich hinauswächst. Brigitte Sauzay, die Chefdolmetscherin von François Mitterrand, die Sie aus Ihren Tagen im Élysée gut genug kennen, schrieb von der Genugtuung, die sie empfinde, wenn sie ihren europäischen Paß betrachte und sich bei den Grenzkontrollen auf den Flughäfen der Gruppe zuordne, denen das Hinweisschild «Für Mitglieder der Europäischen Union» den Weg weist: bescheidene Anfänge eines europäischen Bürgerbewußtseins, das sich auch bei mir, dem Schreiber dieser Zeilen, dankbar regt, wenn ich mein Wahlrecht als Europäer bei den Kommunal- und Europawahlen in Frankreich auszuüben vermag.

Lieber sähe ich Sie, lassen Sie mich das sagen, in der Tat als Außenministerin, auch als Europaministerin, obschon Sie sich unterdessen an der Spitze des Justizressorts bedeutende Verdienste erwarben. Vielleicht war Ihnen beim Entwurf der Reformen, mit denen Sie nun befaßt sind, Ihr Außenseitertum sogar nützlich? Juristen, sagte mir ein Freund, der sich in jenem Metier auskennt – Juristen sind die Experten schlechthin und darum zu fürchten. Es brauchte vermutlich Ihre Unbefangenheit, um die notwendigen Reformen in jenem Bereich voranzutreiben.

Ich verstehe davon wenig, doch mir imponierte es, daß Sie vor allem die Eigenständigkeit der Ermittlungsrichter und Staatsanwälte stärken, ja von Weisungen der Regierung und des Ministers – also von Ihnen – unabhängig machen wollen. Diese Maßnahme kann dem unparteiischen Dienst am Recht und an der Gerechtigkeit nur helfen. Die Vielzahl der Affären im unübersichtlichen Gelände zwischen der Politik und der Wirtschaft, von denen die Linke fast ebensosehr betroffen ist wie die Rechte, fordern in der Tat eine selbstbewußte und völlig unabhängige Justiz. Anders könnte auch die Gesellschaft Frankreichs den Heimsuchungen ausgesetzt sein, die das Nachbarland Italien bedrohten, als sich die Staatsanwälte und Richter im Zeichen der *mani pulite* angesichts des Sumpfes der Politik für geraume Zeit zu den eigentlichen Herren des Staates und der Gesellschaft erhoben.

Nein, Madame, Sie werden nicht eine solch bittere Bilanz Ihrer ministeriellen Arbeit ziehen müssen wie Corinne Lepage, die zwei Jahre lang das Umweltministerium im Kabinett von Alain Juppé geführt hat – vielmehr: leider nicht führen konnte, denn dieses Verb erwies sich als ein deprimierender Irrtum. In Wirklichkeit wurde sie, fast von Beginn an, von der «Technokraten-Inzucht, dem Lobby-Gerangel, der Politikmüdigkeit und der regionalistischen Traditionssucht» aufgerieben, wie Joseph Hanniman in der «Frankfurter Allgemeinen Zeitung» schrieb. Ein trauriges Fazit des Experimentes, das Juppé mit der Frauenriege – man nannte sie taktlos genug die «Juppéttes» – in seiner Regierung unternommen hat: die Damen blieben fast ausnahmslos auf der Strecke.

In ihrem Buch «On ne peut rien faire, Madame le ministre …» (*le ministre*, wohlgemerkt, in männlicher Version) – in diesem betrübten Resümee berichtet Madame Lepage, sie habe kurz nach dem Antritt ihres Amtes die Vertreter der «Grands Corps d'État» empfangen und dabei nur allzu rasch verstanden, daß die Elite aus den Hohen Schulen das Heft auch in ihrem Ministerium in der Hand halte. Die Minister kommen, aber sie gehen auch wieder: die Verwaltungsbeamten aber bleiben – und nur knapp sieben Prozent der hohen Funktionäre sind Frauen. Das Corps der Beamten aber bestimmt zuletzt, was getan werden kann – und vor allem, was nicht zu machen ist. Es mag sich dem Stil des Chefs oder der Chefin mit der gebotenen Vorsicht anpassen, aber in Wahrheit ist sein Widerstand unüberwindlich, wenn es die politischen Ziele des Ministers nicht billigt.

Sie, verehrte Madame Guigou, waren auf diese harte und in der Tat erbitternde Prüfung der Willenskraft und der Nerven besser vorbereitet als Ihre unglückliche Kollegin Lepage, denn Sie selber haben die wichtigste der Hohen Schulen passiert: Sie schlossen Ihre Studien in der École National d'Administration, der berühmten und berüchtigten ENA ab, das aber heißt: Sie selber gehören zur Elite der Eliten. Überdies hielten Sie sich lang genug im Zentrum der Macht, nämlich im Palais des Präsidenten auf – Sie kennen die Mentalität der *énarques*, kennen das Milieu, kennen alle Tricks und alle Schliche. Ihnen kann vermutlich keiner etwas vormachen. Taktische Kniffe durchschauen Sie rasch, und «strategisches Denken» (was für ein aufgeblasenes Wort!) ist Ihnen nicht fremd.

Diese Überlegung verführt mich zu der Frage, ob der strenge Monsieur Jospin Ihnen das Justizministerium sozusagen als eine Station der Prüfung und der Bewährung zugedacht hat? Sieht er in Ihnen eine potentielle Nachfolgerin, wenn er sich selber um das Präsidentenamt bewerben sollte? Sozusagen in einer Idealkonkurrenz mit Martine Aubry, der Sozialministerin, dieser überaus klugen, willensstarken und dynamischen Frau, der ihr Vater Jacques Delors und der eigene, ausgeprägte Ehrgeiz etwas herbere Züge verliehen? Auch sie könnte zu den höchsten Ämtern berufen sein. Man könnte auch an Madame Catherine Trautmann denken, die gelernte Theologin, die das prominente Kulturministerium mit Enthusiasmus und einigem Geschick verwaltet. Ich habe nicht den geringsten Zweifel, daß sie allesamt im Hotel Matignon, dem

Amtssitz des Premierministers, eine bessere Vorstellung gäben und eine glücklichere Figur machten als die bedauernswerte Vorgängerin Édith Cresson, die ihre Berufung ins höchste Regierungsamt einem nicht ganz seriösen Einfall ihres Protektors Mitterrand verdankte. In Ihrem Buch «Etre Femme en Politique» sagten Sie freilich, Madame Cresson sei Opfer eines «sexistischen Lynchmordes» geworden. Das scheint mir ein wenig übertrieben zu sein, obwohl die Arme von vielen Vorurteilen umstellt war. Indes zeigte sie, wenn ich dies diskret andeuten darf, einige Schwächen. Sie bediente sich nicht immer der glücklichsten Sprache, und sie hatte nicht immer die geschicktesten Hände.

Lionel Jospin ist es, das zeigt die Zusammensetzung seiner Regierung, mit der politischen Förderung der Frauen ernst: sechs Ministerinnen und zwei Staatssekretärinnen – das ist ein Fortschritt. Doch hier war in der Tat lange Versäumtes nachzuholen.

Mir gibt es ein Rätsel auf, warum die so lebenstüchtigen, oft so stolzen und wirkungsbewußten Frauen Frankreichs in den hohen Rängen der Politik, zumal im Parlament noch immer so schwach vertreten sind: in der vorletzten Nationalversammlung waren es nur etwas mehr als fünf Prozent der Deputierten – gegenüber mehr als sechsundzwanzig Prozent im Deutschen Bundestag und dreiundvierzig Prozent im schwedischen Reichstag. Nach den Überraschungswahlen des Jahres 1997 hat sich die Ziffer der weiblichen Abgeordneten mehr als verdoppelt. Vor allem die sozialistische Partei strengte sich an. Sie vergab dreißig Prozent der Kandidaturen an Frauen, und nun zählt sie vierzig weibliche Deputierte. Michel Rocard hatte ein gutes Beispiel gegeben, als er bei den Europa-Wahlen von 1994 die sozialistische Liste paritätisch besetzte (was die Bürger leider nicht honorierten). In den Generalräten der Départements aber brachten es die Frauen nur auf sechskommamaacht Prozent.

Es geht voran, doch noch immer ist Frankreich, was die Vertretung der Frauen in den Parlamenten angeht, in der Europäischen Union beinahe das Schlußlicht – hinter den Italienern an zweitletzter Stelle vor Griechenland. Kurz: es war an der Zeit, daß Sie ein Gesetz zur Ergänzung der Verfassung vorlegten, das den «gleichberechtigten Zugang von Frauen und Männern zu Mandaten und Ämtern» sichern soll. Zu Recht bemerkte Jacques Chirac aus diesem Anlaß, es werde sich nicht ändern, wenn sich die Mentalität nicht entwickele.

Woran lag das bisherige Zögern? An den Parteien? Sie mußten auch in Deutschland mühsam dazu erzogen werden, den Frauen eine Chance zu geben (noch immer nicht die gleiche wie den Männern). Bei den Sozialdemokraten beobachtete ich oft genug, mit welch harten Ellbogen die jungen Herren, die auf die Gleichberechtigung schworen, zu Werke gingen, wenn die Kandidaturen für den Landtag oder gar für den Bundestag zur Entscheidung standen.

Gegen den sogenannten «Quotenbeschluß», der eine Vertretung der Frauen mit vierzig Prozent in allen Parteigremien vorsah, mochte man Bedenken haben: für eine so gescheite und formidable Frau wie die Schriftstellerin und Professorin Elisabeth Badinter war er nichts anderes als ein peinliches Zugeständnis an die Alptraum-Welt der «Political Correctness». Natürlich genügte die Freiwilligkeit einem höheren sittlichen Anspruch, doch die Moral bedarf dann und wann einer gewissen Lenkung. Die Sozialistische Partei Frankreichs hat sich dieser Erfahrung gebeugt (andere werden folgen). Sie ist, darauf darf man vertrauen, unter Anleitung ihres Generalsekretärs François Hollande auf einem guten Wege. Dafür dürfte seine Lebenspartnerin, die Schulministerin Ségolène Royal sorgen, denn jener Dame fehlt es nicht an der Energie, die es braucht, sich in der immer noch allzu maskulin bestimmten Welt der Politik zu behaupten.

In Ihrem Buch «Etre Femme en Politique» versuchten Sie, ver-

ehrte Madame Guigou, eine Antwort auf viele unserer fast hilflo-
sen Fragen zu geben. Sie verwiesen auf die besondere Geschichte
Frankreichs, die den Frauen jede politische Rolle verwehrte – das
heilige Abenteuer der Jeanne d'Arc ausgenommen –, doch ihnen
zugleich eine gewisse Prominenz in der Gesellschaft zuwies: dies
habe eine einmalige Lage in der Beziehung der Geschlechter geschaffen. Man könnte überdies daran erinnern, daß die Frauen
sehr oft die eigentliche Macht im Hause waren: sie verwalteten die
Finanzen, und sie überwachten die Erziehung der Kinder (wie es
sich in so vielen mediterranen und asiatischen Ländern beobachten
läßt), während der Besitz ausschließlich in der Hand der Männer
blieb. Wie herrscherlich thronte die *patronne* einst in den Bistros
und den behaglichen Restaurants alten Stils auf ihrem Stuhl an der
erhöhten Kasse, alle Operationen des Lokals im Blick! Wie sichtbar regierte sie in den Läden der *petit commerçants*, von denen
man sagte, daß sie die besondere Genialität des Volkes hüten!

In Ihrem Buch weisen Sie darauf hin, verehrte Frau Ministerin,
daß die französischen Frauen stets das anerkannte Recht hatten,
ihre Meinung zu sagen, was ihnen eine Rolle gegeben und eine Art
Macht gesichert habe. Darum habe man sich einreden können,
zwischen den Geschlechtern herrsche Harmonie: ein freundliches
Paradox.

Aber erklärt sich damit, daß den Frauen Frankreichs erst nach
dem Zweiten Weltkrieg – so viel später als in den meisten europäischen Nationen – das Wahlrecht zugestanden wurde? Daß sie in
der Politik noch immer nicht über den Einfluß verfügen, der ihnen
zukommt, obwohl nach Meinungsumfragen neunzig Prozent der
Franzosen nicht ungern eine Frau im Amt des Premierministers
sähen und immerhin vierundachtzig Prozent eine Präsidentin der
Republik für denkbar, ja für wünschenswert halten?

Überhaupt scheinen die Franzosen von einem wachsenden Einfluß der Frauen in der Politik nur Gutes zu erwarten. Mehr als

siebzig Prozent der Befragten trauen ihnen die gleiche Kompetenz wie den Männern zu – vierundzwanzig Prozent sogar eine größere. Mehr als einundvierzig Prozent sind der Überzeugung, daß Frauen ehrlicher wären, fünfundvierzig Prozent, daß sie mehr Mut zeigten, an die sechzig Prozent, daß sie über einen größeren Realitätssinn verfügten, siebenundfünfzig Prozent, daß sie für neue Ideen offener sein würden, einundsechzig Prozent, daß sie ihre Sache kämpferischer verträten. Schließlich erklärten achtzig Prozent der Männer, es käme ihnen nicht darauf an, ob sich ein Mann oder eine Frau für ein Wahlamt präsentierte: mit anderen Worten: sie gaben zu erkennen, daß sie Qualität der Person unabhängig vom Geschlecht sehen.

So weit, so gut. Ginge es nach den Forschungsergebnissen der Demoskopen, die unsere Seelen unablässig abhorchen, dann stünde dem faktischen Vollzug der Gleichberechtigung in der Politik, in der Wirtschaft, in der Gesellschaft nichts im Wege. Die Wirklichkeit ist anders.

Vielleicht lenken all diese Erwägungen von der Frage ab, ob es letztlich auch die Frauen Frankreichs sein könnten, die sich scheuen, den oft so dornigen Weg durch die Dschungel der Politik unter die Füße zu nehmen. Die Risiken sind groß, die Gefahr des Strauchelns ist Tag und Nacht gegeben.

Unsere Freundin Dominique zum Beispiel hätte wahrhaftig das Zeug für eine politische Karriere. Sie ist gebildet. Sie ist blitzgescheit. Sie ist nicht auf den Mund gefallen, sondern verfügt über einen raschen Witz. Ihren Elan hat sie in mehr als einem Beruf bewiesen. Sie führte zusammen mit ihrem Mann ein Restaurant, das sich durch den schönen Geschmack der offerierten Speisen und Weine, durch den Stil des Interieurs und die Grazie der Bedienung auszeichnete. Das Etablissement hatte Charme. *Patronne* und *patron* wurde es leicht, die Gäste für sich zu gewinnen.

Was für eine Chance, sich den Einfluß einer Klientel zu sichern,

255

die nur zu gern bereit sein würde, die Leiter zum Aufstieg parat zu halten! Und mit welcher Verve behauptete sich Dominique nach einem Wechsel des Metiers als Mittlerin im Immobiliengeschäft! Wie energisch wirft sie die kurzen Locken zurück! (Nein, sie trägt nicht die Steilfrisur, die in Deutschland selbst so schöne Damen wie die Fernsehmoderatorin Kathrin Müller dem Stilideal eines Generalfeldmarschalls von Hindenburg annähern.) In ihren kleinen, eleganten Schneiderkostümen, fast immer mit einem Lächeln in den großen blauen Augen und mit ihren kurzen festen Schritten scheint Dominique dazu bestimmt, von Erfolg zu Erfolg zu eilen – ohne den Mann, der seine eigene Karriere verfolgt, auch nur für einen Augenblick zu überschatten oder gar zu übertrumpfen, ohne ihre beiden hübschen Töchter zu vernachlässigen, wie sich versteht.

Dennoch hebt sie entsetzt die Hände, wenn sie gefragt wird, ob die Politik sie jemals locken könnte. «Das müßte mit dem Teufel zugehen!» ruft sie, mit einem Hauch der Empörung, ja des Zorns: «Mit diesem Gesindel habe ich nichts zu schaffen, gleichviel von welcher Partei.» Sie hat, auch das versteht sich, Ihr Buch gelesen, Madame Guigou. Fast triumphierend wies sie auf die Passagen, in denen Sie – zurückhaltend genug – andeuteten, daß Sie bei den Wahlkämpfen nahezu täglich obszönen Belästigungen ausgesetzt waren. Die vermeintlich Harmlosen und Gutartigen unter den Zudringlichen, die Sie beleidigten, mögen dabei die Schlimmsten sein. Ich erinnere mich, daß der talentierte Hallodri Bernard Tapie (ein Parteigenosse, wohlgemerkt) bei einer gemeinsamen Werbekampagne – war es in Avignon? – plötzlich neben Ihnen mit luftiger Reizwäsche zu wedeln begann, die er kurzerhand in einem nahe gelegenen Sexshop erworben hatte und Ihnen schließlich in die Hand drückte.

Die Zuschauer am Fernsehen sahen wohl, wie Sie erstarrten. Vielleicht versuchten Sie auch, die peinliche Lage mit einem kalten Lächeln zu retten. Sie werden dem fragwürdigen Herrn, der keiner

256

ist, hernach gründlich genug den Kopf gewaschen haben. Vermutlich sahen Sie auch ohne zu großes Bedauern, daß er für einige
Monate hinter Gefängnismauern verschwand, um für seine
Durchstechereien zu büßen. In der Tat, es ist mehr als begreiflich,
daß Sie mit kühlem Sarkasmus schrieben, eine Politikerin könne in
Frankreich nur existieren, wenn sie einen Hosenanzug trage und
einer Frau nicht zu ähnlich sei.

Um auf Dominique zurückzukommen: spräche sie anders, wenn
sie in Paris lebte? Bezeichnet ihr Protest nur den Abstand zwischen
ihrer solid-bürgerlichen Welt und «denen dort droben», die sie nahezu allesamt für bestechlich, machtbesessen und egozentrisch in
jeder Regung des Daseins hält? Deutet sich hier auch der Abstand
des Mißtrauens zwischen unserer Provinz und Paris an, das sie als
versnobt und herzlos betrachtet?

Dominique ist, weiß Gott, nicht das, was man eine «angepaßte
Frau» nennen würde. Ihre Seele ist mitunter rebellisch, und man
könnte sie als eine aufsässige Konservative mit liberal-libertären
Neigungen bezeichnen. Natürlich verbot es sich, sie zu fragen,
wem sie bei den Wahlen ihre Stimme gibt – falls sie überhaupt
wählt, was nicht so sicher ist, weil sie geneigt ist, sämtliche Politiker von links nach rechts und von rechts nach links als abgefeimte
Schurken oder windige Wiesler zu verachten, ausgenommen die
Trommler des Front National, die sie haßt.

Und Octavie, der ich meine – noch immer zu dürftige – Übung
in französischer Konversation verdanke, da sie einst an einem Pariser Spracheninstitut unterrichtete? Man darf in ihr geradezu den
klassischen Typus der Pariser Intellektuellen erkennen (die sich an
jenem Wochenende mit ihrer Familie ins Häuschen in der Cham-
pagne zurückzieht): mit einer stets neugierigen und nervösen Intelligenz begabt, vibrierend vor Interesse, immer zu einem raschen
Lachen aufgelegt. Sie kam sozusagen links auf die Welt – wie auch
ihr Mann, ein junger Architekt von strenger Gesinnung. Von den

Kommunisten hielt sie nicht viel. Sie mißtraute den Moskowitern. Doch zum andern war für sie und für ihren Mann der Begriff «Sozialdemokratie» ein Schmähwort, das den Kotau vor dem Kapitalismus charakterisierte. Inzwischen sind beide ein wenig milder geworden. Ich habe auch sie nicht nach ihren Präferenzen bei den Wahlen gefragt, doch ich vermute, daß sie ihre Stimme den Sozialisten geben.

Aber ein politisches Engagement? Octavie ist Mutter eines reizenden kleinen Mädchens. Sie hat als freie Korrektorin und Lektorin mehr als genug zu tun, denn die Honorare, die von den Verlagen gezahlt werden, sind keineswegs üppig. Sie weist die Politik nicht mit der absoluten Heftigkeit zurück, die wir bei Dominique mit einer Regung des Bedauerns registrierten. Auf die Mitgliedschaft in einer Partei oder auf eine Kandidatur ließe sich auch Octavie nicht ein, obschon ihre Dynamik und ihre Liebenswürdigkeit den Erfolg garantierten.

Ist es eine bürgerliche Hemmung, die sie zurückhält? Fürchtet sie, daß ihre Ellbogen zu spitz werden müßten, um sich nach vorn zu boxen? Zieht sie darum auch eine freie Berufstätigkeit vor – wie so viele französische Frauen, die in den vergangenen Jahrzehnten als Ärztinnen, Advokatinnen, als Staatsanwältinnen und Richterinnen Terrain gewonnen und reüssiert haben? Manche von ihnen erlangten eine gewisse Prominenz. Doch in den Rängen des oberen Managements der Industrie, der Finanz- und Geschäftswelt trifft man sie in Frankreich, wo sie nur neun Prozent der gehobenen Ränge besetzen, noch seltener an als in Deutschland mit neunzehn Prozent – von den Vereinigten Staaten nicht zu reden, wo die Frauen einundvierzig Prozent der *cadres supérieurs* und der Direktionsposten eroberten.

Und wieder: warum die «exception française»? Dabei hat sich längst erwiesen, daß Frauen auch im Management produktiver zu arbeiten vermögen als manche Männer. Eine Prüfung der Bilanzen

von etwa zweiundzwanzigtausend französischen Unternehmen ergab, daß Firmen, die von Frauen geführt werden, profitabler sind
und dynamischer wachsen. Die Experten rechneten aus, daß bei
mittelgroßen Unternehmen, bei denen eine Frau den Chefsessel
einnimmt, eine Rendite von dreikommazwei Prozent erarbeitet
wird – gegen nur nullkommasechs Prozent im Durchschnitt. Das
Wachstum unter der Regentschaft von Chefinnen betrug fast siebzehn Prozent – gegenüber knapp sieben Prozent im männlich do-
minierten Schnitt. Bei den Kleinunternehmen ist das Verhältnis
ähnlich. Bei den großen freilich verbietet sich ein Vergleich, da nur
zwölf der fünfhundert wichtigsten Unternehmen von Frauen geführt werden.

Ich selber habe das Glück, eine tüchtige und überaus erfolgreiche Kleinunternehmerin zu kennen: unsere Freundin Roselyne,
die sich nach einer sinnvollen Arbeit umsah, als ihre Töchter
flügge zu werden begannen, denn sie wollte den Rest ihrer Jahre
keineswegs im Salon ihrer Pariser Wohnung verplaudern. So ver-
dingte sie sich an einige Weingüter, um das Handwerk einer Wein-
bäuerin zu lernen. Dann kaufte sie, von ihrem liebenswürdigen
Mann unterstützt, ein altes, verkommenes Weingut in unserer
Nachbarschaft, baute eine neue Kelter, die mit allen Errungenschaften moderner Weintechnik ausgestattet ist, pflanzte neue Re-
ben. Nach einer langen Geduldsprobe die ersten Ernten, die ersten
eigenen Weine, die sie mit solcher Sorgfalt gedeihen läßt. Sie ar-
beitet wie ein Pferd, diese schöne, elegante welterfahrene, auch be-
lesene Frau – und sie hat Erfolg. Mit welchem Stolz zeigt sie die
Medaillen vor, die sie mit ihren Weinen unterdessen gewonnen
hat. Mit welch strahlender Freude verweist sie darauf, daß ihr Rotwein nun auch auf der Weinkarte eines großen Pariser Restaurants
steht. Man darf Roselyne einen Glücksfall der tätigen Emanzipation nennen. Das Glück ist in der Tat mit ihrer Tüchtigkeit. Sie ist,
fürchte ich, eine Ausnahme.

Nein, von einem stürmischen Vormarsch der Frauen mag man nicht reden, eher von einem unendlich schwierigen Vorrücken in winzigen Schritten. Welchen Vers aber soll man sich darauf machen, verehrte Madame Guigou, daß die Barrieren, die dem Aufstieg der Frauen entgegenstehen, in Frankreich (wie übrigens auch in Deutschland) noch immer so hoch sind, während sich die Frauen generell mit solcher Selbstverständlichkeit in den allgemeinen Arbeits- und Erwerbsprozeß integrierten? Bei den Kadern im «Kleinmanagement» und unter den Technikern sind sie immerhin mit einundvierzig Prozent vertreten, und knapp hinter den Deutschen (während die Spanierinnen mit achtundvierzig Prozent, die Amerikanerinnen mit dreiundfünfzig Prozent und vor allem die Schwedinnen mit vierundsechzig Prozent weit voraus sind).

In der Tat arbeiten sechsundsiebzig Prozent aller französischen Frauen im Alter zwischen fünfundzwanzig und neunundvierzig Jahren. Das ist eine Art Rekord in der Welt. Er entspricht gewiß nicht nur einer Neigung, sondern auch einer Notwendigkeit: es braucht zwei Einkommen, um die hohen Kosten der Lebenshaltung zu erwirtschaften. Dies drückt sich auch in der Antwort auf die Frage aus, ob die Frauen einem größeren Einkommen oder einem Gewinn an Freizeit Vorzug gäben: fünfunddreißig Prozent der Französinnen optierten für das Geld und nur dreiundzwanzig Prozent für den Zeitgewinn.

Brigitte Sauzay bemerkte nicht zu Unrecht in ihrem schönen Tagebuch «Retour à Berlin», daß es in Deutschland noch immer ein Hauptberuf sei, Kinder zu haben. Weder der Staat noch der Zustand der Sitten ermutige die Frauen, es anders zu halten. Es gelte als nicht gut, Kinder einem anderen Menschen anzuvertrauen. Die deutschen Mütter, zumindest im Westen, seien über den Gleichmut entsetzt, mit dem französische Frauen ihre Kinder des Morgens in der Krippe ablieferten.

260

Die Zahlen und Hinweise, die ich aus Büchern und aus meinem Archiv zusammengekramt habe, sind Ihnen, Frau Ministerin, vertrauter als mir, dessen bin ich gewiß. Das Ideal der «Hausfrau», das in vergangenen Epochen für die Deutschen so wichtig war, scheint für Frankreich nur noch eine ferne Erinnerung. Es amüsierte mich, daß ein Pariser Freund mir erzählte, die perfekteste Hausfrau, die er kenne, sei ausgerechnet ein liebenswerter Transvestit: ein Geschöpf, das völlig in seiner geordneten Häuslichkeit aufgehe – der sorgsamen Vorbereitung jeder Mahlzeit, der sogenannten Raumpflege, die mit größter Umsicht vorgenommen werde, dem Waschen, dem Bügeln, der Dekoration, bei der es nicht an Nippes-Figuren, Rüschen, Spitzendeckchen und gestickten Kissen fehle.

Doch die Realität des Alltags ist für die meisten französischen Frauen sehr anders: sie müssen es zuwege bringen, vor und nach der Arbeit ihren Haushalt zu versehen, und sie müssen – womöglich noch für unangemeldete Gäste – oft genug ein Abendessen auf den Tisch zaubern, kurz: sie vereinen Beruf und Häuslichkeit mit einer Selbstverständlichkeit, wie ich sie zuvor nur bei den Frauen Amerikas beobachtet hatte.

Dort drüben ist vor allem die Armee ein Vehikel der Gleichberechtigung und der Emanzipation geworden: Soldatinnen stellen zehn Prozent der amerikanischen Streitkräfte. Ihr Anteil im Offizier-Corps ist womöglich noch höher, da fünfzehn Prozent der Kadetten in der Militärakademie von Westpoint junge Frauen sind – oft bei den Examina, ja auch bei den Mutproben den männlichen Konkurrenten weit voraus. Es gibt Generalinnen, und in den hohen Stäben, in denen die wichtigen strategischen und militärpolitischen Entscheidungen fallen, sind immer öfter weibliche Offiziere anzutreffen. Einer Pilotin, die bei der Air-force Kampfjets zu fliegen vermag, kann draußen in der zivilen Luftfahrt die Lizenz für Passagiermaschinen nicht verweigert werden. Ich erinnere mich, daß ich mit einem Jumbo von Los Angeles nach New York flog, bei dem eine Pilotin, eine Kopilotin und eine Ingenieurin in der Bordkanzel saßen: ein gutes Gefühl. Ich hätte mich nicht sicherer gefühlt, wäre die Maschine von einer männlichen Besatzung gelenkt worden.

Vor allem aber hilft es weiter, daß die Soldatinnen in den unteren Rängen bei den Streitkräften praktische Berufe erlernen, die ihnen draußen im zivilen Dasein verschlossen bleiben: ob Elektronik, Automechanik oder das Chauffieren von großen Transportern. In den mittleren Rängen wird ihnen oft ein technisches Studium geboten, das nach der Entlassung die Basis ihrer künftigen Existenz ist.

Es mag sein, daß sich auch die französische Armee mit dem Übergang zu einer professionellen Streitmacht, die Präsident Chirac angeordnet hat, stärker für die Frauen öffnet. Die Schwierigkeiten werden geringer sein als in Deutschland, wo die Feministinnen in der Regel entschlossene Pazifistinnen sind, die das Militärwesen für das Teufelswerk schlechthin halten und eine Frau in Uniform als eine Beleidigung ihrer tiefsten Überzeugungen betrachten.

Sie, Madame Guigou, wissen freilich so gut wie ich – nein, Sie wissen es besser, daß die technischen Berufe ein entscheidender Schlüssel zur Gleichberechtigung sind. In unser beider Ländern aber sind nicht viel mehr als drei Prozent der Studenten des Maschinenbaus Frauen, und in der Elektrotechnik sind es nur wenig mehr als vier Prozent.

Ob in der Berufswelt oder in der Politik und selbst beim Militär: nach einem klugen und amüsanten Wort von Françoise Giroud werden die Probleme der Frauen an jenem Tag gelöst sein, an dem sich eine Frau minderen Talentes den Zugang zu einem wichtigen Posten verschafft. Ich fürchte freilich, daß fürs erste das Bonmot von Brigitte Sauzay seine Richtigkeit behält, die in ihrem Journal bemerkte: «Man sagt, daß Frankreich das Land der Frauen ist; doch wahrscheinlich ist es in jeder Hinsicht vor allem angenehm, in unserem Lande ein Mann zu sein.»

Mit einem Lachen, das ein wenig verlegen ist, kann ich diese Bemerkung bestätigen: Frankreich ist durchaus ein angenehmes Land für Männer – weil ihnen, wie mir scheint, die Frauen trotz aller Lasten mit einem gelassenen Selbstbewußtsein begegnen, weil das Verhältnis der Geschlechter entspannter ist als drüben jenseits des Rheines, von den Vereinigten Staaten nicht zu reden.

Täusche ich mich mit der Vermutung, daß die Grundstimmung Frankreichs konservativer ist als die Deutschlands – obwohl die Deutschen nach ihren Instinkten politisch eher rechts gestimmt sind, während eine Mehrheit der Franzosen (manchmal, nicht immer) zur Linken tendiert? Soviel scheint mir gewiß zu sein: die sogenannte sexuelle Revolution hat in diesem Land, in dem die Beziehungen der Geschlechter seit jeher unbefangener waren und die Sitten angeblich lockerer, geringere Veränderungen bewirkt als bei den Nachbarn. Die offizielle Eheschließung kommt hier wie dort ein wenig aus der Mode. In Frankreich sind es immerhin vierzehn Prozent der Paare (das sind vierkommazwei Millionen Menschen), die ohne Trauschein zusammenleben. Oft genug wird die Ankunft eines Kindes in der Zeitung mit den beiden Namen der unverheirateten Eltern annonciert. Das nenne ich einen (kleinen) Fortschritt.

Ein weiter Exkurs, verehrte Madame Guigou, zu dem Sie mir den Anlaß gegeben haben. Natürlich erwarte ich nicht, daß Sie mir auf allen Wegen dieses Briefes und auf all seinen Seitenpfaden folgen. Sie haben anderes im Kopf. Falls Sie diese Zeilen jemals erreichen, wird sich gewiß ein hilfreicher Geist in Ihrem Vorzimmer finden (ob männlich oder weiblich), der Ihnen ein knappes Resümee meiner Erörterungen vorlegt – wie es auf jener Hochebene der Politik üblich ist, auf der Sie einherwandeln: für Fälle wie diesen sind die persönlichen Referenten zuständig.

Es wäre schön, wenn der Interpret, wenn die Interpretin in Ihrem Stabe die Güte hätte, Ihnen diesen einen Wunsch zu übermitteln: es würde mich vergnügt machen, wenn ich Sie eines Tages zur Ministerpräsidentin Ihres Landes (in einer europäischen Föderation) gewählt sähe. Oder als Präsidentin? Oder als Repräsentantin der politischen Union, die vielleicht noch zu meinen Lebzeiten Wirklichkeit wird, wenn auch nicht mehr in diesem Jahrhundert? Daß sie Ihren europäischen Überzeugungen treu bleiben, wohin der Weg Sie auch immer führen mag – dessen bin ich gewiß.

Ich versichere Sie meines aufrichtigen Respektes und meiner herzlichen Sympathie

Ihr
Klaus Harpprecht

KAPITEL 17
Europäische Heimkehr

Wo ziehen die Gedanken hin? Verharren sie in unserem südlichen Winkel, in dem wir für den Rest unserer Tage bleiben wollen, in dem wir ein Häuschen gebaut und unseren Garten bestellt haben, wo die Nachbarn grüßen und auf der Dorfstraße gern für einen Schwatz einhalten? Oder wandern sie nach Virginia hinüber, wo die Luft flimmernd über den Wäldern steht und die Berge nur noch eine Ahnung hinter dem weißblauen Dunst des September sind: letzte Glorie des Sommers, ehe sich das Laub rot und gelb verfärbt – Farben, die leuchten wie sonst nirgendwo auf der Welt?

Manchmal, nicht zu oft, kehren sie nach Schwaben zurück, in das Städtchen am Neckar, in dem sich das Gemüt des Knaben an manchen Abenden so hoch über die Dächer hinaufschwang, wenigstens bis zu den Zinnen des ländlich-wuchtigen Turms der Sankt-Laurentius-Kirche. Oder zu den Sonntagen, an denen Kapellmeister Greis zum Taktstock griff und die Trompeten gleißen, die Hörner schwelgen, die Klarinetten hopsen, die Fagotte blöken und die Pauke dröhnen ließ, während die Tuba im Takte mitrülpste wie eine besoffene Kuh. Die Blechbläser nutzten jede Pause, sich mit großen Sacktüchern den Schweiß von den Glatzen zu wischen und – das vor allem – die Mundstücke abzuschrauben: aus den Röhren ihrer Instrumente ergossen sich allemal, von dem Rotzbuben bestaunt, Ströme von Spucke aufs Nürtinger Pflaster.

Dies schien dem Knaben, aus welchem Grunde auch immer, überaus männlich, wenngleich nicht behaglich zu sein. Vielleicht ahnte er einen Zusammenhang mit den Bier- und Mostkrügen, die von den Musikanten immerzu in langen Zügen geleert wurden. Er hätte sich nicht träumen lassen, daß er mehr als ein halbes Jahrhundert später in unserem südlichen Winkel rotgesichtige Mädchen aus Schwaben – manche ein wenig stämmig, andere schlank, adrett allesamt – bei der nämlichen Verrichtung beobachten würde: wie sie fachgerecht und unbefangen ihren (wie wir annehmen) feineren und zarteren Speichel aus den Hälsen der Trompeten schüttelten, wenngleich nicht in gleicher Üppigkeit wie die Bläser des Nürtinger Musikmeisters Greis.

Dafür handhaben die zahlreichen Damen des Blasorchesters von der Alb ihre Instrumente mit einer Virtuosität – in schönster Harmonie mit den takt- und tonsicheren Herren –, die alle Nürtinger Künste weit hinter sich ließ, obschon das Städtchen am Neckar damals zehntausend Bewohner zählte, während das bescheidene Dorf, aus dem die Kapelle zu uns in den Süden reiste, nur neunhundert Seelen aufweist, irgendwo hinter Bad Urach gelegen, eingebettet in die melancholisch-karge Landschaft des schwäbischen Berglandes: einiges Fachwerk, Pferde, die in der Umgebung gezüchtet werden, und viele Schafe, die dekorativ auf den Wiesen herumstehen.

Der junge Bürgermeister – im Hauptberuf Polizeibeamter – und der Kapellmeister verrieten dem Publikum unseres provenzalischen Nestes nicht, wie sie es anstellten, in ihrem Flecken ein Orchester von fünfzig Bläsern zu rekrutieren – und eines, das es in sich hat: daran gab es schon nach der Ouvertüre keinen Zweifel. Mit schwellend-orgelndem Vollklang ließen sie die französisch-barocke Eurovision-Musik durch unsere Festhalle rauschen. Monsieur le Maire horchte auf, und sein erster Stellvertreter spitzte den Mund: der eine Apotheker, der andere Arzt, dem wir das Pflegeheim für die Alten und Siechen verdanken, alle beide Zeugen für die enge Verbindung zwischen der Heilkunst und der Lokal-

266

Schwäbisch-provenzalisches Konzert

politik, die in Frankreich so üblich ist, vermutlich weil Mediziner und Pharmazeuten ihre Pappenheimer besser kennen als andere und darum die Konkurrenz bei den Kommunal-Wahlen leicht aus dem Feld schlagen.

Die schwäbische Musik schoß dem Apotheker und dem Doktor rasch ins Blut. Als das Ensemble zu einem *pot-pourri* französischer Melodien anhub, das der Dirigent eigens für diesen Auftritt arrangiert hatte, sangen die beiden aus vollen Hälsen und mit ihnen der halbe Saal, den Rosa, die kleine und energische Dame italienischer Herkunft, einst unsere Briefträgerin, als Mitglied des Festkomitees in ehrenamtlicher Eigenschaft dekoriert hatte: «Auprès de ma Blonde ...», «Viens, viens, viens, ma Nanette ...», sangen Gemeindevorstand und das Volk von Port Madeleine mit wachsendem Enthusiasmus, «Sur le pont d'Avignon ...» und «Quand reviendra le temps des cérises ...» Ach, die schöne Zeit der Kirschen ... Gefühlsstark erklang danach das nie verwelkende Lied: «Boire un petit coup, c'est agréable ...» Unsere lokalen Tenöre, Baritone und Bässe zeigten, daß sie eindrucksvolle Dezibel-Ziffern produzieren konnten, überstrahlt von den Sopranen, die dank der Begeisterung manchmal in Höhen hinüberschwappten, die ihnen durch Natur und Kunst nicht geschenkt waren.

Seit einigen Tagen belebten die Musikanten aus Schwaben unsere Gassen mit ihren rot-grün-braunen Trachten. Sie hatten die laue Stimmung dieser Saison durch ein Platzkonzert belebt und auch drüben auf dem Markt von Saint-Tropez aufgespielt. Die *soirée franco-allemande* in der *salle de fête* war der Höhepunkt ihrer Visite.

Artige Ansprachen zu Beginn, von denen nicht weiter die Rede sein müßte, wäre Monsieur le Maire nicht auf den Einfall geraten, den ältesten und den jüngsten der Musiker an seine Seite zu bitten: der eine über siebzig, der andere eben fünfzehn geworden. Der Veteran, sagte der Bürgermeister, habe die ganze Bitterkeit des Jahrhunderts und die Bosheit des nationalistischen Furors am eigenen Leibe erfahren. Er habe Frankreich als Soldat der Wehrmacht und somit als Feind kennengelernt. Nun sei er als Freund wiedergekommen. Der junge Mann zu seiner Rechten aber: für ihn sei die Union der Europäer eine selbstverständliche Realität, die zu seinem und zu unserem Leben auf ganz natürliche Weise gehöre. Der Applaus der Bürger war herzlich.

So könnte sich nun, wenn nicht alles trügt, eine *jumelage* zwischen dem schwäbischen und dem provenzalischen Dorf anbahnen: es wäre die eintausendsiebenhundertachtundsechzigste Partnerschaft zwischen deutschen und französischen Gemeinden. Unsere Munizipalräte hätten sich lieber, um die Wahrheit zu sagen, mit einem der hübschen Schwarzwald-Städtchen liiert: *la Forêt Noire* – das hat für Frankreich einen magischen Klang. Die Nachbarn waren rascher. Ein altes Städtchen der Nachbarschaft ist zum Beispiel mit Wildbad verbündet, ein funkelnagelneuer und auch ein bißchen neureich-populärer Badeort (samt Spielkasino) mit Wolfach, ein dritter Ort im Umkreis mit Neuenbürg.

Behaupte nur keiner, die geschwisterlichen Bindungen seien vor allem Anlaß zur Demonstration fragwürdiger und etwas verkitschter Folkloren, vor allem aber zu spesenträchtigen Lustreisen für die Mandatsträger, die sogenannten, und die gehobenen Bürokraten. Nichts da. Durch den intensiven Austausch der vergangenen Jahrzehnte haben sich vielleicht ein Viertel bis ein Drittel der eingesessenen Bürger kennen- und oft sogar schätzengelernt. Überdies ist es einem engagierten Pädagogen geglückt, den Deutschunterricht zu einer gewissen Blüte zu entwickeln, womit er leider nur selten Schule gemacht hat. Es wurden auch zarte Bande geknüpft.

Niemand soll sagen, dies sei politisch ohne Belang. Mancher, der die Nase hochträgt, hat unterdessen gelernt, daß die deutsch-französische *entente* dank dieser Partnerschaften Wurzeln in den Völkern zu schlagen beginnt: eines der kleinen Wunder in der Bilanz dieses düsteren Jahrhunderts.

So war kein Ton vergeudet, den die Schwaben bei der *soirée franco-allemande* aus vollen Backen bliesen. Als auf dem Höhepunkt des Festes – der Rosé tat das Seine – die prächtigste und mächtigste der Serviererinnen samt Tablett und zwei Dutzend Gläsern zu Boden ging, nahm der Jubel kein Ende: Scherben und Glück. Zwei Augenblicke später stand Jean-Loup mit der Schaufel parat, und ein schwäbischer Trompeter hatte den Kehrbesen in der Hand. Die zwei räumten miteinander auf: das hatte seine Komik, aber es war auch auf biedere und ein wenig rührende Art symbolisch. Dann ging es weiter: die Klarinetten juchzten, die Tuba brummte, die Pauke paukte, die Trompeten glänzten, der Speichel floß. Es wurde getanzt bis spät in die Nacht.

Natürlich ist die deutsch-französische Verständigung in erster Linie von gemeinsamen Interessen diktiert und nur beiläufig auch eine Frucht der Zwillingsfeste und Partnerschaften. Die Verschwisterungen der Städte und Dörfer helfen jedoch, ein Netz menschlicher Verbindungen zu knüpfen, die niemals unterschätzt werden dürfen, übrigens auch nicht auf der Ebene, die man gern die höhere nennt: in der Politik.

Es ist nicht gleichgültig, daß die mächtigen Herren dort oben (und die zu seltenen Damen) einander mit guter Regelmäßigkeit begegnen, oft jede Woche, wenn es der Terminkalender der europäischen, der atlantischen, der bilateralen Institutionen und Gremien so will. Glaube nur keiner, daß die Gespräche unter den Staatsleuten stets dem Reglement einer strikten Sachlichkeit unterworfen seien. Je öfter sie einander sehen, um so weiter treten die Ansprüche des Protokolls zurück. Sie kennen die Gewohnheiten des anderen, die Seltsamkeiten, die Scherze, auch die Eitelkeiten und Schwächen. Die diplomatischen Gehilfen, die in der Regel das Kommuniqué ausgearbeitet haben, noch ehe die Sitzung beginnt, wissen sehr genau, wer sich mit wem versteht, wer wen langweilt und wer wem auf die Nerven geht. Sympathien und Antipathien setzen die «objektiven Gegebenheiten», die sogenannten, nicht außer Kraft, doch sie können den Fortgang der Dinge aufhalten oder ihn beflügeln, und sie setzen, kein Zweifel, ihre Akzente.

Die Staatsleute schätzen das artig bezeugte Interesse des anderen, sie sind für Höflichkeiten empfänglich und gegen Schmeicheleien nicht immun, wahrhaftig nicht. Sie haben sich allesamt den raschen Umgang mit einem gesellschaftlichen Begriff der Freundschaft angeeignet, wie er in Paris üblich ist. Sie sind schnell bereit, einander *mon cher ami* zu nennen und auf angelsächsische Art mit dem Vornamen anzureden. Das muß nicht viel bedeuten – aber es kann sein eigenes Gewicht gewinnen. Persönliches Vertrauen setzt die Interessen nicht außer Kraft. Aber es macht den Zugang zur Denkwelt des anderen leichter.

Zum Beispiel bezeichnete man einst die Beziehungen zwischen dem deutschen Kanzler Willy Brandt und dem französischen Präsidenten Georges Pompidou als korrekt und eher kühl, und in der Tat: der gaullistisch-konservative Gymnasialprofessor aus der Auvergne schien dem schwerblütig-norddeutschen Sozialdemokraten eher fremd zu sein. Es war kein Geheimnis, daß der französische Staatschef die deutsche Ostpolitik mit einem Anflug von Unbehagen beobachtete, von der Furcht berührt, der Nachbar über den Rhein könnte von neuem versucht sein, sich auf die Wanderschaft zwischen Ost und West zu begeben. Ohnedies war es ihm unheimlich, mit dem deutschen Partner sozusagen allein in Europa zu sein: darum fegte Pompidou alle Vorbehalte seines Mentors de Gaulle kurzerhand vom Tisch, und er lud England ein, sich der Europäischen Gemeinschaft von Brüssel anzuschließen (ohne genau zu bedenken, daß er damit auch den Vorbehalten der Briten gegenüber dem Prozeß der Integration in der Gemeinschaft selbst ein

Wirkungsfeld schuf – und sie zögerten in der Tat keinen Augenblick, das Bremser-Häuschen des europäischen Zuges zu besetzen).

Im Gang der Jahre aber schien zwischen dem Präsidenten und dem deutschen Kanzler eine vorsichtige Sympathie gewachsen zu sein. Bei ihrer letzten Konferenz, Pompidou war schon ein todkranker Mann, bat er Willy Brandt zu einem Gespräch unter vier Augen, bei dem er mit großem Ernst erklärte, er könne für sich und seine Nachfolger versichern, daß die französisch-deutsche Partnerschaft eine zuverlässige Konstante der Politik seines Landes sei. Dann fragte er, ob der Kanzler dies für Deutschland bestätigen könne. Nach einer Minute der Besinnung bekräftigte Brandt, dies treffe für ihn und für jeden denkbaren deutschen Regierungschef zu, wohl auch für den Bayern Franz Josef Strauß, der sich Hoffnungen machte, sich eines Tages als Kandidat der Unionsparteien um das Kanzleramt zu bewerben. Ein bewegender Augenblick.

Die Aufmerksamkeit des Hanseaten Helmut Schmidt, der Brandt in der Kanzlerschaft ablöste, war von jeher eher auf Großbritannien und auf die Vereinigten Staaten gerichtet. Nirgendwo stand geschrieben, daß in seiner Ägide die deutsch-französischen Beziehungen eine besondere Intensivierung erfahren würden. Daß es so kam, erklärt sich gewiß zum guten Teil aus dem Zwang des Vernünftigen und Notwendigen. Doch es half, daß ihn mit seinem französischen Gegenüber Valéry Giscard d'Estaing eine freundschaftliche Aufmerksamkeit verband (während sein Verhältnis zum amerikanischen Präsidenten Jimmy Carter von einer gegenseitigen Abneigung bestimmt zu sein schien, die von Regungen des Hochmuts nicht frei war).

Ein merkwürdiges Paar: der französische Aristokrat mit seinen eleganten Manieren, seiner Weltläufigkeit, seinem Vergnügen an den hübschen Zerstreuungen der Jagd und den Pariser Salons – und an seiner Seite der politische Intellektuelle norddeutscher Prägung, entschlossener Aktivist zum einen, zum anderen gern Immanuel Kant mit seinem kategorischen Imperativ zitierend, an gesellschaftlicher Geschliffenheit wenig interessiert und eher durch die Herkunft aus einem Hamburger Reihenhaus geprägt. Die beiden schienen nicht für eine Freundschaft geschaffen zu sein – und doch wurde ihre enge Beziehung eine bestimmende Realität der europäischen Politik.

Niemand hätte es gewagt, die herzliche Verbundenheit vorherzusagen, die in den langen Jahren gemeinsamen Regierens zwischen dem sensibel-nervösen französischen Präsidenten Mitterrand und dem deutschen Mannsberg Helmut Kohl wachsen würde. Doch die Franzosen (und die Deutschen) begriffen sehr wohl, daß die Tränen des Kanzlers bei der Totenmesse für den Partner in Notre-Dame aufrichtige Trauer ausdrückten – und ein Bekenntnis der politischen Treue waren. In der Tat: die Tränen, die unter dem Blick der Fernsehkameras langsam über die Wangen des mächtigen Mannes rollten, bewiesen den Franzosen, daß in Helmut Kohls gewaltiger Brust nicht nur teutonische Kraft, sondern auch ein fühlendes Herz wohnt. Anders als ihre deutschen Kollegen hatten die französischen Journalisten Kohls europäische Verläßlichkeit und Beständigkeit stets geschätzt, doch nun verstanden sie, daß sich Frankreich einen solideren Partner nicht wünschen konnte.

Lassen wir dahingestellt, ob es denn zutrifft, was der Wirtschaftsjournalist Gabriel Milesi in seinem «Roman des Euro» über den stürmischen Umgang zwischen Jacques Chirac und Helmut Kohl zu berichten wußte: 1996, beim Gipfeltreffen in Dublin, als wieder einmal die Kriterien für die gemeinsame Währung und den Stabilitätspakt zur Debatte standen, hätten sich die beiden angebrüllt, ließ uns der Kollege wissen, ja die beiden Riesen hätten von ihren Gehilfen beschwichtigt werden müssen, als sie einander an den Kragen zu gehen drohten. Harte Worte mögen gefallen sein, aber es sind Zweifel erlaubt, daß der französische Präsident und der deutsche Bundeskanzler sich zu handgreiflichen Gesten hinreißen ließen. Überdies hat man sie unterdessen des öfteren ein schäumendes Bier miteinander trinken sehen.

Übrigens wies uns Monsieur Milesi auch darauf hin, daß die Argumente in den Debatten über die gemeinsame Währung mitunter von geradezu entwaffnender Schlichtheit waren: der Deutsche habe sich gegen den französischen Vorschlag gewehrt, die gemeinsame Währung nach dem alt-französischen Begriff «Écu» zu benennen, weil ihn das an eine Kuh erinnere, die Franzosen hätten sich gegen die «Euro-Mark» gesträubt, ohne Zweifel weil sie sich allzu deutsch ausnahm, der «Franken» habe die Spanier zu sehr an Franco erinnert, doch ihr Ministerpräsident Felipe Gonzáles sei es gewesen, der als erster vom «Euro» gesprochen habe, auf den sich die Partner schließlich einigten, obwohl die Griechen darauf hinwiesen, daß jenes Wort in ihrer Sprache nichts anderes als «urinieren» bedeute.

Die Anedokte vom Zusammenstoß des französischen Präsidenten mit dem deutschen Bundeskanzler bewies immerhin, daß beide Herren über ein bemerkenswertes Temperament verfügten; das Jacques Chiracs mochte ein wenig jäher sein als das des breiteren und behäbigeren Helmut Kohl. Sie deutete ferner an, daß es unrealistisch wäre, von den Franzosen stets eine Demonstration cartesianischer Logik zu erwarten – angeblich eine Nationaltugend, die vermutlich nur ein Gerücht ist – und den Deutschen jene unbeirrbare Sachlichkeit zuzuschreiben, mit der sie sich selber so gern schmeicheln. Sie zeigt vor allem – dies ist die schlichte Wahrheit –, daß die deutsch-französische Sonderbeziehung nicht immer ein Liebesfest ist. Im Gegenteil – je mehr die beiden Staaten und ihre Repräsentanten aufeinander angewiesen, je enger verflochten ihre Interessen, je häufiger und alltäglicher die Kontakte sind – um so größer scheinen mitunter die Reizbarkeiten, die Spannungen, die Frustrationen und der Ärger zu sein. Man mag von einem mühseligen Prozeß der Gewöhnung und gegenseitigen Erziehung sprechen.

Das ist kein Anlaß, sich enttäuscht voneinander abzuwenden, schon darum nicht, weil Scheidung und Trennung gar nicht mehr möglich sind – es sei denn um den Preis einer Krise, an der vermutlich alle beide zugrunde gingen. Literarisch bewegte Geister, die sich von einer enthusiastischen Phantasie überwältigen ließen, deuteten – dies blieb nicht unerwähnt – die Tragödien im französisch-deutschen Verhältnis, die Europas Geschichte so lange überschattet haben, gern als einen Spiegel des traurigen Mythos von Tristan und Isolde. Das Thema taugt nicht für Scherze, aber der Hinweis ist unumgänglich, daß von einem Liebestod nicht die Rede sein kann, sondern vom Alltag einer Ehe, die ihre dunklen und ihre heiteren Tage kennt.

Diese Feststellung macht nichts einfacher, zumal die männlich-weiblichen Rollen nicht eindeutig zugeteilt, sondern von Tag zu Tag und in immer neuen Konstellationen auswechselbar sind. Sicher ist nur: ohne das deutsch-französische Paar gibt es die Europäische Union nicht. Es fehlte nicht an Erwägungen, ob diese problematische Zweisamkeit durch ein *ménage à trois* eine gewisse Entlastung erführe: ob, mit anderen Worten, nicht Großbritannien dazu eingeladen werden müßte, sich zu den beiden Kontinentalpartnern zu gesellen. Zuletzt scheint Lionel Jospin, der hinter seiner puritanischen Strenge womöglich eine zarte Ängstlichkeit verbirgt, dem so jungenhaft-frischen Tony Blair Avancen gemacht zu haben.

Das mochte so sein oder auch nicht: in Wirklichkeit war Großbritannien niemals bereit, sein Geschick so vorbehaltlos mit dem Frankreichs und Deutschlands zu verknüpfen, wie eine Triple-Allianz es verlangte. Der Rest von Unabhängigkeit, den die Lenker des Vereinten Königreiches zu behaupten versuchen, ist zwar eine Illusion, wie sich immer wieder herausstellte, doch kein englischer

Regierungschef ist bereit, auf sie zu verzichten. Der Glaube an die Unwirklichkeit hat, wie man weiß, seine eigene Wirklichkeit. Der kluge Jacques Delors meinte, wenn sich die Deutschen von den britischen Vorbehalten verführen ließen, dann bedeutete dies, daß Europa ein Wirtschaftsraum ohne politisches Ziel sei: «Das wäre Adam Smith auf der ökonomischen Ebene – und Metternich auf der politischen.»

Nein, es geht nichts ohne Frankreich und Deutschland. Niemand, der in Paris oder in Bonn Verantwortung übernahm, konnte der Pflicht zur Verständigung ausweichen. Der Zwang der Notwendigkeit fragte nicht danach, ob einer zu einer deutsch-französischen Sonderbeziehung geneigt sein mochte oder nicht. Dies traf für General de Gaulle wie für Georges Pompidou, für den frankreichfremden Ludwig Erhard wie für Willy Brandt, für Helmut Schmidt wie für Helmut Kohl, für Giscard d'Estaing wie für François Mitterrand und schließlich für Jacques Chirac zu. Nicht jeder, aber manche der Herren verbargen in ihrem Busen einen Saulus, der zum Paulus wurde. Präsident Chirac war sowenig wie François Mitterrand von seiner geistigen Prägung und seinem politischen Weg dazu bestimmt, sich für die Verständigung mit den Deutschen voller Leidenschaft ins Zeug zu werfen. Hier ist in Wirklichkeit eine historische Logik am Werk, der sich am Ende keiner widersetzen kann.

Der Prozeß der Aussöhnung, der Gewöhnung und der wachsenden Gemeinsamkeit war von Beginn an eine Folge von Krisen. Die Augenblicke herzlicher Eintracht wurden stets rasch von Konflikten verdrängt, die manchmal offen zutage traten, manchmal auch im Hintergrund brüteten. Fast niemals gelangten die Partner bei den Verhandlungen jubelnd und mit hocherhobenen Armen ans Ziel, sondern sie schleppten sich meist mühselig in langen Nachtsitzungen ihren Erfolgen entgegen. Man näherte sich der Einheit Europas selten in eleganten Sprüngen, sondern stolperte in der Re-

275

gel auf sie zu, immer außer Atem, entnervt und mit hängender Zunge.

Indes, die zähen und oft furchtlosen Diskussionen, die täglichen Zerfereien, die kleinen Kränkungen, die unvermeidlichen Enttäuschungen – sie schufen im Fortgang der Jahre ihre eigene Intimität. Oft schien die Verständigung ein Produkt von tausend Mißverständnissen zu sein. Vermutlich verhält es sich wie in einer alten Ehe: die Partner werden einander ähnlicher, und sie gleichen sich schließlich wie Bruder und Schwester.

In der Tat könnte man sagen, daß Frankreich in den letzten Jahrzehnten ein wenig deutscher und Deutschland ein wenig französischer geworden sei. Der Geist unserer Nachbarn schien sich zum Beispiel dem protestantischen Erbe des Landes zu öffnen, während die Deutschen – zumindest in der alten Bundesrepublik – im breiteren Sinn des Wortes ein wenig katholischer geworden sind. Es ist auch die Frage, ob sich die Deutschen noch immer dem Aberglauben hingeben, daß die Arbeit adelt. Ihr Interesse richtet sich eher auf jene Art Zeitvertreib, für den sie den aufwendigen und ein wenig peinlichen Begriff «Freizeitgestaltung» erfanden. Niemand kann ihnen noch länger vorwerfen, daß sie lebten, um zu arbeiten, statt zu arbeiten, um zu leben, wie es französischer Gewöhnung und Gesinnung entsprach. Ja, man könnte behaupten, daß sich die Deutschen die Kunst des guten Lebens mit einer Art von Verbissenheit aneigneten, wie denn auch festgestellt werden darf, daß sich nur wenige Franzosen die Kunst der feinen Küche mit solcher Verve anzueignen versuchen wie heutzutage ihre deutschen Zeitgenossen, ob Männer, ob Frauen, die sich dem Herd gern mit dem Qualitätsbewußtsein von Mercedes-Konstrukteuren und weltanschaulicher Feierlichkeit nähern.

Freizeit, Ferien und ein früher Rückzug ins Rentnerdasein, die einst als die absoluten Daseinsideale des Monsieur Dupont galten, beherrschten bis zum Einbruch der großen Arbeitslosigkeit mehr und mehr auch die Gemüter der Deutschen. Zum anderen wurden die Franzosen nicht müde, sich selber zu einem Arbeitsethos zu mahnen, in dem sich einst vor allem die deutsche Tüchtigkeit, die angebliche, erfüllt hat. Ist es völlig gleichgültig, daß die Franzosen, die ohnedies hundenärrisch sind, mehr deutsche Schäferhunde halten als die Deutschen selber?

Nein, die alten Vorurteile treffen nicht mehr zu – soweit sie denn jemals der Wahrheit entsprachen. Es kann nicht oft genug gesagt werden, daß ihre Mystifizierung und Mythisierung durch die sogenannte Völkerpsychologie in Wirklichkeit stets prätentiöser Unsinn waren.

Wohl aber muß gefragt werden, ob die zunehmenden Verschränkungen der Interessen und Entsprechungen der Mentalitäten seit dem Fall der Berliner Mauer und der deutschen Wiedervereinigung nicht in Frage gestellt sind. Kann die «Berliner Republik», deren Anbruch im rechten Gelände der deutschen Politik allzu lauthals verkündet wird, eine genauso anpassungsfähige und zuverlässige Partnerin sein, wie es die Bonner Republik war? Ist das größere Deutschland nicht zu mächtig geworden, um sich der Europäischen Union mit gleicher Selbstverständlichkeit einzufügen, wie man es von der rheinischen Republik gewohnt war? Oder ist es umgekehrt: Hat die herkulische Aufgabe, die einstige Deutsche Demokratische Republik durch einen finanziellen Transfer von phantastischen Ausmaßen auf das Niveau des Westens zu heben, Deutschland und die Deutschen nicht für lange Jahre zu einem Zustand der Schwäche verurteilt, der ihrem Selbstbewußtsein nicht zuträglich ist? Ist der Versuch, in Berlin gleichsam über Nacht eine Hauptstadt, ja eine hypermoderne Weltstadt aus dem Boden zu stampfen, nicht ein Signal, daß auf dem Hintergrund jener Schwäche, ja aus ihrem Bodensatz wieder ein Geltungsbewußtsein wilhelminischer Art wuchern könnte?

Niemand, der vernünftigen Sinnes ist, spricht noch vom «Vierten Reich», wie es im ersten Schock nach dem Zusammenschluß der beiden deutschen Staaten nicht unüblich war. Doch mit begreiflicher Besorgnis wurde in Frankreich registriert, daß sich die europäischen Verhandlungen mit den Deutschen schwieriger anließen – nur an die Hysterie zu denken, mit der dieser oder jener aufgeplusterte Provinzdemagoge so schrill die strikte Einhaltung der Kriterien von Maastricht verlangte, denen die Deutschen selbst nur mit gymnastischer Mühe zu genügen vermochten. Die Zeloten vergaßen dabei, daß die Deutschen keineswegs die Zahlmeister Europas waren, wie sie es sich – nach dem unbedachten Wort eines sozialdemokratischen Ministers – so oft eingeredet haben, und daß sie erst recht nicht dazu berufen sind, die Schulmeister der Europäer zu spielen.

Doch plötzlich zeigte sich selbst Bundeskanzler Kohl nicht mehr so rasch bereit, auf nationale Souveränitätsrechte zugunsten Europas zu verzichten. Daniel Vernet – Chefkommentator von «Le Monde» für internationale Fragen und ein Beobachter von unbestechlicher Fairneß – schrieb mit ruhigem Wirklichkeitssinn, daß sich die Bundesrepublik lange in einer Lage befunden habe, die exakt die umgekehrte der französischen gewesen sei: für Paris «war jede Übertragung von Souveränitäten eine Amputation und damit ein Opfer», für Bonn im Gegenteil «jeder Transfer (von Rechten) an Europa ein Weg, jene Souveränität wiederzufinden, die ihm durch die Teilung und das Statut der vier Siegermächte über das Reich vorenthalten» war. Die Zeit sei vorbei, schrieb Vernet, in der Außenminister Hans-Dietrich Genscher rufen konnte: «Je europäischer unsere Außenpolitik ist, um so nationaler ist sie auch.» Der Pariser Chronist fuhr fort: nach der Integration Deutschlands in die internationale Gemeinschaft bestehe nicht mehr die Notwendigkeit, sich an Europa zu heften, um akzeptiert zu werden: «In diesem Sinn hat sich seine Politik normalisiert.»

Drei Dinge, hatte einst General de Gaulle dem Kanzler Ade-

nauer beschieden, könne «das erniedrigte und belastete Deutschland» von Frankreich erbitten: erstens seine Unterstützung bei
der Wiedergewinnung des Respektes und Vertrauens der anderen
Nationen; zweitens Sicherheit gegenüber dem sowjetischen Lager; drittens die Anerkennung seines Rechtes auf Wiedervereinigung.

«Genauso war es, aber so ist es nicht mehr», bemerkte dazu Josef Joffé, der außenpolitische Redakteur der «Süddeutschen Zeitung». Trotzdem bleibt jeder europäische Fortschritt auf das
«deutsch-französische Tandem» angewiesen. Aber ist es noch so,
daß die Deutschen – wie einst in der alten Bundesrepublik – vor
Eile und Eifer zappelnd einem europäischen Bundesstaat zustre-
ben? Auch sie haben sich längst General de Gaulles Votum für ein
«Europa der Staaten» zu eigen gemacht. Freilich ist zu fragen, ob
man beides zugleich und nebeneinander wollen kann: die Fortexi-
stenz der Nationalstaaten in ihrer historischen Prägung *und* die
europäische Einheit. Wäre dies nicht die Quadratur des Kreises?

Der große Historiker Jacques Le Goff deutete an, daß Charles de
Gaulles «Europa der Nationen» die Wirklichkeit nicht länger be-
schreibe; «das zukünftige Europa», sagte er weise, «wird ein Europa sein, daß die Nationen bewahrt, indem man sie zusammenleben läßt und ihnen wichtige supranationale Instrument wie etwa
den Euro» gibt. Er sagte aber auch, «als Historiker» wisse er, «daß
jeder Versuch einer überhasteten Etablierung einer Föderation
Widerstände auslöst, die das Projekt scheitern lassen können». Die
Regierungen, mahnte er, sollten eine Art «vorausschauender Bilanz» aufstellen, die verdeutlicht, was Europa den Staaten nimmt
und was es ihnen hinzufügt. Es würde sich dabei ergeben, daß die
einzelnen Länder dabei viel gewännen. Dann plädierte dieser be-
wunderte Kenner der Geschichte des Mittelalters für die Stärkung
der Regionen – und darüber hinaus für eine «europäische Kultur»
der Werte, des kritischen Geistes, «der die Idee der Freiheit und des

Zweifels in sich trägt». Dieser kritische Geist könne Europa künftig «vor dem Absturz in die Gefilde des Irrationalen» bewahren.

In Wirklichkeit entwickelt sich der europäische Staatenbund ohne Vorsatz und Planung längst zu einer Gemeinschaft, die Züge eines Bundesstaates trägt. Die gemeinsame Währung wird diesen Gang der Dinge beschleunigen. Die Nationalstaaten übertragen – ohne Enthusiasmus, doch der Logik ihres Zusammenschlusses gehorsam – immer mehr Rechte und eine wachsende Macht auf die Institutionen von Brüssel. Die Europäische Union wurde zu einem Gebilde zwischen Staatenbund und Bundesstaat, für das, seltsam genug, noch kein Name und staatsrechtlicher Begriff gefunden wurde. Wäre «Konföderation» das rechte Wort? Aber wie übersetzte man es ins Deutsche, ohne auf den veralteten und fragwürdigen «Staatenbund» zurückzufallen, der im neunzehnten Jahrhundert zu Hause ist und überdies die Wirklichkeit nicht exakt bezeichnet? Vielleicht stärkt die Namenlosigkeit das Unbehagen, mit dem wir manchmal das Entstehen dieses supranationalen Wesens verfolgen, zumal die Privilegien und Zuständigkeiten des Europäischen Parlaments noch immer viel zu schwach sind: ein Mangel, für den nicht nur der mißtrauische Unwille der Regierungen, sondern vor allem die Eifersucht der nationalen Volksvertretungen verantwortlich ist.

Nur wenige Politiker beweisen den exemplarischen Mut der klugen Élisabeth Guigou, einst die Europa-Ministerin in den Regierungen der Ära Mitterrand, die ein europäisches Nationalbewußtsein forderte. Sie war damit zu ihrer Zeit den meisten ihrer Landsleute voraus. Aber keine ihrer deutschen Kolleginnen und kein deutscher Politiker brachte diesen Mut auf. Und die deutsche Publizistik, die dafür einst prasselnden Beifall geleistet hätte, schwieg – desinteressiert oder betreten. Die Schranken an den Grenzen sind längst gefallen – die intellektuellen Schranken aber wollen nicht weichen.

Manchmal, in Port Madeleine oder irgendwo auf der Schwäbischen Alb, mag man den Eindruck gewinnen, daß die Bürger unterdessen den Politikern, den Journalisten, den Professoren voraus sind.

Eine Untersuchung der Meinungsforscher in Deutschland und Frankreich ergab, daß die Menschen hüben und drüben zu mehr als achtzig Prozent von der entscheidenden Rolle der deutsch-französischen Entente für die Zukunft Europas überzeugt sind (doch die positiven Antworten der Franzosen waren denen der Deutschen um fünf Punkte voraus). Fast die Hälfte der französischen Bürger befanden, daß Deutschland und Frankreich gemeinsam voranschreiten sollten, was immer die Position der anderen Länder sei, aber nur ein Drittel der Deutschen schloß sich dieser Einsicht an. Zwei Drittel der Franzosen neigten einer Mehrheitsentscheidung in den Institutionen der Europäischen Union zu – unter den Deutschen waren es vier Prozent weniger. Die frappierendste Auskunft: einundsiebzig Prozent der Franzosen sagten, daß die Deutschen die Konstruktion Europas wollten, doch nur siebenundfünfzig Prozent der Deutschen billigten den Franzosen die Bereitschaft zum Aufbau Europas zu. Die *entente franco-allemande* aber hielten beide Völker mit sechsundsiebzig und siebenundsiebzig Prozent für notwendig und wichtig. Die Franzosen waren einst noch weiter gegangen: in den sechziger Jahren meinten fast siebzig Prozent, daß sie unter einem deutschen Regierungschef leben könnten – und damals wollten immerhin mehr als die Hälfte der Deutschen einen Franzosen als Chef ihrer Regierung akzeptieren.

Spätere Umfragen stimmten skeptischer. Sie machten darauf aufmerksam, daß sechzig Prozent unserer Landsleute die deutschfranzösische Freundschaft als einen Mythos betrachten, der nur «in den Köpfen der Politiker existiert». Lediglich achtundzwanzig Prozent der jungen Leute unter den Befragten fanden, daß es «eine echte Verbundenheit zwischen den Menschen in beiden Ländern»

gäbe. Vielleicht ist es ein kleiner Trost, daß zugleich vierundfünfzig Prozent Frankreich als das Land bezeichneten, zu dem
Deutschland das beste Verhältnis habe. Der zeitliche Abstand der
beiden Studien betrug etwas mehr als ein Jahr.

Was bewirkte die Differenz? War die unterschiedliche Frage-
stellung für den drastischen Unterschied der Auskünfte verantwortlich? Der Ministerpräsident von Baden-Württemberg, ein
tüchtiger, nüchterner, ganz und gar undämonischer Mensch, der
auf den Namen Teufel hört, deutete an, es gebe zwischen unseren
Ländern zwar einen regen wirtschaftlichen Austausch und auch
eine gesellschaftliche Verschränkung; gleichzeitig aber stellte er
«ein zunehmendes Desinteresse der Öffentlichkeit» fest. Er fragte,
ob die Bemühungen um die deutsch-französische Aussöhnung
mittlerweile als «historisch» betrachtet würden und nur noch die
ältere Generation interessierten. Die Jungen von heute seien «Europäer eines neuen Typs, dem der Sinn für das Problematische»
fehle. Für sie sei Frankreich «ein Land wie jedes andere in Europa»,
ein Land, in das man reise, das man seiner Kultur, seiner Küche
und des Meeres wegen schätze.

Da der wackere Mann namens Teufel in einem wichtigen Ne-
benamt «Bevollmächtigter der Bundesrepublik Deutschland für
die kulturellen Angelegenheiten im deutsch-französischen Verhältnis» ist, beklagte er besonders, daß sich die jungen Deutschen
und Franzosen vor allem auf englisch unterhielten – aber das sei
immerhin noch besser, als wenn sie gar nicht miteinander sprächen. Das ist eine vernünftige Einsicht. Der Ministerpräsident ist
außerdem ein Mensch des genauen Blicks. Bei gemeinsamen Sitzungen von deutschen und französischen Verwaltungsbeamten
beobachtete er, daß «die Deutschen meist gut vorbereitet einen
Packen Papier auf den Tisch» legten, während die Franzosen «lieber Ideen austauschen» wollten: «Die Deutschen finden dies oft
unseriös, und die Franzosen fühlen sich vom deutschen Vorgehen

mit fertigen Konzepten und Organigrammen überrollt». Dann beklagte er die mühsamen und langwierigen «Verwaltungsabläufe» sowohl in den deutschen wie in den französischen Ministerien. Kostbare Einsichten in die Erfahrungen des politischen und administrativen Alltags. Um so wichtiger, daß Erwin Teufel das Projekt einer deutsch-französischen Hochschule vorantreibt, die keine Universität mit eigenen Professoren und einem Campus sein soll, sondern eine Koordinierungsstelle für die Zusammenarbeit der Hochschulen hüben und drüben, die gemeinsame Studienprogramme finanziert, die Studiengänge harmonisiert, den Studenten zu Stipendien verhilft und am Ende ihre binationalen Diplome ausfertigt. Karl Lamers, der das Amt des außenpolitischen Sprechers der Christlichen Demokraten im Bundestag versieht, schlug ergänzend vor, jedem jungen Deutschen und jedem jungen Franzosen, die ein Jahr lang die Schule oder Universität des Nachbarlandes besuchten, solle ein Bonus für die weitere Ausbildung zuteil werden. Der brave Teufel griff weiter aus und regte die Gründung einer «deutsch-französischen Akademie der Künste und der Kultur» an.

Dies sind ausgezeichnete Projekte. Aber genügen sie, um die Phantasie der jungen Leute, die so welk geworden zu sein scheint, für die deutsch-französische Verständigung und Europa aufzumöbeln? Peter Sloterdijk hat die modernen Nationen als «Erregungszustände» bezeichnet. Das erklärt ihre Bereitschaft zum raschen Umschlag der Gefühle in den Nationalismus, der sich allemal als ein gefräßiges Ungeheuer erwies, wenn er freigelassen wurde. Wie könnte es gelingen, eine gute (und zivile) Erregbarkeit auf Europa hinüberzulenken?

Jacques Delors, gescheit und stets ein wenig säuerlich, bemerkte, Frankreich und Deutschland seien beide von jenem Unbehagen befallen, das von dem Wort «malaise» etwas kräftiger akzentuiert wird. Die Franzosen und die Deutschen, beide suchten sich selber. Die Franzosen fragten nach dem Sinn ihres Daseins. Die Deutschen hätten zwar ihre Einheit gefunden – mit Delors' kluger Unterstützung, wie hinzugefügt werden muß –, doch sie hätten noch nicht den Zement für ihre neue Gemeinschaft gefunden. Die Funktionsschäden in den französisch-deutschen Beziehungen seien eine Folge ihrer internen Krisen.

Das ist eine eindrucksvolle Deutung. Doch waren unsere Beziehungen nicht immer auf die eine oder andere Weise *en panne*? Das Alarmsignal ist die Attraktivität der radikalen Rechten – des Front National in Frankreich, der Deutschen Volks-Union in Ostdeutschland (trotz des prozentualen Abstandes). Verstörend ist die Anziehungskraft von Symbolen des Hasses und von Feindbildern, die mit der Wirklichkeit nichts zu schaffen haben.

Man erklärte – hier wie dort – diese bedrückende Anfälligkeit vielleicht ein wenig zu eilig mit der Arbeitslosigkeit, die erschreckend hoch ist, mit dem Mangel an konkreten Zukunftschancen, in Ostdeutschland obendrein mit der Enttäuschung über die Errungenschaften des Westens, die sich nach den leichtfertigen Versprechungen der Großen in Bonn wie ein Füllhorn der Segnungen über das brache Land im Osten ergießen sollten.

Die Ursachen für die Rückkehr der primitivsten Nationalfanatismen im Osten Deutschlands aber liegen tiefer: die Deutsche Demokratische Republik war, wie jedes der real-sozialistischen Länder, nahezu ein halbes Jahrhundert vom freien Geist der Welt und vom Gespräch der Völker isoliert. Unter der Stahlglocke des Regimes wurden in Wahrheit der Nationalismus und die Ressentiments der Besiegten konserviert. Eine Diktatur hatte die andere, eine autoritäre Ordnung den Totalstaat abgelöst. Es bedeutet nicht viel, daß die kommunistische DDR als ein Bollwerk des Antifaschismus firmierte, während sie sich in Wahrheit faschistischer Herrschaftsmethoden bediente. Die beharrlichen Diskussionen über die Vergangenheit, über Schuld und Sühne, denen die Deutschen im Westen ausgesetzt waren, fanden im Osten nicht statt. Die so oft schmerzhafte Prüfung der persönlichen und historischen Verstrickungen unterblieb. Die real-sozialistische Schulung verhinderte den Prozeß demokratischer Erziehung.

Das Ritual der von der Obrigkeit verordneten und dirigierten «Völkerfreundschaft» konnte die Erfahrung des Reisens, des unkontrollierten Austauschs mit den Nachbarn, die Begegnung mit der Welt nicht ersetzen. Die kleine Völkerwanderung, die Scharen von «Gastarbeitern» und ihre Familien nach Westdeutschland lockte, hat Ostdeutschland nicht berührt. Im Westen beträgt darum der Anteil der Ausländer an der Gesamtbevölkerung gut zehn Prozent, im Osten kaum mehr als ein Prozent – und dennoch wuchern die fremdenfeindlichen Ressentiments dort drüben in erschreckender Wildheit.

Das Europa, das im Westen zu einer Gemeinschaft zusammenwuchs, blieb den Deutschen zwischen Elbe und Oder fern und fremd. Sie empfanden es nach ihrer Befreiung kaum als eine Verheißung, sondern als eine Gefahr: Sie wollten vor allem – ja ausschließlich – wieder deutsch sein. Die Re-Nationalisierung war im Charakter des real-sozialistischen Regimes und in seinem Fiasko angelegt.

Es wird mühselig sein, die rechte Renaissance in Schach zu halten. Es gilt, auf der Hut zu sein, daß die dumpfe Renitenz, die noch immer die Gemüter so vieler Deutscher in den «neuen Bundesländern» beherrscht, keinen bestimmenden Einfluß auf den Geist des vereinigten Deutschlands gewinnt, dem mancher verspätete Preuße den Titel «Republik von Berlin» anklebt (im Gegensatz zur «Republik von Bonn»), ohne lange zu bedenken, daß die Deutschen mit der Berliner Dominanz bisher kein Glück hatten – nicht mit dem Bismarckschen Reich, das rasch zum Wilhelminischen verkam, nicht mit der Ersten Republik, die zu Unrecht den Namen von Weimar trug, erst recht nicht mit dem Reich des Bösen, das ihr folgte. Jenes Deutschland aber, das vom Bonner Grundgesetz geprägt wurde, hatte zum erstenmal in der modernen Geschichte Glück mit sich selbst. Also hatten auch die Nachbarn ein wenig Glück mit Deutschland.

Das Glück soll dauern. Dies setzt voraus, daß sich das größere Deutschland niemals von nationalen Ängsten oder von nationalistischem Eifer überwältigen läßt, wie sie im Widerstand gegen den Euro sichtbar wurden, in dem der Herausgeber des «Spiegel» ein «neues Versailles» zu erkennen glaubte.

Bundeskanzler Helmut Kohl war der Wirklichkeit näher. Seine einfache und genaue Einsicht: die Wiedervereinigung verlangt, daß die Europäisierung Deutschlands endgültig und unrevidierbar ist, wenn der Kontinent nicht sein so mühselig gewonnenes Gleichgewicht verlieren soll. In diesem Zusammenhang ist es eine tröstende Aussicht, daß sich auch die osteuropäischen Völker keiner nationalen Renaissance überlassen, sondern Einlaß in die Europäische Union finden werden, wenn das Gefüge der westlichen Gemeinschaft fest genug gemauert ist, den Zuwachs (und seine Lasten) tragen zu können.

Deutsche wie Franzosen haben Grund, dankbar zur Kenntnis zu nehmen, daß Bonner Politiker vom Rang des einstigen Verteidigungsminister Rühe die Aussöhnung mit Polen als eine Aufgabe erkennen, deren sie den gleichen Rang wie der deutsch-französischen Verständigung zumessen. Das wird ein mühseliges Werk sein, denn die Verletzungen, die Polen und Deutsche im Krieg und Nachkrieg einander zugefügt haben, sind schmerzlicher als alle Narben, die zwei Kriege in den Beziehungen zwischen Deutschen und Franzosen hinterließen. Polen hat den Vernichtungswillen der nazistischen Diktatur mit einer Härte erfahren, die Frankreich gottlob erspart blieb. Es war durch die Tötungsmaschinerie des Dritten Reiches zu einer Stätte des Grauens geworden. Oft wird zu rasch vergessen, daß nicht nur die jüdische Bevölkerung Polens zur

Ausrottung bestimmt war, sondern daß auch die polnische Intelligenz ausgelöscht werden sollte. Zum anderen erlitten Millionen von Deutschen den bitteren Verlust ihrer Heimat in den Ländern des Ostens, und Hunderttausende waren im Zeichen der Rache von 1945 in den Lagern oder auf der Flucht zugrunde gegangen. Das Regime der DDR, das am Freiheitswillen der Polen Anstoß nahm, tat wenig, um die Ressentiments gegen das Nachbarvolk zu bezähmen. Um so bewundernswerter der Mut der Bürgermeister des westlichen und des östlichen Görlitz, das geteilte Gemeinwesen zur «europäischen Stadt» zu erklären: ein Anfang.

Deutschland kann in Wahrheit nur in einer europäischen Einheit leben, die sich, ihren eigenen Gesetzen gehorchend, vertieft und verfestigt. Es würde ohne Europa zugrunde gehen – und seine Nachbarn mit sich in den Abgrund reißen.

An dieser Einsicht hat sich durch das Ende des sowjetischen Imperiums nichts geändert. Rußland wird als eine Großmacht weiterbestehen, noch immer fähig, die Welt durch seine Nuklearwaffen zu zerstören. Es mag sich an ein vereintes Europa anlehnen, aber es wird ihm niemals zugehören. Jeder Rückfall in eine nationalstaatliche Zersplitterung käme einer Einladung an den Kreml gleich, sich von neuem als eine beherrschende Macht des Kontinentes zu etablieren. Sage nur keiner, dies verbiete der Zustand des Elends, von dem Rußland heimgesucht ist. Eine autoritäre Ordnungsmacht wäre sehr wohl in der Lage, das Reich der Schwäche zu entreißen, natürlich auf Kosten des Volkes, das geknechtet bleiben würde, wie es immer war, ob unter den weißen oder den roten Zaren. Überdies hat wirtschaftliche und soziale Schwäche noch niemals nationalistische Aggressionen aufzuhalten vermocht – im Gegenteil: Aggressivität nährt sich aus der Schwäche.

Der europäische Zusammenschluß ist freilich mehr als die Antwort auf eine äußere Bedrohung. Er ist auch nicht nur eine schlüssige Konsequenz der stillen Auflehnung gegen die Hegemonie der amerikanischen Weltmacht. Der kluge Karl Lamers sagte zu Recht, Europa zu wählen heiße nicht, «Amerika abzuwählen, sondern ein wirklicher Partner Amerikas zu werden».

Die Europäische Union ist in Wahrheit in sich selber eine zwingende Notwendigkeit – und sie ist es für jedes einzelne ihrer Mitglieder. Sie verheißt die Sicherung des äußeren Friedens nach der qualvollen Geschichte der Weltkriege, die auch europäische Bürgerkriege waren. Der Sozialdemokrat Gerhard Schröder wies das Wort Helmut Kohls zurück, daß die Einheit Europas eine Frage nach Krieg oder Frieden sei. Im übertragenen Sinne gilt diese Einsicht sehr wohl. Schröder zeigte mit seinem Widerspruch einen eher deprimierenden Mangel an historischer Phantasie an. Joschka Fischer, der talentierte grüne Außenminister, hielt ihm entgegen, daß er «manchmal fast altertümlich national» denke. Dieser hellwache Zeitgenosse akzentuierte seine Kritik mit der Feststellung: «Jede Abkehr von der Grundposition, daß die Interessen Deutschlands nur durch Europa zu definieren sind, würde in Teufels Küche führen. Dies muß ein Bundeskanzler im Kopf haben.»

Dies gilt nicht nur für Deutschland, sondern im gleichen Maße für Frankreich. Nur die Europäisierung kann der Fixierung auf die historische Antithese von einem Frankreich, «das in sich selber ruht», und dem «ewig unberechenbaren, unruhigen Deutschland» ein Ende machen. Erfüllung und Sicherheit kann auch Frankreich nicht mehr in sich selber und durch sich selber finden – Atomwaffen hin oder her. Sein Schutz ist Europa, das in gleicher Weise der Schutz der Deutschen ist. Friedrich Sieburgs beschwerende Beobachtung, daß Deutschland «in seinem Wesen, Fühlen, Denken, in seinem Schicksal und seiner Geschichte das vollkommene Widerspiel Frankreichs» darstelle, hat ihre Gültigkeit verloren, falls sie denn je einer tieferen Realität entsprach.

Wenn dies aber die Wahrheit ist, warum setzen die Politiker diesseits und jenseits des Rheines so mürrische Mienen auf, wenn sie von Europa und seiner Vereinigung reden? Warum verkünden sie selbst die epochalen Fortschritte mit einem Gesichtsausdruck, als hätten sie in einen sauren, womöglich vergifteten Apfel gebissen? Warum die ewig beleidigten Züge? Woher das kleinliche Lächeln, das auf den zu schmalen Mündern hockt? Warum lassen sie nichts von dem Elan verspüren, von dem das große Werk zeugt?

Sie sind im Begriff, ein Europa aus der Taufe zu heben, das in der Lage ist, den Vereinigten Staaten als Partnerin und Konkurrentin gegenüberzutreten – und dennoch verirrt sich in ihren Gesichtern so gut wie nie auch nur Abglanz des strahlenden Optimismus, mit dem sich Amerika noch immer selbst zu verzaubern mag. Sie wollen die Dynamik des Kontinents wecken (und das wird ihnen, wenn nicht vieles trügt, auch gelingen) – doch in ihren Augen ist selten ein Widerschein der Vitalität zu erkennen, die sie freisetzen möchten.

Wie geht das zu? Waren sie niemals jung? Warum scheint sich in ihnen nichts von dem Elan der europäischen Renaissance zu regen? Wie wollen sie die jungen Menschen begeistern, wenn ihnen selber so offensichtlich jede enthusiastische Regung mangelt? Der alte Raymond Barre, einst Ministerpräsident unter Giscard d'Estaing, ein Mann der intelligenten Bonhomie, wies selbstbewußt darauf hin, daß er schon vor drei Jahrzehnten auf die Notwendigkeit einer gemeinsamen Währung aufmerksam gemacht habe, doch er war bei der Geburt des Euro fast der einzige, der den Mut hatte, Europa eine strahlende Zukunft zu prophezeien. Mit seiner stets ein wenig falsettierenden Stimme verkündete er jubelnd, daß die Einführung des europäischen Geldes ein genauso revolutionärer Schritt sei wie einst die Gründung der Europäischen Gemeinschaft.

Jacques Delors mahnte, es sei an der Zeit, der «schleichenden Resignation» den Rücken zu kehren. Er regte gemeinsame Sitzungen der wichtigsten Ausschüsse des Deutschen Bundestages und der französischen Nationalversammlung an. Karl Lamers plädierte dafür, daß künftig nicht mehr die Einzelstaaten, sondern die Europäische Union in Institutionen wie dem «Internationalen Währungsfonds» auftrete. Vielleicht wirft dieser gedankenvolle Mann auch schon einen Blick auf den Sicherheitsrat der Vereinten Nationen voraus, bei dem die feste Mitgliedschaft Frankreichs und Großbritanniens vielleicht eines Tags durch die Europäische Union abgelöst werden könnte, womit der ärgerlichen Debatte über den deutschen Anspruch auf einen Dauersitz in jenem Gremium ein Ende gemacht würde. Überdies wird er nicht müde, auf die Bildung «eines festen Kerns» in Europa zu drängen, der – den zögernden Partnern am Rande voraus – die politische Union und die Union der Sicherheit etablieren könnte. Es versteht sich, daß Deutschland und Frankreich dabei stets der «Kern im Kern» sein müßten.

Haben wir nicht Anlaß, ein wenig stolz zu sein auf das Erreichte? Haben wir nicht alle miteinander seit 1945 gewaltige Fortschritte gemacht, von denen keiner zu träumen wagte, der sich damals aus den Trümmern erhob und voller Trauer, ja voller Verzweiflung auf die Zerstörung des Kontinentes, auf die Opfer des Krieges und des nazistischen Vernichtungswahns blickte? Wurde uns nicht ein Maß des Wohlstandes und der Sicherheit zuteil, die wir niemals zu erhoffen gewagt hatten? Bewiesen wir nicht die Energie, eine Not zu bändigen, die das heutige Elend der Massenarbeitslosigkeit und die soziale Krise, die sie verursacht, weit übertraf?

Lebten wir auf unserem Kontinent nicht fünf Jahrzehnte in Frieden, bis uns der Nationalitäten-Konflikt auf dem Balkan aufstörte? Gelang es nicht, auch diesen Herd der Unruhe einzudämmen, ehe sich die Pest des Nationalismus über die Grenzen des alten Jugoslawien ausbreiten konnte? Ist dies alles nicht auch Grund zur Genugtuung? Ist die Warnung nicht Anlaß genug, auf die nationalen Eitelkeiten und auf das törichte Prestige-Denken zu verzichten, das nicht nur eine französische Krankheit ist, sondern seit der Erfindung der «Berliner Republik» auch manche deutschen Köpfe verwirrt?

Für beide Länder gilt, was Friedrich Sieburg einst dem Nachbarn jenseits des Rheins vorhielt: daß er sich mit der Welt nur durch die Bereitwilligkeit zur Europäisierung versöhnen könne. Dies trifft in Wahrheit für den einen wie für den anderen zu.

Durch Europa hebt sich die Antithese «Nation – Welt» endlich auf. Das ist in der Epoche der sogenannten Globalisierung keine nebensächliche Feststellung. Vielleicht sollten wir auch lernen, das Problem der Einwanderung unter diesem Aspekt zu betrachten. In Wirklichkeit waren Deutschland und Frankreich, wie jeder Blick ins Telefonbuch beweist, schon immer sehr viel europäischer, als es die nationalen Doktrinen vorsahen. In Deutschland demonstrieren die Namen nicht nur die Präsenz von Hugenotten und Niederländern, sondern mehr noch von Polen und Tschechen. Von Frankreich sagte Sieburg, nur dort sei es möglich, «daß ein Rumäne, ein Amerikaner, ein Russe ein hervorragender und repräsentativer Autor der französischen Sprache oder vielmehr ein französischer Autor» werden könne. Das galt natürlich genauso für Großbritannien und vor allem für die Vereinigten Staaten.

Ließe sich heute nicht ähnliches auch von Deutschland sagen? Sind wir nicht im Begriff, die «Unempfindlichkeit der Franzosen für Rassengegensätze» zu akzeptieren, wenngleich noch immer widerstrebend und ein wenig leidend? Gewöhnen nicht auch wir uns an, «den Menschen ausschließlich nach der kulturellen Zugehörigkeit» zu werten? Ist die Wirklichkeit nicht der Einsicht der Politiker und Intellektuellen ein anderes Mal weit voraus? Im Jahre 1996 wurden annähernd dreizehn Prozent aller Ehen zwischen Deutschen und Ausländern geschlossen (gegenüber dreikommasechs Prozent im Jahre 1950) – in Berlin waren es fünfundzwanzig Prozent, im Berliner Bezirk von Kreuzberg, der vermutlich die größte türkische

Stadt außerhalb der Türkei ist, waren es fast fünfzig Prozent. Mit anderen Worten: die Integration findet statt, sosehr sie von den Meldungen über die fremdenfeindlichen Barbareien rechtskrimineller Banden überschattet sein mag.

Die Fremdenfeindlichkeit ist eine Last, an der Deutschland nicht allein trägt. Immer wieder fragten sich auch die Nachdenklichen unter den Franzosen, ob der Zulauf für die Nationale Front Le Pens nicht ein Ende der klassischen Integrationskraft des Landes signalisiere. In der Tat sehen sich beide Länder mit der Frage konfrontiert, ob sie in der Lage sind, die außereuropäischen Kulturen einer islamischen Bevölkerung nordafrikanischer oder türkischer Herkunft mit der ihren zu verschmelzen. Die Fußball-Weltmeisterschaft gab ihnen, was dies angeht, neuen Mut.

Doch das wird eine Aufgabe für mehr als eine Generation sein. Ihre Erfüllung setzt voraus, daß die Gesellschaften ihre radikalen Mitglieder, die sich so weit von der eigenen Kultur entfremdet haben, in Schach halten und umerziehen können. Denn daran ist kein Zweifel: Nationalismus und Rassismus sind die Vehikel der Entfremdung von sich selber. Die Skinheads machen sich – nicht anders als die Autonomen und Schlägertruppen von links – selber zu Fremden, die den Bürgern in Wahrheit ferner sind als ihre türkischen und maghrebinischen Nachbarn.

Stets zeigt die Gewaltbereitschaft Unsicherheit an, Angst, Mangel an Vertrauen in die eigenen Fähigkeiten, in die eigene Kraft, die eigene Beherrschbarkeit. Wenn Rassismus, Nationalismus und Fremdenfeindlichkeit überhandnehmen, gerät ein Volk außer sich. Weder dem Front National noch der Deutschen Volks-Union oder einer der anderen nationalen Sekten wird es gelingen, ihre Großmannssucht auf die Gesellschaft zu übertragen: Europa sollte uns auch dies gelehrt haben, daß es sich für keine Nation lohnt, sich selbst zu überschätzen und über ihre Verhältnisse zu leben.

Die Europäisierung Europas war insofern auch ein Prozeß der

Ernüchterung. Er zwang seine Partner zu einer gewissen Bescheidung. Deutscher zu sein ist nicht länger ein schwerer Beruf, der es
uns auferlegt, einen besonderen Auftrag für die Menschheit zu erfüllen. Auch kein Franzose, der vernünftigen Sinnes ist, kann noch
immer wähnen, daß er mit einer besonderen Mission des lieben
Gottes in die Welt geschickt worden sei. Karl Jaspers schrieb im
Jahre 1960: «Die Geschichte des deutschen Nationalstaates ist zu
Ende, nicht die Geschichte der Deutschen. Was wir als große Nation uns und der Welt leisten können, ist die Einsicht in die Welt-
situation: daß der Nationalstaatsgedanke das Unheil Europas und
nun auch aller Kontinente ist.»

Nein, es gibt keine deutsche Heilsidee mehr (nicht einmal die
Ökologie, unsere jüngste Weltanschauung), und es gibt keine
französische. Es gibt nicht einmal eine abendländische und europäische. Wohl aber gibt es eine Pflicht gegenüber den Menschen,
vielleicht sogar gegenüber der Menschheit – eine Pflicht, in der
sich das gute Erbe unserer Geschichte sammelt.

Wir haben längst begonnen, Europa jenseits der Mythen als unseren Alltag zu erfahren. Damit hat sich auch das Verhältnis der
Deutschen und Franzosen entmythisiert. Wir brauchen nicht, wie
einst Sieburg und seine Generation, die Mystik des «Fronterleb-
nisses», um die Notwendigkeit der Verständigung zu begreifen.
Der Alltag hat seine eigene schöne Magie. Er beschert uns – wie in
einer guten Ehe – im Glücksfall den freundlichen Reichtum, den
man als den Segen der Gewohnheit bezeichnen könnte.

KAPITEL 18
Splitter im Sand

Von Zeit zu Zeit begegnete ich bei meinen Ausflügen auf den Markt des Nachbarstädtchens Soldaten der deutschen Bundeswehr, die mit ruhigem Staunen an den prangenden Ständen vorbeischlenderten, vielleicht ein Pfund Kirschen kauften, ein Stück Käse, eine Flasche Wein, die einen alten Zinnkrug begutachtend in die Hand nahmen. In ihren Tarnanzügen und schwarzen Baskenmützen waren sie von ihren französischen Kameraden kaum zu unterscheiden, doch die schwarz-rot-goldenen Abzeichen an den Ärmeln ließen an ihrer Herkunft keinen Zweifel.

Vermutlich war ihnen von den Vorgesetzten streng ein ordentliches und ziviles Betragen eingeschärft worden. Sie sagten wenig, und niemand schenkte ihnen besondere Beachtung. Sie erregten kein Aufsehen. Es begegnete ihnen keine Regung des Protestes. Die Marktleute mögen wohl gewußt haben, daß sie mit dem Bus von einem Übungsgelände herübergekommen waren, das eine Stunde entfernt in den Bergen liegt. Die friedliche Anwesenheit deutscher Soldaten auf französischem Boden schien selbstverständlich zu sein – nicht länger umstritten wie einst die Teilnahme einer Truppe der Bundeswehr an der Parade zum Nationalfeiertag in Paris, zu der Präsident Mitterrand mit einer noblen und kühnen Geste eingeladen hatte. Aus der Sensation von einst ist europäischer Alltag geworden.

Aber war das Alltägliche selbstverständlich? Vor einigen Tagen stieß ich beim Gang über den Strand mit dem Schuh an ein Stück rostigen Stahl. Ich hob es auf: ein Granat- oder Bombensplitter aus dem Zweiten Weltkrieg, den der letzte Sturm ausgegraben hatte. Länger als ein halbes Jahrhundert lag er im Sand verborgen: seit die Alliierten hier gelandet waren, um einen ersten Brückenkopf für den Vormarsch nach Norden zu bilden.

Ich legte das ausgezackte Stück Metall unter einen der Bruyère-Sträucher an der Böschung, um es später von Zeit zu Zeit zu betrachten. Bei meinem letzten Spaziergang fand ich es nicht wieder. Jemand hatte den Splitter fortgetragen, oder der Wind hatte ihn mit Sand bedeckt.

Das Selbstverständliche ist nicht selbstverständlich, dachte ich. Fünfzig Jahre Frieden in Europa sind ein Glück, dachte ich weiter. Das Glück aber versteht sich niemals von selbst.

DANK

Die erste Anregung zu diesem Buch stammt von dem Pariser Kollegen André Coutin, der fand, es sei an der Zeit, daß ein deutscher Autor – siebzig Jahre nach dem Erscheinen von «Gott in Frankreich?» – den Dialog mit Friedrich Sieburg und mit unserem Nachbarland aufnehme. Professor Joseph Rovan, der sich so große Verdienste um die Verständigung und Kooperation der Franzosen und Deutschen erworben hat, redete dem Verfasser geduldig und bestimmt die heftigen Bedenken aus, die diesem Versuch im Wege standen. Bei der Besorgung und Zusammenstellung mancher Materialien half Andrea Volkmann in Hamburg. Bei der Arbeit am Manuskript war Kerstin Behre mit wichtigen Anregungen zur Stelle, und bei der Fertigstellung erwies sich Stephanie Ferri mit ihrer fröhlichen Energie als unentbehrlich. In der Phase der Niederschrift kam dem Autor die kluge Beratung durch Doktor Annette Skierka zugute.

Für die prüfende Lektüre ist Barbara Hoffmeister und Jürg Altwegg zu danken. Die Zusammenarbeit mit meinem Lektor Uwe Naumann war wie immer angeregt und kritisch-produktiv; sie brachte das Unternehmen durch ihre entspannte Herzlichkeit in idealer Weise voran. Erste Leserin war, so ist es bei jedem Buch, Renate Lasker-Harpprecht, der ich für ihre liebevolle Ermutigung von Herzen dankbar bin.

NAMENREGISTER

Namenregister